Membebaskan Corak Emosi
menggunakan
Minyak Pati

Bahan-bahan yang disediakan di sini adalah untuk tujuan pendidikan sahaja dan bukannya bertujuan sebagai diagnosis, rawatan, atau preskripsi untuk sebarang penyakit. (Penulis, penerbit, pencetak dan pengedar tidak bertanggungjawab untuk kegunaan tersebut.) Sesiapa yang menghidapi apa-apa penyakit, atau kecederaan perlu mendapatkan khidmat nasihat doktor perubatan.

Hak cipta terpelihara. Tiada bahagian daripada buku ini yang boleh dicetak semula atau diagihkan dalam sebarang bentuk atau mana-mana kaedah, sama ada elektronik atau mekanikal, termasuklah fotokopi, merakam, atau melalui sebarang sistem penyimpanan maklumat dan dapatan semula tanpa kebenaran bertulis daripada penerbit.

Diterbitkan oleh: VisionWare Press
P.O. Box 8112
Rancho Santa Fe, CA 92067

Minyak yang tersenarai ialah cap dagang Minyak Pati Young Living. Untuk maklumat lanjut, hubungi Pengedar Young Living anda.

Cetakan Pertama, Julai 1998
Edisi Semakan, Ogos 1999
Edisi Ketiga, Oktober 2000
Edisi Keempat, Januari 2002
Edisi Kelima, Januari 2004
Edisi Keenam, Mac 2005
Edisi Ketujuh, Januari 2007
Edisi Kelapan, Ogos 2008
Edisi Kesembilan, Januari 2011
Edisi Kesepuluh, Mei 2012
Edisi Kesebelas, Januari 2014
Edisi Kedua belas, Januari 2015
Edisi Ketiga belas, Januari 2017
Edisi Keempat belas, Februari 2018
Edisi Kelima belas, April 2019
Edisi Keenam belas, Mac 2020
Edisi Ke17, Julai 2023

Dicetak di Amerika Syarikat.
Hak Cipta © 1998 oleh Carolyn L. Mein, D.C
ISBN 979-8-9900947-0-3

Kerja seni oleh Richard Alan.

CARIAN MINYAK DI MANA SAHAJA

Untuk **Telefon Pintar** | **Tablet** | **Komputer** anda

Prosedur pembebasan untuk lebih daripada **550 emosi** *menggunakan lebih* **170 minyak pati** *sekarang berada di hujung jari anda*

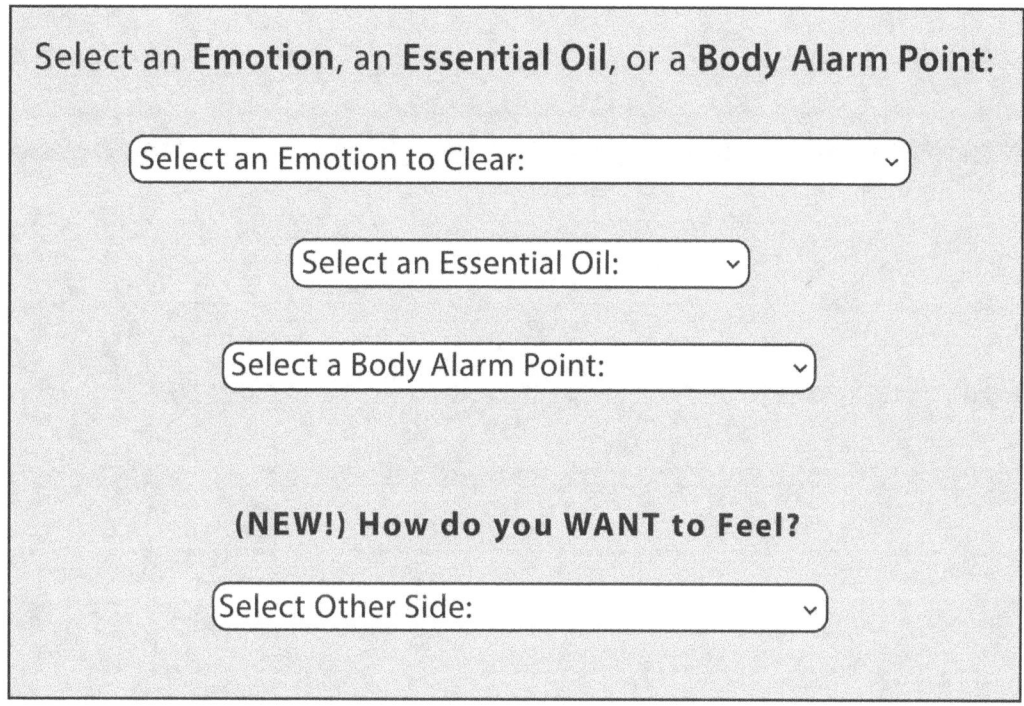

Dengan satu sentuhan dan ketikan, prosedur pembebasan untuk emosi
kelihatan sempurna dengan carta beranotasi
Cuba Secara Percuma:

ReleasingEmotionalPatterns.com/Oils

Carolyn L. Mein, D.C.

ISI KANDUNGAN

Prakata V
Penghargaan VI

PEMBERSIHAN EMOSI 1
Membebaskan Corak Emosi Menggunakan Minyak Pati 2
Pembersihan Corak Emosi 9
Menerokai Jenis Tubuh Anda 20
Masalah Emosi Teras 32
Pengharmonian Emosi 34

RUJUKAN 38
Rujukan Emosi 39
Harmoni Chakra 67
Pembersihan Corak Emosi 69
Variasi Membersihkan Corak Emosi 74
Variasi Membersihkan Corak Emosi
   Prosedur Pembersihan Untuk Kanak-Kanak 75
Rujukan Minyak 76
Rujukan Tubuh 91

CARTA 104
Lokasi Titik Penggera Tubuh 105
Carta A: Muka (Depan) 112
Carta B: Muka (Sisi) 113
Carta C: Torso Depan 1 114
Carta D: Torso Depan 2 115
Carta E: Torso Depan 3 116
Carta F: Torso Belakang 117
Carta G: Titik Refleks Kaki 118
Carta H: Tangan 119

PENAMBAHBAIKAN PEMBERSIHAN 120
Menerokai Corak Emosi Tambahan 121
Pahlawan Kedamaian 126
Terapi Aurikular 129
Teknik Penulisan 132
Menyokong Diri Sendiri 135
Prosedur Ujian Otot untuk Pengamal dan Ahli Terapi 136
Teknik Penambahbaikan 137

UJIAN OTOT 138

Bibliografi 150
Sumber-Sumber 151
Lampiran 152

PRAKATA

Beberapa tahun yang lalu saya mendengar cara terpantas untuk mencapai kesedaran diri dan kesatuan rohani terulung adalah melalui khidmat, terutamanya penyembuhan. Semasa saya memulakan kerjaya kiropraktik, saya sentiasa melihat kesahihan pernyataan ini dalam meningkatkan kesedaran diri untuk saya dan juga kesedaran diri pesakit saya. Penyakit telah menunjukkan kepada kita apa yang nyata, memaksa kita menghargai diri kita dan memikul tanggungjawab terhadap pemikiran dan tindakan kita sendiri. Begitu juga dengan penyembuhan, sama ada ianya melalui pengalaman kita sendiri atau orang lain, dapat membawa pengertian dan kesedaran yang berharga.

Penyakit yang secara khususnya memaksa kita melihat semua aspek kehidupan ialah kanser. Pencegahan dan pelbagai penawar kanser menjadi salah satu daripada minat saya, sejak ayah saya meninggal dunia akibat kanser pada tahun yang sama saya tamat pengajian daripada kolej kiropraktik; dia baru berusia 45 tahun. Minat saya dalam pengesanan awal dan rawatan kanser menyebabkan saya bertemu dengan Dr. D. Gary Young yang ketika itu menguruskan klinik di Chula Vista, California, dan Mexico. Saya berasa kagum dengan penyelidikan, dedikasi dan keikhlasannya. Adalah wajar baginya untuk menumpukan perhatian kepada pencegahan dan menjadikan sifat penyembuhan minyak pati serta cara menggunakannya, tersedia kepada masyarakat umum.

Berbekalkan pepatah jika terdapat persoalan, pasti ada jawapannya, saya mula menerokai cara penyembuhan dan penjagaan kesihatan yang paling berkesan. Ini membawa saya kepada akupunktur, nutrisi, Kinesiologi Gunaan, pelbagai bentuk penyembuhan lain dan penghasilan Fisiologi Transpersonal. Dalam usaha untuk memahami perbezaan keperluan diet pesakit, saya mendapati bahawa tubuh dikawal atur oleh kelenjar, organ atau sistem yang dominan. Inilah yang menentukan dan menjelaskan mengapa terdapat perbezaan corak pertambahan berat, ciri fizikal dan perbezaan ketara dalam keperluan diet seseorang. Sebenarnya terdapat 25 jenis tubuh yang berbeza. Setiap jenis tubuh bukan hanya mempunyai keperluan diet yang berbeza, bahkan mempunyai profil psikologi berbeza yang dinyatakan dalam bentuk personaliti dan motivasi diri. Sistem 25 jenis tubuh menjadi penghubung antara matlamat utama kita, iaitu kasih sayang yang tak berbelah bahagi dan kesatuan roihani, dengan realiti kita setiap hari. Oleh kerana tubuh kita menyimpan sejarah kita dan memberikan maklum balas berterusan, belajar mendengarnya akan memberi panduan semula jadi. Memerhatikan tindak balas tubuh anda kepada diet dan menyedari emosinya adalah tempat yang paling ideal untuk bermula. Profil psikologi anda membolehkan anda memahami apa yang memotivasikan anda, menerangkan kebolehan unik anda dan meningkatkan harga diri.

Walaupun manusia mempunyai motivasi yang berbeza untuk setiap tingkah laku dan setiap sifat dominan, mereka mempunyai akses kepada semua emosi. Melalui Fisiologi Transpersonal saya dapat mengenal pasti frekuensi getaran untuk keadaan fizikal dan corak emosi. Gangguan di dalam tubuh boleh diperbaiki dengan mengimbangi tenaga menggunakan titik akupunktur. Inilah asas dalam pembersihan aspek fizikal corak emosi. Penggunaan minyak pati menambah dimensi lain menerusi akses kepada sistem limbik otak. Salah seorang pesakit saya, Linda Lull, mendapati dia boleh menggunakan titik penggera organ bersama emosi dan minyak yang berkaitan untuk meningkatkan keseimbangan dan keharmonian dalam dirinya sepanjang hari. Hasil daripada pengalamannya dan perkongsian dengan orang lain termasuklah Dr. Terry Friedmann, penyelidikan saya ini tersedia sebagai maklumat dan kegunaan anda. Ia bertujuan untuk memberikan panduan dalam penggunaan minyak pati yang lebih spesifik terutamanya dalam aplikasi emosi.

Carolyn L. Mein, D.C.

PENGHARGAAN

Saya ingin mengucapkan terima kasih Kepada semua yang telah menyumbang kepada penambahbaikan edisi baru *Membebaskan Corak Emosi menggunakan Minyak Pati* ini. Kepada pelajar, rakan sekerja dan pesakit saya untuk semua pertanyaan dan pandangan mereka.

Kepada anda semua yang telah menggunakan buku edisi pertama dan edisi semakan dan atas penyertaan dan maklum balas anda. Kepada Kalee Gracse untuk pengenalpastian isu-isu kawalan yang berkaitan. Kepada Fawn Christianson untuk pengenalpastian emosi tambahan. Kepada Sonoma Selena untuk senarai kata tambahannya yang berkait dengan emosi dasar. Kepada Kathy Farmer untuk prosedur tambahan dan pembersihan. Kepada Susan Ulfelder untuk penyelidikan dan pandangan dalam kaedah pembersihan alternatifnya. Kepada Connie dan Alan Higley untuk Carta Telinga mereka. Kepada Dr. Gary Young, N.D. untuk formulasi adunan minyak pati, menyediakan minyak berkualiti terapeutik yang konsisten, teknik penulisan untuk pembersihan dan sokongan yang berterusan.

Kepada Jeannie Keller kerana menaip dan memformat, kepada Craig Ridgley untuk kepakaran komputernya, kepada Francis Bischetti untuk kemaskini dan sokongannya yang berterusan dan Nadine Mein untuk semakan.

PENGHORMATAN

Saya mendedikasikan buku ini kepada mereka yang mencari kaedah tambahan untuk menggunakan minyak pati bagi penyembuhan emosi.

Pembersihan Emosi

Carolyn L. Mein, D.C.

MEMBEBASKAN CORAK EMOSI MENGGUNAKAN MINYAK PATI

Adakah anda mendapati diri anda berada di bawah pengaruh emosi anda?

Adakah keluar daripada keadaan emosi negatif sukar?

Adakah anda terjebak dalam pusaran emosi orang disekeliling anda?

Adakah anda mendapati diri anda bertindak balas secara negatif dalam beberapa situasi berulang kali walaupun anda berharap untuk bertindak sebaliknya?

Adakah emosi negatif anda berada di luar kawalan anda?

Emosi seperti gelombang laut–ada pasang surutnya. Emosi sangat berkuasa dan memberikan momentum sebelum mula bertindak. Kebanyakan daripada kita menyedari sisi negatif emosi, tetapi jarang kita mengetahui sisi positif atau sisi lainnya, apatah lagi cara untuk mengaksesnya. Sebagai contoh, kita semua pernah berasa marah, tetapi apakah emosi yang berlawanan dengannya atau emosi positifnya dan cara kita mencapainya, terutama sekali semasa kita berasa sangat marah. Ekspresi sisi negatif emosi selalunya menyakitkan; akibatnya, kita membina pertahanan untuk melindungi diri kita. Salah satu pertahanan biasa ialah mengabaikan, memendam atau menyekat emosi negatif kita. Apakah yang terjadi apabila kita menyekat emosi negatif itu? Emosi terperangkap di dalam tubuh dan akhirnya akan mengakibatkan kesakitan fizikal atau emosi.

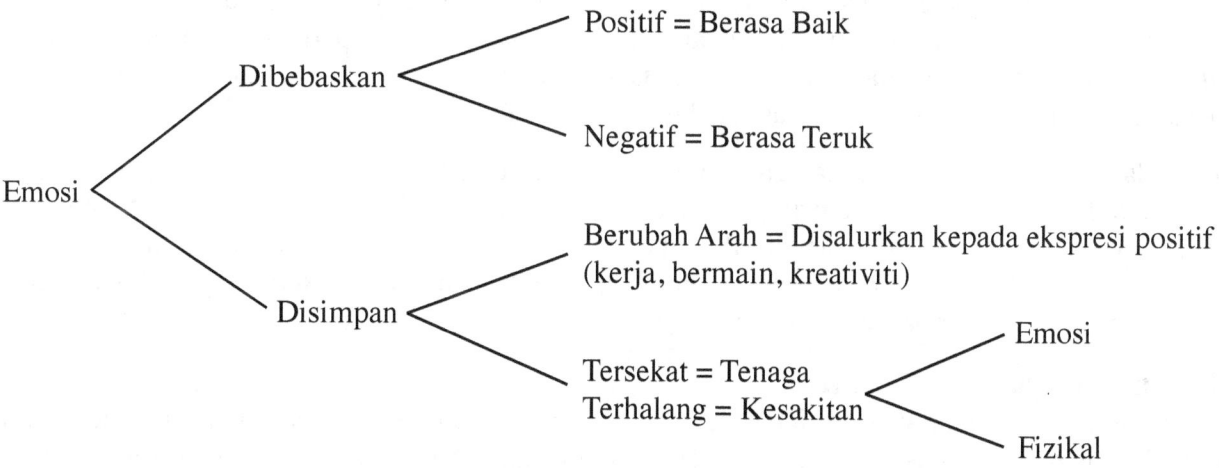

Emosi mempunyai kutub negatif dan positif. Kita perlu dapat mengakses kedua-dua kutub emosi kita untuk hidup sepenuhnya. Mengelak daripada situasi yang boleh menyebabkan kesakitan emosi membatasi pengalaman hidup kita.

Oleh kerana menyimpan emosi negatif memberikan kesan buruk kepada tubuh, apakah yang terjadi sekiranya emosi ini dibebaskan? Walaupun anda mungkin berasa lebih baik pada mulanya, jika ekspresi emosi itu negatif, selalunya akan ada akibatnya.

Alternatif kepada tindak balas negatif adalah dengan menyerlahkan sisi positif emosi itu. Bunyinya seperti pilihan yang sesuai, jadi mari kita ambil contoh emosi biasa seperti kemarahan. Kita semua tahu bagaimana rasanya menjadi marah dan bagaimana perasaannya apabila menjadi mangsa kemarahan orang lain. Sekarang kita telah memutuskan untuk menyerlahkan sisinya yang positif atau yang lain, apakah ia? Kegembiraan, kebahagiaan, cinta, kedamaian? Walaupun semua ini ialah emosi positif, adakah ia berlawanan dengan kemarahan?

Untuk mencari ekspresi positif tenaga yang dikenali sebagai kemarahan, kita perlu memahami apakah ia dan penyebabnya? Katakanlah anda sedang mengejar matlamat anda. Anda mendapat momentum, semuanya berjalan dengan lancar dan tiba-tiba anda bertemu sekatan jalan. Pilihan anda ialah lalu di atasnya, di bawahnya, mengelilinginya atau menempuhnya. Sekiranya anda tidak pasti arah mana yang harus dituju, anda akan duduk di situ cuba untuk membuat keputusan sementara tenaga terus dikumpulkan. Apabila tekanan mencapai tahap yang mencukupi, sesuatu perlu dilepaskan. Ekspresi negatif tenaga ini ialah kemarahan.

Kemarahan tidak semestinya mempunyai kesan yang negatif. Ia boleh memberikan dorongan untuk mengubah situasi tidak sihat atau membawa masalah itu ke dalam fikiran sedar supaya penyelesaian boleh dicapai. Walau apa pun, kemarahan ialah satu letupan tenaga yang mendapat perhatian. Apakah ekspresi positif bagi satu letupan tenaga? Ketawa. Sekarang, yang mana anda mahu rasakan, kemarahan atau gelak ketawa?

Tunggu sebentar, apakah yang berlaku jika anda mempunyai banyak tenaga negatif di sekeliling emosi positif? Mungkin anda diberitahu yang ketawa anda tidak sesuai atau anda pernah diketawakan semasa kecil. Jika ini yang berlaku, tentulah sukar untuk anda ketawa secara spontan. Untuk mengakses ketawa, anda perlu melepaskan emosi yang tersekat di sekitar ketawa dan kemarahan.

Apabila anda mampu merasai kedua-dua sisi emosi tersebut, anda bebas merasakan perasaannya sepenuhnya. Sekarang anda mempunyai pilihan untuk menahan atau membebaskan emosi tersebut. Membebaskan emosi secara positif menghasilkan perasaan yang baik untuk diri anda dan mereka yang ada di sekeliling anda. Menahan emosi positif membolehkan anda menggunakan tenaganya untuk ekspresi positif atau kreatif melalui kerja atau bermain.

Aspek Pembersihan Corak Emosi
Menukar corak emosi memerlukan lebih daripada sekadar merasakan kedua-dua sisi emosi. Anda perlu mengenali dan memahami corak yang mencetuskan emosi itu, iaitu aspek mentalnya. Anda perlu mendapat mesejnya atau mempelajari pengajarannya dengan meningkatkan kesedaran, iaitu aspek kerohanian. Menukar tindak balas lazim automatik memerlukan akses kepada memori sel yang disimpan di dalam tubuh fizikal.

Walaupun keputusan untuk menukar corak ialah langkah pertama, itu sahaja tidak mencukupi untuk menukar tindak balas yang telah sebati dalam diri anda. Corak itu perlu difahami dan dikenal pasti supaya ianya boleh dikenali. Setelah anda berjaya mengenali satu corak emosi, seperti kemarahan, anda boleh pilih untuk berasa marah atau gembira. Katakan anda ingin ketawa, tetapi anda tidak dapat mengatasi kemarahan. Mengetahui kemarahan yang datang dari sesuatu arah anda telah tersekat, anda perlu mengubah perspektif anda dengan melihat situasi dari sudut pandangan yang berbeza, yang membolehkan anda menentukan jalan keluar atau arah terbaik yang harus diambil. Perspektif yang lebih tinggi ini ialah komponen kerohanian yang memberikan anda "jalan keluar" dan membolehkan anda mendapat mesejnya atau pengajarannya dengan meningkatkan kesedaran anda. "Jalan keluar" kemarahan adalah dengan menukar perspektif. "Arah saya jelas" memudahkan pertukaran itu. Tindak balas automatik mempunyai komponen fizikal, bermakna emosi disimpan di dalam

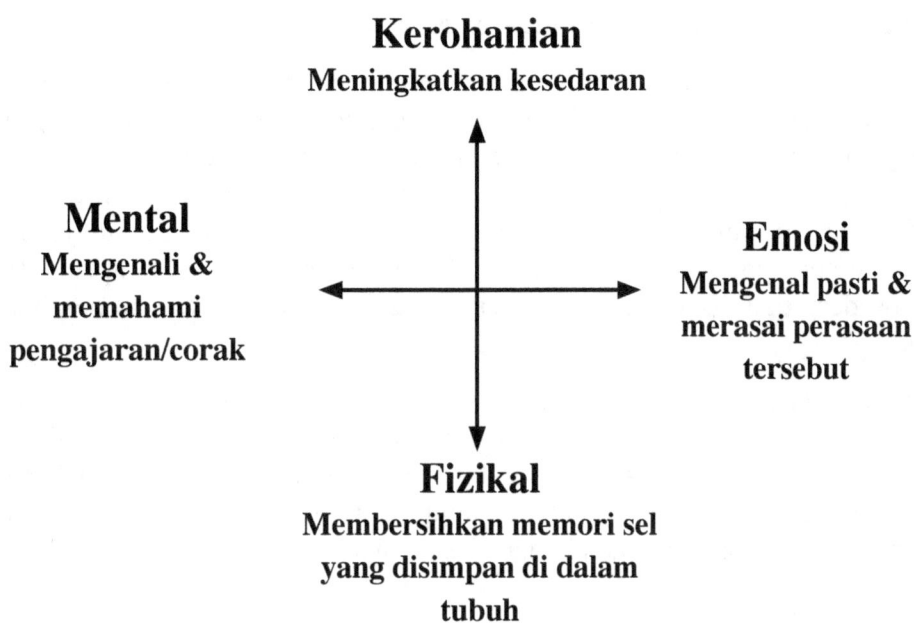

Pembersihan corak emosi yang berkesan memerlukan akses kepada keempat-empat komponen.

sel tubuh badan. Kita mengetahui daripada akupunktur tradisional bahawa kemarahan disimpan di dalam hati. Hati serta kelenjar dan organ yang lain, boleh diakses melalui titik pada tubuh yang dikenali sebagai titik penggera.

Minyak Pati Untuk Membebaskan Atau Menukar Corak Emosi

Pernahkah anda menyedari bahawa bau, seperti bau semasa roti dibakar, dapat mengembalikan anda ke memori zaman kanak-kanak dan semua perasaan yang berkaitan dengan nenek kesayangan anda? Bau mengakses sistem limbik otak yang merupakan pusat kepada emosi kita[1]. Orang Mesir purba menggunakan minyak pati untuk membersihkan emosi tertentu dan mencatatkannya pada dinding ruang penyembuhan kuil tertentu.

---

[1] *Molecules of Emotion*, Candace B. Peri, Ph.D

Sesquiterpenes yang dijumpai dengan kepekatan tinggi di dalam minyak pati seperti Frankincense dan Sandalwood, membantu meningkatkan oksigen di dalam sistem limbik otak seterusnya "membuka" DNA dan membolehkan bebanan emosi dibebaskan daripada memori sel. Emosi didapati telah dikodkan dalam DNA sel dan diturunkan dari generasi ke generasi. Malah, corak tingkah laku emosi didapati turut "dikunci" dalam keluarga. Penerima transplan melaporkan memori dan keinginan yang pelik membuktikan bahawa emosi disimpan di dalam tubuh dan dikodkan dalam DNA sel[2]. Baru-baru ini, kajian di Universiti New York membuktikan kelenjar amigdala (kelenjar di dalam sistem limbik otak yang menyimpan dan membebaskan trauma di dalam tubuh tidak bertindak balas terhadap bunyi atau penglihatan atau sentuhan, tetapi HANYA membebaskan trauma emosi melalui deria bau.[3]

Emosi itu sendiri tersimpan di dalam tubuh pada organ, kelenjar dan sistem. Perasaan dibawa masuk melalui chakra, atau pusat tenaga di sepanjang garis tengah tubuh dan kemudian dimasukkan ke dalam sistem meridian, yang terdiri daripada saluran tenaga yang mengalir ke seluruh tubuh. Oleh kerana setiap organ mempunyai frekuensi getaran, begitu juga dengan emosi, jadi emosi akan tersimpan di kawasan dengan frekuensi yang sepadan. Penyakit berlaku apabila frekuensi getaran tubuh jatuh di bawah tahap tertentu. Minyak pati boleh meningkatkan frekuensi tubuh dan minyak gred terapeutik (mutu perubatan) boleh melakukan sedemikian disebabkan ia bergetar pada frekuensi tinggi dan memindahkan frekuensi itu ke seluruh tubuh.

Minyak pati telah digunakan sepanjang zaman penyembuhan dan kitab Bible mengandungi 188 rujukan mengenai minyak pati. Sebagai contoh, *Frankincense, Myrrh, Rosemary, Hyssop* dan *Spikenard* telah digunakan sebagai minyak sapuan dan menyembuhkan pesakit pada zaman kitab Bible. Salah satu modaliti penyembuhan paling tua yang diketahui, akupunktur, menggunakan emosi yang berkaitan dan disimpan di dalam organ utama untuk mendiagnosis penyakit.

Penyebab Corak Emosi

Corak emosi adalah tindak balas kelangsungan hidup berdasarkan ketakutan. Tujuan ego itu ialah untuk melindungi kita daripada bahaya. Ego ialah seperti komputer yang besar; ia mengumpulkan semua data pengalaman hidup kita, merakamkan segala yang diucapkan dan menyimpannya. Tindak balas perlindungan ego adalah berdasarkan pengalaman masa lalu, supaya tindak balas masa hadapan akan sama melainkan program telah diubah. Semakin kita matang dan meningkat dewasa kita perlu mengemas kini program ego untuk memanfaatkan sepenuhnya potensi diri kita.

Sebagai contoh, semasa kanak-kanak, anda diberitahu agar tidak pergi ke jalan raya. Semasa anda meningkat dewasa dan boleh bertanggungjawab terhadap diri sendiri, anda telah diajar untuk melihat kedua-dua arah dan melintas jalan apabila keadaan selamat. Sekiranya anda kekal dengan program awal "Jalan raya itu berbahaya, jauhilah ia," anda akan takut untuk melintas jalan dan tidak akan melihat dunia disebalik blok kediaman anda.

Semasa kanak-kanak, kita membuat keputusan kelangsungan hidup berdasarkan kemampuan kita. Sekiranya anda membesar bersama ibu bapa yang akan menghukum anda setiap kali anda mengucapkan sesuatu yang mereka tidak suka, anda akan cepat mempelajari cara untuk menggembirakan ibu bapa anda dengan tidak meluahkan perasaan anda setiap kali anda terfikir yang ia akan mengecewakan mereka. Ini akan mencetuskan corak kemandirian agar tidak menjadi diri sendiri apabila orang di sekeliling anda menolaknya.

---

[2] *The Heart Code,* Paul P. Pearsall

[3] *Unlocking Emotions with Essential Oils,* Kathy Farmer

Cara paling selamat ialah anda perlu mengawal emosi anda. Oleh kerana tidak selamat untuk meluahkan perasaan anda secara spontan, anda perlu menahan dan menelannya atau mencari jalan keluar yang lain. Semasa kanak-kanak, kita mempunyai sumber yang terhad, terutama apabila model tauladan kita tidak pandai mengendalikan emosi negatif mereka. Akibatnya, kebanyakan daripada kita tahu ekspresi negatif bagi sesuatu emosi, tetapi hanya sebilangan kecil yang tahu sisi positifnya, apatah lagi cara untuk mengaksesnya.

Kesakitan biasanya menyebabkan kita mencari cara yang lebih baik untuk mengendalikan situasi. Kesakitan biasanya disebabkan oleh trauma sama ada fizikal atau emosi. Trauma kemudiannya mencetuskan satu corak emosi, yang menyebabkan perkara berikut berlaku.

1. Tenaga emosi yang terhasil semasa trauma memasuki tubuh dan, sekiranya tidak dibebaskan, ia tersimpan di dalam organ atau kelenjar dengan tenaga getaran yang sama. Contohnya, kemarahan disimpan di dalam hati.

2. Memori trauma akan disimpan di dalam sistem limbik otak, iaitu pusat kepada emosi.

3. Minda kita menghasilkan kepercayaan dan menghubungkannya kepada memori emosi yang disimpan di dalam sistem limbik otak.

4. Tindak balas emosi kepada trauma disimpan di dalam memori sel di seluruh tubuh dan menjadi automatik.

Mengenal Pasti Corak Emosi

Cara yang paling mudah untuk mengenal pasti corak emosi adalah melalui perasaan anda. Semasa trauma, sama ada nyata atau dirasakan, akan menetapkan corak permulaan, situasi yang serupa akan mencetuskan corak itu, memberikan peluang sama ada untuk mengekalkan atau menyembuhkannya.

Apa sahaja yang mengganggu anda membawa bebanan emosi. Apabila kesedaran anda meningkat, anda mempunyai sumber yang lebih banyak untuk mengendalikan situasi secara berbeza, belajar daripada pengalaman masa lalu anda. Sekiranya anda memilih untuk mengabaikan dan memendam perasaan, masalah itu cenderung untuk menjadi lebih besar setiap kali ia muncul.

Intipati pengalaman hidup kita adalah untuk mempunyai pengalaman supaya kita boleh belajar, berkembang dan menguasai. Kita banyak belajar daripada pengalaman yang menarik perhatian kita. Bagi kebanyakan orang, kesakitan merupakan penyebab untuk mereka memberi perhatian kepada situasi tersebut. Walau bagaimanapun, kebiasaannya trauma emosi lebih banyak menghasilkan kesakitan berbanding apa yang kita dapat atasi, jadi kita menghalangnya daripada fikiran sedar kita. Oleh kerana kita seharusnya menjadi lebih bijak seiring dengan pertambahan usia, belajar daripada pengalaman hidup, trauma emosi yang tidak sembuh akhirnya akan muncul kembali. Mengapa? Kerana ada sesuatu yang perlu kita pelajari. Apakah pengajaran asasnya? Ia perlu datang daripada cinta, bukannya ketakutan. Semua emosi berpunca daripada cinta atau ketakutan. Ketakutan berpunca daripada terpisahnya seseorang dengan sumber spiritualnya.

Akibatnya, semua agama dan jalan kerohanian menunjukkan bahawa Tuhan Yang Maha Agung adalah sumber kepada semua itu. Matlamatnya ialah perhubungan kerohanian yang menggambarkan cara kita menjalani kehidupan kita. Pada dasarnya, kerohanian yang seimbang membolehkan seseorang datang daripada cinta dan mengekspresikan kualiti hidup yang positif.

Minyak Pati

Tubuh menyimpan corak emosi tanpa mengira keadaan fikiran sedar. Oleh kerana tubuh tidak pernah menipu dan menyimpan tenaga yang terhalang, ia merupakan satu petunjuk yang baik terhadap masalah emosi yang tidak dapat diselesaikan. Sering kali, petunjuk pertama masalah ialah kesakitan fizikal, emosi atau kedua-duanya. Banyak masalah fizikal mempunyai komponen emosi, terutama apabila masalah fizikal itu kronik. Sesetengah emosi terlalu kuat dan jelas sehingga ia mudah disedari. Jika situasi ini yang berlaku, anda boleh mendekati emosi tersebut dengan merujuknya dalam bahagian Rujukan Emosi dan anda boleh mula membebaskannya.

Kadang kala kita memendam emosi kita dan ia tersimpan di dalam tubuh sehingga tekanan yang mencukupi terkumpul, menghasilkan kesakitan atau penyakit di kawasan tersebut[4]. Untuk mengenal pasti emosi yang berkaitan dengan kesakitan di kawasan tertentu, cari lokasi kesakitan itu pada carta tubuh dan rujuk pada Rujukan Tubuh untuk emosi yang berkaitan.

Setelah emosi dikenal pasti, sisi lainnya difahami dan pengajaran atau jalan keluarnya telah diketahui, ia perlu dibebaskan daripada memori sel. Caroline Myss, Ph.D.[5] menyatakan bahawa 70% daripada sel tubuh perlu bertukar sebelum arah baru menjadi kenyataan. Ini menjelaskan mengapa kita memerlukan lebih daripada fikiran sedar untuk mengubah sesuatu corak. Walaupun memahami masalah itu penting, memori tubuh atau sel juga perlu mendapat mesej yang sama, oleh itu pengulangan prosedur pembersihan diperlukan.

Mengenal Pasti Masalah Teras

Semasa mengenal pasti satu corak emosi, cara yang paling berkesan untuk mengubah corak itu adalah dengan mencari masalah teras yang lebih spesifik. Sekiranya anda menggunakan ujian otot, yang merupakan satu cara untuk berhubung dengan minda separa sedar anda dan ia dijelaskan di dalam bab yang terakhir, sebagai cara untuk menentukan masalah itu, anda akan menjumpai kawasan berkaitan yang terdekat. Satu petunjuk bagi anda untuk mengenal pasti emosi itu adalah yang terdekat, tetapi bukanlah masalah utama, ialah otot akan berasa seperti "span" bukannya keras atau lembik. Sesetengah emosi seperti kepahitan dan benci berkait dengan masalah yang lebih mendalam dan dirujuk sebagai *lihat masa lalu* atau *lihat kemarahan*. Dengan meneroka emosi lebih mendalam lagi anda boleh mencari di mana masalah terasnya. Lantas, anda akan mencapai kecekapan maksimum jika anda dapat mengendalikan masalah ini. Walau bagaimanapun, setiap masalah teras ada emosi yang berkaitan. Menguruskan emosi-emosi itu membolehkan anda untuk mengurangkan kekuatan emosi tersebut.

Menangani Emosi Berkaitan

Semasa menangani satu masalah teras, masalah yang memerlukan penggunaan minyak pati dan pencorakan semula emosi sebanyak 18 kali sehari selama tujuh minggu, adalah biasa jika terdapat emosi berkaitan yang muncul sepanjang proses itu. Sekiranya anda mahu, anda boleh menguruskan emosi berkaitan dengan menggunakan minyak yang berbeza sebelum anda melengkapkan tujuh minggu, atau anda boleh menggunakan minyak yang sama. Contohnya, anda boleh bermula dengan *Lavender* untuk mencorak semula "takut akan kritikan" dan menambah "takut ditinggalkan" kepada prosedur sebelum anda selesai menguruskan emosi pertama.

---

[4] *Felings Buried Alive Never Die*, Carol Truman
[5] *Why People Don't Heal And How They Can*, Caroline Myss. Ph.D

Semasa proses pembersihan, anda mungkin mengalami emosi yang muncul dengan cepat atau kuat. Sekiranya dengan menggunakan minyak menghasilkan lebih banyak emosi berbanding apa yang anda boleh kendalikan, berehat sebentar dan proses emosi tersebut dalam jangka masa yang selesa. Apabila anda sudah bersedia untuk meneruskannya, sambung semula di tempat anda berhenti. Emosi yang berlebihan biasanya menunjukkan ada emosi dasar yang perlu dibersihkan juga. Menanganinya bersama-sama dengan masalah teras selalunya mengurangkan emosi yang berlebihan itu. Semasa memori dan emosi muncul, menulis, pergi bersiar-siar, meditasi, bercakap dengan teman rapat, atau bersenam sangat membantu. Maklumat lanjut mengenai teknik-teknik penulisan boleh didapati dalam bahagian Penambahbaikan Pembersihan.

PEMBERSIHAN CORAK EMOSI

Corak emosi disimpan dalam memori sel dan mempengaruhi kita secara fizikal, mental dan emosi. Mengubah corak tingkah laku memerlukan:

1. **Memahami corak emosi.** Ini melibatkan melihat bagaimana emosi yang sama muncul dalam situasi yang berbeza dan bagaimana ia mempengaruhi hidup anda. Ia membolehkan anda melihat mengapa anda mengalami masalah dalam hidup anda. Setelah corak itu difahami atau masalah dikenal pasti, mesej atau cara mengendalikan situasi tersebut dengan lebih baik akan muncul.

2. **Mengenal pasti masalah** sebelum anda dibelenggu olehnya. Dengan memahami penyebab masalah tersebut, situasi boleh ditangani dengan cara yang lebih baik. Pada hakikatnya, pengajaran boleh diambil.

3. **Sanggup dan bersedia untuk berubah.** Sebelum anda faham atau berdepan dengan kesan atau akibat terhadap sesuatu tingkah laku, tiada keperluan, syarat, atau motivasi untuk anda berubah. Inilah sebabnya situasi menjadi lebih buruk atau merosot sehingga ke tahap yang tidak boleh ditanggung sebelum seseorang itu boleh melihat corak dan peranannya. Perubahan memerlukan pertukaran arah yang memerlukan fokus dalam usaha dan tenaga.

4. **Menukar corak tenaga emosi.** Tingkah laku atau tindak balas automatik adalah corak tenaga yang tetap. Untuk melakukan perubahan dengan berkesan, tenaga perlu dibersihkan daripada semua bahagian tubuh: fizikal, mental dan emosi. Mengambil pengajaran daripada sesuatu, mempengaruhi kerohanian tubuh; memahami coraknya mempengaruhi mental tubuh ; titik penggera berkaitan dapat mengakses fizikal tubuh tersebut; dan perasaan yang berkaitan dengan emosi tubuh emosi tersebut.

Pembersihan Corak

Pembersihan corak yang mendalam memerlukan seseorang membawa pengajarannya ke dalam fikiran sedar dan memahaminya dengan baik, pada dasarnya mengambil pengajaran daripadanya. Pembersihan corak emosi daripada tubuh memerlukan seseorang itu merasai emosi tersebut dan membebaskannya daripada sel memori tubuh. Emosi yang tersimpan di dalam kelenjar dan organ boleh diakses melalui titik penggera akupunktur manakala sistem limbik boleh diakses melalui bau. Minyak pati mempunyai frekuensi getaran yang boleh mengubah corak. Jika disapukan pada titik penggera akupunktur, frekuensi akan dihantar terus ke organ yang spesifik sementara jika dihidu pula, corak di dalam sistem limbik otak akan dibebaskan, lantas akses terus ke memori sel tubuh akan diperoleh.

Untuk membebaskan corak emosi memerlukan:

1) mengenal pasti corak yang berkaitan dengan emosi tersebut,

2) memahami corak — sisi berlawanan emosi tersebut,

3) mengambil pengajaran dengan mencari jalan keluar daripada situasi tersebut.

4) membersihkan dan memprogramkan semula corak dalam memori sel tubuh — mengubah DNA, dan

5) membebaskan corak daripada memori yang tersimpan di dalam sistem limbik otak.

Apa yang perlu dijangka
Pembersihan corak emosi menggunakan minyak pati adalah sangat lembut.

Perubahan biasanya tidak ketara disebabkan tubuh berupaya membebaskan program dalam cara yang sama ia datang, selangkah demi selangkah. Itulah sebabnya pengulangan diperlukan. Jangka masa tidak penting. Anda boleh melakukannya mengikut rentak anda sendiri, sama ada anda mengambil 7 minggu atau 7 bulan untuk membersihkan satu-satu masalah teras bergantung kepada diri anda sendiri. Mempelajari cara untuk mengubah emosi negatif menjadi positif akan menjadikan perubahan itu kekal.

Anda akan dapati diri anda bertindak balas kepada situasi berbanding memberi reaksi. Selalunya wujud rasa kedamaian jiwa, ketenangan yang mendalam, atau bukaan, yang membolehkan tubuh anda bernafas. Anda akan rasa lebih fleksibel dan ia dapat dibuktikan dengan cara anda mengendalikan situasi.

Emosi, memori dan kesedaran muncul apabila anda berupaya mengawalnya. Proses pembersihan bermula dengan emosi yang menyakitkan seperti penolakan dan membawa anda kepada keadaan yang positif. Walaupun penyataan, "Saya menerima diri saya seadanya," boleh menimbulkan semua tindak balas "ya, tetapi" dalam suara hati anda, hasil akhirnya adalah penerimaan. Selepas anda mengulangi proses, tersebut anda akhirnya telah memadam corak tindak balas sel yang lama dan menggantikannya dengan satu penerimaan yang baru.

Cabaran kita adalah untuk meluahkan kasih sayang walau apa pun yang berlaku dalam hidup. Kita perlu meneruskan hidup dan menjadikan ketakutan terbesar sebagai pentasnya. Ketakutan ialah penyebab corak emosi, juga dikenali sebagai masalah psikologi, yang perlu kita ambil pengajaran. Walaupun kita semua mempunyai semua corak emosi, ada corak emosi yang lebih mencabar berbanding yang lain. Sesetengah corak emosi bersifat universal, sementara yang lain lebih umum untuk orang tertentu berbanding yang lain. Terdapat ciri serupa untuk sekumpulan orang dan ia dapat dilihat melalui bentuk tubuh mereka, Disebabkan itu wujudnya stereotaip orang gemuk adalah periang dan orang kurus lebih serius. Bentuk tubuh ditentukan oleh kelenjar, organ atau sistem tubuh yang paling dominan. Kelenjar dominan ini mengawal bukan sahaja bentuk tubuh, bahkan personaliti asas seseorang.

Corak emosi disimpan di dalam tubuh bersama cabaran hidup besar yang berhubung kait dengan kelenjar dominan setiap orang akan menentukan jenis tubuh mereka. Cara menentukan jenis tubuh dan masalah utama yang berkaitan dengan setiap jenis tubuh boleh dilihat di dalam Titik Perhubungan. Pengalaman tipikal berikut menunjukkan kesan pembersihan corak emosi terhadap kehidupan seseorang.

Pengalaman Tipikal
Kemarahan
Lane ialah seorang lelaki berusia dua puluh enam tahun yang kelenjar dan jenis tubuhnya yang dominan adalah Timus. Masalah teras atau cabaran terbesar Jenis Tubuh Timus ialah pertimbangan dan kawalan, sementara tindak balas emosi yang dominan ialah kemarahan. Dia mula menggunakan adunan minyak pati *Purification* pada titik penggera hati dan titik emosi di lekukan pada dahi (eminens frontal) tujuh kali sehari bersama dengan emosi kemarahan, kemudian ketawa dan membuat penyataan, "Arah saya jelas."

Tidak sampai seminggu, gitar kegemarannya terjatuh dan badan gitarnya menjadi sumbing semasa latihan kugiran. Tindak balas biasanya kepada situasi seperti ini ialah perasaan marah yang teramat sangat sehingga mempengaruhi semua orang di sekitarnya dan berlanjutan sekurang-kurangnya seminggu sebelum sebarang penyelesaian mula timbul.

Kali ini, dia berjalan masuk ke dalam rumah dan memberitahu emaknya yang dia berasa marah kerana gitarnya telah sumbing. Tidak sampai sejam selepas itu, dia terjumpa cat hitam di dalam garaj lalu memperbaiki bahagian gitarnya yang sumbing itu sehingga ia hampir tak kelihatan lagi. Kejadian ini telah diikuti dengan beberapa situasi yang serupa di mana dia bukan sahaja dapat keluar daripada tindak balas kemarahan dengan cepat, bahkan dapat memintas kemarahan dan menjumpai penyelesaian yang sesuai untuk semua orang.

Setelah dia selesai menggunakan minyak *Purification* selama tiga minggu, emosi seterusnya, kekecewaan yang tersimpan dalam ductus hempedu serupa muncul. "Sisi lain" untuk kekecewaan ialah pencapaian. "Jalan keluarnya" ialah "Saya bergerak melampaui batasan saya." Setelah menggunakan minyak *Lemon* sebanyak tujuh kali sehari selama tiga minggu, dia kemudiannya sudah bersedia untuk menangani masalah teras untuk Jenis Tubuh Timus iaitu takut akan kegagalan. "Sisi lain" bagi takut akan kegagalan ialah menjadi lebih terbuka dan "jalan keluarnya" ialah "Saya menerima penambahbaikan". Titik penggeranya adalah timus dan minyak patinya adalah *Peppermint*.

Pembersihan corak emosi dengan menggunakan "jalan keluar" dan minyak pati membolehkan Lane mengubah masalah teras dan mengubah tindak balas emosi yang dia hadapi sepanjang hidupnya. Dia telah mampu untuk menyatukan corak baru itu ke dalam dirinya dengan mudah, menjadikan hidupnya lebih mudah dan bahagia.

Hubungan

Molly ialah seorang wanita berusia empat puluh tahun yang gigih berusaha untuk memperbaiki keperibadiannya termasuk psikoterapi selama bertahun-tahun. Walaupun dia sangat memahami dinamik hubungannya, dia tidak boleh menghentikan corak emosi yang membelenggunya. Dia mula menggunakan *Lavender* untuk menyelesaikan masalah pengabaian yang sudah sekian lama bersama dengan penyataan, "Saya belajar daripada semua pengalaman hidup."

Tidak lama selepas itu, dia berada di dalam situasi bersama teman lelakinya di mana dia berasa terpaksa untuk meluahkan perasaannya daripada terus memendamnya. Keesokan paginya, dia berasa gembira dan berkeyakinan. Teman lelakinya mahu memutuskan hubungan. Untuk pertama kali dalam hidupnya, dia mampu untuk berkata dan memaksudkannya, "Jika itu yang awak mahukan dan perlukan untuk diri awak, saya akan menghormati keputusan awak." Walaupun dia akan merinduinya, dia tahu bahawa itu satu keputusan yang betul. Ini merupakan kali pertama dia mampu melalui perpisahan tanpa melibatkan masalah pengabaian yang dihadapinya dan merayu untuk kekasihnya kembali kepadanya. Dia menganggap semua itu berpunca daripada pembersihan corak emosi pengabaian.

Penyakit Kronik

Tubuh adalah satu petunjuk yang hebat untuk menunjukkan apa yang sedang berlaku dalam kehidupan seseorang. Walaupun minda cuba merasionalkan atau mengabaikan realiti, emosi seseorang dapat digambarkan dalam bentuk fizikal. Tubuh Tatiana bertindak balas dengan menghasilkan tumor yang boleh dilihat. Tumor pertama muncul pada tahun 1989 di bawah kakinya. Dia mendapatkan bantuan perubatan konvensional dan membuang tumor serta sebahagian daripada kakinya. Sebagai penari profesional, dia sedar bahawa perkara ini adalah satu peringatan dan menyebabkan dia meninggalkan perkahwinannya yang bermasalah.

Pada tahun 1996, beberapa tahun selepas itu, dia melihat lebih banyak tumor tumbuh di kakinya, barulah dia sedar bahawa dia perlu mencari penyebab masalah itu daripada hanya merawat gejalanya sahaja. Inilah permulaan perjalanannya dalam perkembangan peribadi dan psikoterapi. Semasa tumor muncul untuk kali ketiga, pada tahun 1999, Tatiana mengenal pasti satu persamaan. Setiap kali tumor muncul,

Tatiana smenjalinkan hubungan dengan seorang lelaki di mana dia telah mengabaikan identiti dirinya. Dia telah memutuskan setiap hubungannya sebelum ini kerana dia tahu walaupun emosinya sakit, itulah yang harus dia lakukan untuk meneruskan hidup.

Kali ini Tatiana mempunyai kaedah lain, pengetahuan dalam cara penggunaan minyak pati untuk membebaskan corak emosinya yang mendalam. Dia mengenal pasti beberapa corak emosi yang berkaitan dan menggunakan minyak pati dan prosedur pembersihan yang sesuai. Tatiana telah menggunakan beberapa minyak tetapi tidak merasakan perubahan besar kecuali dua minyak: *Release* untuk takut akan cinta yang tidak ikhlas dan *Lavender* untuk perasaan takut diabaikan. Semasa dia menggunakan *Lavender*, Tatiana berasa kagum kerana perasaan takut diabaikan telah hilang. Ini kali pertama dia mampu memutuskan hubungan dan berasa lengkap. Dia tidak meratapi perpisahan itu dan kembali kepada apa yang dia sangka terbaik untuk dirinya. Daniel, kekasihnya ketika itu yang meminta untuk berpisah kerana Tatiana memberikan terlalu banyak tumpuan kepadanya dan Daniel rasa perkara itu memberi kesan kepada proses penyembuhan Tatiana. Tatiana menggunakan Daniel untuk melengkapkan hidupnya dan melawan perasaan takut akan komitmen. Sebaik sahaja Tatiana sampai di rumah, dia mula menggunakan *Release* dan *Lavender* serta membaca Doa Kemaafan setiap kali dia terfikirkan Daniel. Dia berdoa dan menggunakan minyak itu hampir setiap jam dan berasa kagum dengan betapa lena tidurnya pada malam itu serta betapa mudahnya dia mengharungi tiga hari berikutnya.

Doa Kemaafan yang Tatiana gunakan itu ditulis oleh Dr. Roberta Herzog. Ia dicetak semula dengan kebenaran. Lihat sumber-sumber untuk maklumat lanjut.

Hukum Kemaafan

Hukum Kemaafan berasal daripada "Doa Yang Diajarkan Oleh Jesus" di mana disebutkan, "...dan ampunkanlah dosa kami seperti mana kami mengampunkan sesiapa yang berdosa kepada kami..." Ini ialah Hukum Universal...bahawa apabila anda memaafkan dan meminta kemaafan sebagai balasan, Karma situasi ini mula dineutralkan.

Inilah yang boleh anda lakukan untuk membantu diri anda: Setiap pagi dan petang untuk *Sekurang-Kurangnya* 10 hari ke 2 minggu, apabila anda bangun pada waktu pagi dan sebelum tidur pada waktu malam, duduk dan jangan bergerak. Pejamkan mata anda. Gambarkan orang yang anda hendak maafkan itu sedang tersenyum dan bahagia. Kemudian, bacalah ayat berikut kepada orang tersebut dengan kuat,:

"_____, saya maafkan awak untuk *Semua* yang awak pernah katakan atau lakukan kepada saya sama ada dalam pemikiran, perkataan atau perbuatan yang menyakiti saya dalam kehidupan ini atau kehidupan yang lain. Awak telah bebas dan saya juga bebas! Dan _____, saya meminta awak memaafkan *saya* untuk *Apa Sahaja* yang pernah saya katakan atau lakukan kepada awak melalui pemikiran, perkataan atau perbuatan dalam kehidupan ini atau kehidupan yang lain yang menyakiti awak. Awak telah bebas dan saya juga bebas! Terima Kasih, Tuhan, atas peluang untuk memaafkan _____ dan memaafkan diri saya sendiri."

Anda akan "Tahu" bila untuk berhenti membacanya setiap hari apabila anda memperoleh *Pembebasan Sebenar* kebiasaannya selepas 10 hari ke dua minggu. Pembebasan itu mungkin dalam bentuk tangisan, ketawa, perasaan tenteram...apa-apa sahaja. Anda juga akan mendapati yang *Anda Telah Mengubah Sepenuhnya Sikap Anda Terhadap Orang Tersebut* dan *Sikap Orang Tersebut Akan Turut Berubah Terhadap Anda!* Sekarang anda akan benar-benar tahu apakah masalahnya dan mula *Menguruskan Karma Tersebut* dan meneutralkannya, seraya dapat membebaskan diri anda daripada kesakitan, menjadi lebih bahagia, lebih sihat serta lebih aman daripada segi minda, tubuh dan jiwa.

Tatiana sedar dia telah cuba untuk melengkapkan hidupnya dengan menggunakan orang lain. Kepercayaannya ialah, "Jika saya berikan apa yang awak mahu, awak akan mencintai saya. Jika saya melengkapkan hidup awak dengan memberikan seks yang memuaskan, awak akan melengkapkan hidup saya dan menjaga saya." Tatiana sedar bahawa dia tidak memerlukan hubungan seksual untuk melengkapkan hidupnya. Dia harus bertanggungjawab untuk dirinya, jadi dia menggunakan *Birch*. Setelah dia berjaya mengubah fokusnya daripada menjadi sebahagian daripada dirinya kepada dirinya yang sebenar, dia mengubah pengalamannya bersama Daniel. Mereka masih berjumpa untuk bersosial dan Tatiana menyedari bahawa mereka saling melengkapi tenaga masing-masing dan apabila kedua-dua tenaga digabungkan, ia menghasilkan tenaga ketiga.

Bagi Jenis Tubuh Perut, *Peace and Calming* sangat penting untuk menangani rasa takut hilang kawalan yang dirasakannya. Diabaikan ketika jatuh sakit atau krisis ialah ketakutan yang Tatiana tanggung selama ini. Setelah dia mengetahui keberkesanan *Lavender* dalam menangani masalah pengabaian dalam dirinya, Tatiana berjaya menangani masalah lain dan menghapuskannya dengan tenang. Kini, jiwa Tatiana sangat tenang kerana dia sudah tahu betapa pentingnya untuk terus menjaga dirinya serta telah berjaya mengubah corak sel yang menyebabkan pembentukan tumor pada tubuhnya.

Kemewahan/Kekayaan

Pete, seorang kontraktor yang bekerja sendiri, Jenis Tubuh Adrenal, berusia empat puluh lima tahun, mahu memperbaiki kelimpahan. Disebabkan dia bekerja sendiri, dia bertanggungjawab untuk mendapatkan semua tugasan untuk dirinya dan pekerjanya. Kami bermula dengan menguji kemewahan, tetapi tidak muncul; kemudian menguji kekurangan, juga negatif. Semasa mencari emosi di sebaliknya, kami menemui kegagalan. Takut akan kegagalan tersimpan di kelenjar timus. Sisi lain bagi kegagalan ialah menjadi lebih terbuka dan cara untuk ke arah lebih terbuka ialah "Saya menerima penambahbaikan". Cara terpantas untuk Pete mengubah corak ini adalah dengan menggunakan minyak *Peppermint,* merasai perasaan itu dan mengucapkan penyataan, "Saya menerima penambahbaikan" 7 kali sehari selama 7 minggu.

Selepas 3 minggu, Pete telah mendapat dua tugasan besar yang akan menjadikan dia dan pekerjanya sibuk sehingga hujung tahun, selain daripada kepada kerja yang sedia ada. Dia menyedari bahawa semakin banyak tugasan, semakin ramai pekerja yang diperlukan, jadi dia memutuskan untuk berhenti menggunakan *Peppermint* buat sementara waktu. Dia memutuskan yang dia akan menyambung menggunakan *Peppermint* apabila dia sudah bersedia untuk menerima perkembangan dalam aspek lain dalam kehidupannya.

Bersedia untuk Berubah

Tanya sedar bahawa anak perempuan suaminya, Suzie sering menggunakan kata-kata kesat terhadap dirinya. Perasaan bersalah suaminya terhadap penceraian dengan ibu Suzie menghalangnya daripada mendisiplinkan Suzie. Suaminya tidak akan menyokong atau menyelamatkannya daripada kemarahan serta kata-kata kesat Suzie.

Tanya merasa jemu dengan kehidupannya yang tidak teratur dan sedar bahawa satu-satunya cara untuk menyembuhkannya adalah dengan menukar corak yang membataskannya. Dia bermula dengan memilih dua minyak, *Purification* untuk kemarahan dan *SARA* untuk penderaan, kedua-duanya berkait dengan masalah teras untuk digunakan 18 kali sehari selama 7 minggu, bersama dengan minyak ketiga, *Release*, untuk digunakan 10 kali sehari selama 7 minggu untuk kehilangan identiti dan takut akan kejayaan. Disebabkan dia komited, fokusnya adalah untuk tidak lupa menyapu minyak-minyak itu. Ini ialah kerja sepenuh masa dan agak mencabar jikalau dia memakai leotard atau sarung kaki bersama gaun panjang, lebih-lebih lagi disebabkan salah satu masalahnya adalah kemarahan (titik penggera hati) dan kehilangan identiti (titik penggera uterus).

Pada minggu pertama, dia hanya menggunakan minyak itu 10 kali sehari dan bukannya 18 kali. Tatkala Tanya yakin bahawa dia tidak menghargai dirinya, dia berjaya meningkatkan jumlahnya menjadi 18 kali. Mengulangi corak negatif/lama diikuti dengan keadaan positif/baru dan penegasan/penyataan membawa corak pemikiran hariannya ke dalam fikiran sedar. Dia yakin ke mana arah yang dia harus tuju untuk sampai ke tempat yang dia inginkan dan apa yang dia telah lakukan selama ini untuk terus di takuk yang lama. Corak lama iaitu melakukan pelbagai tugasan tanpa fokus berkait dengan perasaan takut akan kesempurnaan. Corak ini dan corak berkaitan yang lain muncul perlahan-lahan, pada rentak yang dia boleh tangani. Dengan keazaman untuk berubah, dia sedar betapa indahnya rasa apabila dia mengambil berat tentang dirinya semasa dia meneruskannya selama 7 minggu. Kejelasan fikiran dan kesedaran yang baru itu akhirnya membolehkan dia memulakan satu kerjaya.

Tanya telah dibesarkan untuk menjadi tidak mementingkan diri, berbakti tanpa henti dan telah menjadi seperti tunggul dalam proses itu. Sejurus selepas menggunakan minyak-minyak ini, dia sedar bahawa dia boleh mengendalikan situasi dengan tenang dan efisien berbanding bertindak mengikut emosi seperti sebelum ini, lebih-lebih lagi dengan kehadiran dua orang remaja di dalam rumahnya.

Tanya berupaya untuk bertindak secara rasional, dan bukannya bertindak mengikut emosi terhadap stres, dan hal ini membolehkan dia kekal tenang. Disebabkan oleh itu, dia berjaya keluar daripada pertengkaran dan tidak terbawa-bawa dengan situasi itu.

Memandangkan jenis tubuhnya ialah Paru-paru, ini dianggap satu kejayaan yang besar kerana jenis tubuh ini amat sensitif dengan emosi. Dia memperoleh pemikiran yang lebih jelas dan kesedaran diri yang lebih tinggi, serta kekuatan. Setelah dia meluahkan pendapatnya dengan tegas dan penuh kasih sayang, keluarganya lebih memahami perasaannya dan lebih menghormati dirinya. Bersifat emosi secara semula jadi, membersihkan perasaan negatif di sekitar isu-isu teras membolehkannya untuk mendalami perasaannya yang sebenar. Hasilnya, dia dapat menjadi dirinya sendiri.

Setelah penggunaan secara intensif selama 7 minggu, matlamat Tanya menjadi semakin jelas dan nyata apabila dia menerima lebih banyak peluang untuk menunjukkan kebolehan dan bakatnya. Buat pertama kali dalam hidupnya, dia menemui kekuatan dalaman, terasnya dan menyatukan semua aspek dirinya. Dia mula menyedari bagaimana dirinya dan cara dia bertindak terhadap sesuatu situasi memberi kesan kepada keluarganya dan setiap orang yang berhubung dengannya. Walaupun dia menyedari sepenuhnya keadaan emosi orang di sekelilingnya, dia tidak perlu lagi untuk bertindak mengikut emosi sama seperti mereka. Untuk pertama kali dalam hidupnya, dia telah bebas.

Membantu Pasangan

Elaine dan Bob mempunyai hubungan yang baik dan penuh dengan kasih sayang. Walaupun mereka saling menyokong antara satu sama lain, ada kalanya Elaine merasakan bahawa Bob tidak mendengar luahan hatinya. Dia berulang kali meminta Bob untuk membuka pintu bilik air apabila Bob bangun daripada tidur kerana dia tidak mahu membuatkan Bob terjaga dengan bunyi pengering rambutnya dan bilik air itu menjadi panas, tetapi dia tidak boleh mendengar suara Bob disebabkan bunyi bising pengering rambut. Walaupun Bob berulang kali berjanji untuk berubah, Bob sentiasa lupa untuk membuka pintu itu. Masalah lain ialah, kucing mereka semakin tua dan memilih makanan. Elaine berulang kali meminta Bob supaya tidak memberi terlalu banyak makanan kerana kucingnya tidak mahu makan sisa makanan. Bob sentiasa memberi terlalu banyak makanan dan apabila diingatkan, dia berasa seperti Elaine membebel kepadanya. Apabila Elaine memerlukan seseorang untuk mendengar dan berkongsi perasaan kecewanya, Bob menjadi susah hati, kadang kala Bob marah, membuatkan Elaine berasa bahawa dia tidak boleh berkongsi perasaannya dengan Bob. Perbincangan yang sama mengenai corak tingkah laku tidak mengubah apa-apa, hanya menimbulkan lebih banyak kekecewaan atau memburukkan lagi masalah itu.

Minyak Pati

Semasa berbual dengan Elaine, saya bertanya kepada Elaine isu apakah yang dia rasa menyebabkan Bob jadi begitu. Elaine mengaitkannya dengan perasaan tidak berdaya Bob, seperti semasa ibu atau rakannya di Vietnam sedang nazak. Emosi dasar untuk perasaan tidak berdaya ialah *terlalu bersedih*. Sisi lain untuk *terlalu bersedih* ialah mempunyai *visi* dan cara untuk mencapainya adalah dengan penyataan, "Saya fokuskan tenaga saya." Minyaknya ialah *Envision* dan titik penggeranya adalah titik visi berdekatan dengan mata.

Elaine berkongsi penemuannya dengan Bob dan memberikan Bob minyak *Envision*. Elaine nampak Bob meletakkan penyataan dan emosi itu pada cerminnya. Menjelang pagi kedua, Elaine menemui Bob dan berkata, "Ia berkesan." Kucing mereka mendapat jumlah makanan yang betul, pintunya terbuka dan komunikasi antara mereka lebih santai dan terbuka. Bob tidak menyedari akan perubahan itu sehingga hari kelima. Tidak perlu dikatakan lagi, Bob terus menggunakan minyak itu dan membersihkan coraknya.

PEMBERSIHAN CORAK EMOSI

Satu corak emosi boleh dikenal pasti daripada emosi itu sendiri atau daripada kawasan pada tubuh yang sakit atau tidak selesa. Rujukan Emosi menyenaraikan emosi-emosi (kedua-dua kekutuban), titik penggera tubuh, dan minyak pati yang digunakan untuk membersihkan corak tersebut. Rujuk kepada bahagian Carta untuk mencari kedudukan titik penggera tubuh.

Kebanyakan perkataan yang disenaraikan di bawah emosi merupakan kutub negatif. Kutub positif berkait dengan rasa takut—seperti rasa takut akan cinta, tidak dicintai, atau tidak disayangi.

Untuk membersihkan satu corak emosi, bermulalah dengan:

1) Mengenal pasti perasaan atau emosi tersebut. Ini dapat membawanya ke dalam fikiran sedar.

2) Setelah ianya dikenal pasti, corak emosi dan pemikiran yang menghasilkannya harus difahami.

3) Seterusnya lihat pada "sisi lain" atau emosi positifnya, iaitu kebolehan atau ekspresi positif emosi tersebut.

4) "Jalan keluar" ialah penyataan atau penegasan yang memberikan cara untuk mengubah tenaga daripada negatif kepada positif. Ia tertumpu kepada intipati pengajaran supaya ia boleh dilihat dan difahami dengan mudah. Setelah "jalan keluar" perasaan negatif diketahui, mudah untuk keluar daripada emosi yang kurang menyenangkan. Apabila emosi negatif itu telah hilang dan pengajaran telah diambil, situasi yang mencetuskan emosi itu bebas untuk berubah. Sekiranya emosi atau situasi negatif muncul kembali, kaedah untuk mengubah perhatian dan fokus seseorang dengan pantas sudah tersedia. Ini mewujudkan satu keadaan untuk membuat pilihan dan pemerkasaan diri.

Untuk membebaskan corak emosi yang sudah sebati dalam diri anda, anda perlulah membebaskan corak itu dengan menggantikannya dengan tindak balas yang diingini. Mengubah sesuatu corak adalah seperti mengisi alur—lebih dalam alur itu, lebih kerap anda perlu berhubung dengan sisi lain emosi itu. "Jalan keluar" menyediakan jambatan yang membolehkan anda mengubah emosi sisi negatif kepada sisi positif. Lebih dalam corak emosi itu, lebih kerap anda harus menghubungkan kedua-dua sisi emosi itu untuk menghasilkan corak yang baru.

5) Langkah seterusnya adalah untuk membebaskan corak daripada sel memori. Ia dapat dilakukan dengan menghidu bau minyak pati, kemudian menyapunya pada titik-titik penggera dan titik emosi. Untuk mengaktifkan minyak pati, letakkan setitis minyak di atas telapak tangan anda yang bukan dominan dan putarkannya mengikut arah jam sebanyak tiga kali. Kemudian, letakkannya pada titik penggera dan emosi. Sekiranya anda masih mempunyai minyak itu lagi, anda boleh menyapunya pada titik Pembebasan dan/atau Penapisan seperti yang dihuraikan di bawah ini.

Biasanya frekuensi penggunaan adalah 1, 3, 7, 10 atau 18 kali sehari selama 1, 3, atau 7 minggu. Emosi yang berbeza mungkin boleh dirawat satu per satu. Jika minyak yang berbeza diperlukan, ia mungkin boleh dilapiskan, bermakna satu minyak boleh disapu di atas atau selepas minyak yang lain. Minyak boleh disapu dalam jarak 15 minit antara satu sama lain, jadi anda boleh menggunakannya sebelum dan selepas bekerja atau pada masa yang anda berpeluang untuk fokus pada emosi tersebut. Sekiranya anda tidak berupaya untuk menggunakan minyak sekerap yang diingini, atau harus mengambil sedikit masa rehat untuk memproses emosi-emosi itu, anda boleh melanjutkan tempoh masa untuk menyapu minyak tersebut.

Minyak Pati

Titik Pembebasan dan Penapisan

Titik Pembebasan yang terletak pada saraf tunjang di bahagian bawah tengkorak, membantu dalam membebaskan corak emosi. Titik Penapisan yang terletak di kedua-dua sisi belakang tengkorak digunakan untuk menapis tenaga yang boleh menarik seseorang kembali kepada corak yang lama. Ini adalah titik penambahbaikan tambahan yang boleh digunakan secara berkala setelah minyak pati disapu pada titik penggera dan di lekukan pada dahi.

Kesensitifan Minyak

Sesetengah minyak terlalu kuat dan mungkin menyebabkan iritasi kepada kulit sensitif, terutama pada bahagian muka dan dahi. Sekiranya kulit anda menjadi kering atau melecur, cairkan minyak itu dengan menambah V6 atau sebarang minyak sayuran pada titisan minyak yang ada pada telapak tangan anda. Sekiranya anda mengalami apa-apa kesulitan dengan minyak itu, cukup sekadar menghidu bau minyak itu dan sentuh titik penggera dan emosi, rasakan emosinya dan ucapkanlah penyataannya.

Sesetengah minyak seperti *Lemon* boleh menyebabkan seseorang menjadi fotosensitif–kulit mudah terbakar di bawah cahaya matahari terik. Gunakan minyak ini dengan berhati-hati, menghidu lebih baik daripada menyapu.

Sebaik sahaja minyak telah disapu pada awalnya, merasakan perasaannya dan mengucapkan penyataannya selalunya berkesan jika penggunaan minyak tidak mengizinkan.

Elemen yang paling penting ialah niat anda. Rasakan perasaannya dan fokus kepada penyataannya. Mungkin ada masanya penyataan itu tidak jelas. Semakin anda membiasakan diri dengannya, kesedaran baru akan muncul. Ini adalah proses pembelajaran, proses untuk menjadi lebih terbuka.

Merawat Anak Kecil

Sebagai ibu bapa, anda boleh menyapu minyak untuk emosi yang bersesuaian pada titik penggera akupunktur dan titik emosi, sambil mengucapkan emosi tersebut dan penyataannya. Kaedah ini sangat efektif jika kedua-dua ibu bapa dan anak berdepan dengan masalah yang sama, memandangkan kelakuan anak-anak seringkali mencerminkan ibu bapa mereka tanpa disedari.

Matlamat utamanya adalah untuk mengajar anak-anak untuk mengubah emosi negatif kepada ekspresi positif. Salah satu emosi biasa ialah kemarahan yang selalunya muncul apabila seorang anak itu tidak mendapat apa yang dia mahukan. Minyak untuk emosi kemarahan ialah *Purification*. Titik penggera Hati yang paling mudah diakses ialah di tangan. Menyapu minyak selalunya akan meredakan kemarahan dalam beberapa minit sahaja.

Untuk corak yang lebih degil dan telah sebati, aktiviti fizikal yang tidak membahayakan sesiapa seperti membawa anak keluar bersama anda dan melakukan sesuatu secara fizikal, contohnya menendang gumpalan tanah, akan menukarkan kemarahan kepada kegembiraan. Kuncinya ialah, anda berdua perlu terlibat dalam aktiviti fizikal yang mengarut itu tanpa disedari anda berdua sedang bergelak ketawa.

Satu lagi emosi yang biasa dirasai oleh anak-anak ialah perasaan terluka. Minyaknya ialah *Passion* dan sisi lainnya adalah kreativiti. Untuk mengaitkannya secara fizikal, berikan anak anda sekeping kertas berwarna dan suruh dia koyakkan kertas itu menjadi bentuk seperti bola, loceng, atau bunga. Letakkan bentuk kertas itu di dalam sebuah bakul di mana ia boleh dilihat. Ini menunjukkan bagaimana perasaan terluka boleh diubah menjadi kreativiti dan menghasilkan sesuatu yang bermanfaat–langkah penting dalam membina keyakinan diri.

Membantu Orang Lain

Apabila emosi muncul, contohnya kemarahan, mulakan dengan mengucapkan, "Saya berasa marah." Kemudian hidulah minyak *Purification*, dan sapulah pada diri anda sendiri. Ucapkan sisi lain emosi tersebut iaitu ketawa dan ucapkan "jalan keluar," " Arah saya jelas." Kemudian tawarkan untuk berkongsi minyak itu dengan orang di sekeliling anda. Walau apa pun yang mereka pilih untuk lakukan, situasi itu akan berubah.

Anda mungkin akan menyedari emosi dasar yang tidak dapat ditangani oleh orang yang anda sedang bantu. Anda boleh menggunakan minyak yang berkaitan dengan emosi tersebut semasa urutan kaki atau pada kawasan tubuh di mana terletaknya titik penggeranya. Emosinya boleh diucapkan bersama-sama dengan penyataan "jalan keluar." Untuk penambahbaikan lanjut, minyak yang berkaitan dengan emosi dominan tersebut boleh ditambah ke dalam pembaur dan diletakkan ke sebelah katil seseorang.

MENEROKAI EMOSI

Terdapat pelbagai cara untuk mengenal pasti emosi. Oleh kerana emosi saling berkait, anda boleh menggunakan satu atau beberapa emosi kerana akan berlaku pertindihan. Gunakan titik masuk yang paling menonjol pada ketika itu.

1. Kenal pasti emosi itu.
   Pergi ke Rujukan Emosi dan carilah emosi itu.

2. Tentukan kawasan yang sakit, tertekan atau tidak selesa pada tubuh.
   Rujuk Carta untuk mencari titik penggera tubuh.
   Kemudian, pergi ke Rujukan Tubuh untuk mencari emosinya.
   Setelah itu, pergi ke Rujukan Emosi.

3. Carilah minyaknya. Mungkin ada minyak tertentu yang anda suka.
   Pergi ke Rujukan Minyak dan carilah emosi yang berkait dengan apa yang sedang berlaku dalam hidup anda.

4. Titik refleks pada kaki atau telinga.
   Carilah tempat yang sakit dan titik penggera tubuh atau emosi yang berkaitan.

5. Jenis Tubuh: tentukan jenis tubuh anda dan rujuk masalah teras yang berkaitan.
   Pilih masalah teras yang mempunyai cas emosi yang paling tinggi.

6. Sifat-sifat dominan—menunjukkan kekuatan dan cabaran yang terbesar.
   Pilih sifat-sifat yang anda ingin sokong.

7. Berkomunikasilah dengan tubuh anda dengan mendengar apakah yang dikatakannya melalui meditasi, atau dengan bertanya melalui kaedah yang lebih nyata seperti tilikan, ujian otot atau ujian pergerakan tubuh.

MENEROKAI JENIS TUBUH ANDA

Jenis tubuh anda ditentukan oleh kelenjar, organ atau sistem anda yang dominan. Anda dilahirkan dengannya dan jenis tubuh anda akan kekal sama di sepanjang hidup anda. Kelenjar dominan anda yang akan menentukan di mana anda akan bertambah berat badan, ciri-ciri fizikal tertentu, jenis makanan yang anda teringin ketika anda kurang bertenaga, bahkan ciri personaliti diri anda yang membawa kepada masalah emosi teras. Orang yang mempunyai jenis tubuh yang sama menghadapi masalah emosi teras yang sama dalam kehidupan mereka dan cabaran-cabaran ini membuka peluang untuk perkembangan emosi dan kerohanian.

Terdapat 25 jenis tubuh yang berbeza, setiap satunya mempunyai corak pemakanan yang tersendiri dan personaliti yang berbeza. Profil personaliti anda menghimpunkan 20 tahun penemuan diri sendiri ke dalam 4 halaman. Ia merangkumi personaliti diri anda, apakah yang mendorong anda dan bagaimana personaliti diri ini kelihatan ketika diserlahkan dalam sisi "yang terburuk" dan juga sisi "yang terbaik" yang merupakan potensi anda yang dibandingkan dengan diri anda, bukannya dengan orang lain. *Membebaskan Corak Emosi Menggunakan Minyak Pati* telah ditulis untuk memberikan kaedah bagi mengubah ciri-ciri "yang terburuk" menjadi "yang terbaik".

25 jenis tubuh ini dibahagikan kepada 4 kuadran berdasarkan titik penghubung anda. Titik penghubung adalah 2 sifat dominan yang wujud dalam diri anda. Anda dilahirkan dengannya; sifat-sifat dominan ini adalah sistem sedia ada anda, sistem yang anda harapkan ketika anda berasa tertekan. Titik penghubung bagi sifat-sifat dominan anda terbahagi kepada dua, yang pertama adalah **Mental** atau **Emosi**, dan yang kedua adalah **Fizikal** atau **Kerohanian**. Halaman yang berikutnya akan membantu anda mengenal pasti 2 sifat dominan anda. Setelah mengenal pasti sifat-sifat dominan anda, anda dapat meneroka jenis tubuh yang berada dalam kuadran anda seperti yang diterangkan di halaman yang berikutnya. Setelah anda menjumpai jenis tubuh anda, anda boleh pergi ke masalah emosi teras yang berkaitan dengan jenis tubuh anda. Walaupun kita semua mempunyai semua jenis emosi, sesetengah daripadanya lebih mencabar bagi kita berbanding orang lain. Anda akan mendapati bahawa masalah emosi teras adalah masalah yang sering mengganggu anda dan menjadi punca kepada pelbagai cabaran dan emosi yang membataskan anda secara konsisten.

Sesetengah jenis tubuh mempunyai sifat-sifat dominan yang sangat berdekatan dengan pusat sehingga agak sukar untuk dibezakan. Carta di bawah menunjukkan 25 jenis tubuh yang saling berkait antara satu sama lain. Anda akan perasan sesetengah jenis tubuh, seperti Adrenal, Timus dan Perut, berada di pinggir luar kuadran **Mental/Fizikal**. Jenis-jenis tubuh ini berada jauh di dalam kekutuban **Mental/Fizikal** dan secara umumnya lebih mudah dikaitkan dengan sifat-sifat tersebut; tetapi Limfa, Sistem Saraf dan Medula lebih sukar untuk dibezakan. Matlamatnya adalah untuk menggabungkan bahagian diri kita yang terselindung – dalam hal ini, sisi **Emosi/Kerohanian** – ke dalam diri kita. Ini membolehkan kita berkembang, untuk menjadi dan mengekspresikan lebih banyak sifat semula jadi kita – sisi "yang terbaik" kita. Ia juga menjadikan kita lebih berbelas kasihan dan memahami orang lain serta diri kita sendiri. Kita menarik orang lain daripada kuadran yang berbeza ke dalam kehidupan kita kerana mahu mempelajari perasaan mereka ketika melihat dunia daripada perspektif yang berbeza dan kebiasaannya dapat mengubah suai, melembutkan, atau mematangkan sudut pandangan kita yang tegar.

KUADRAN HUBUNGAN JENIS TUBUH

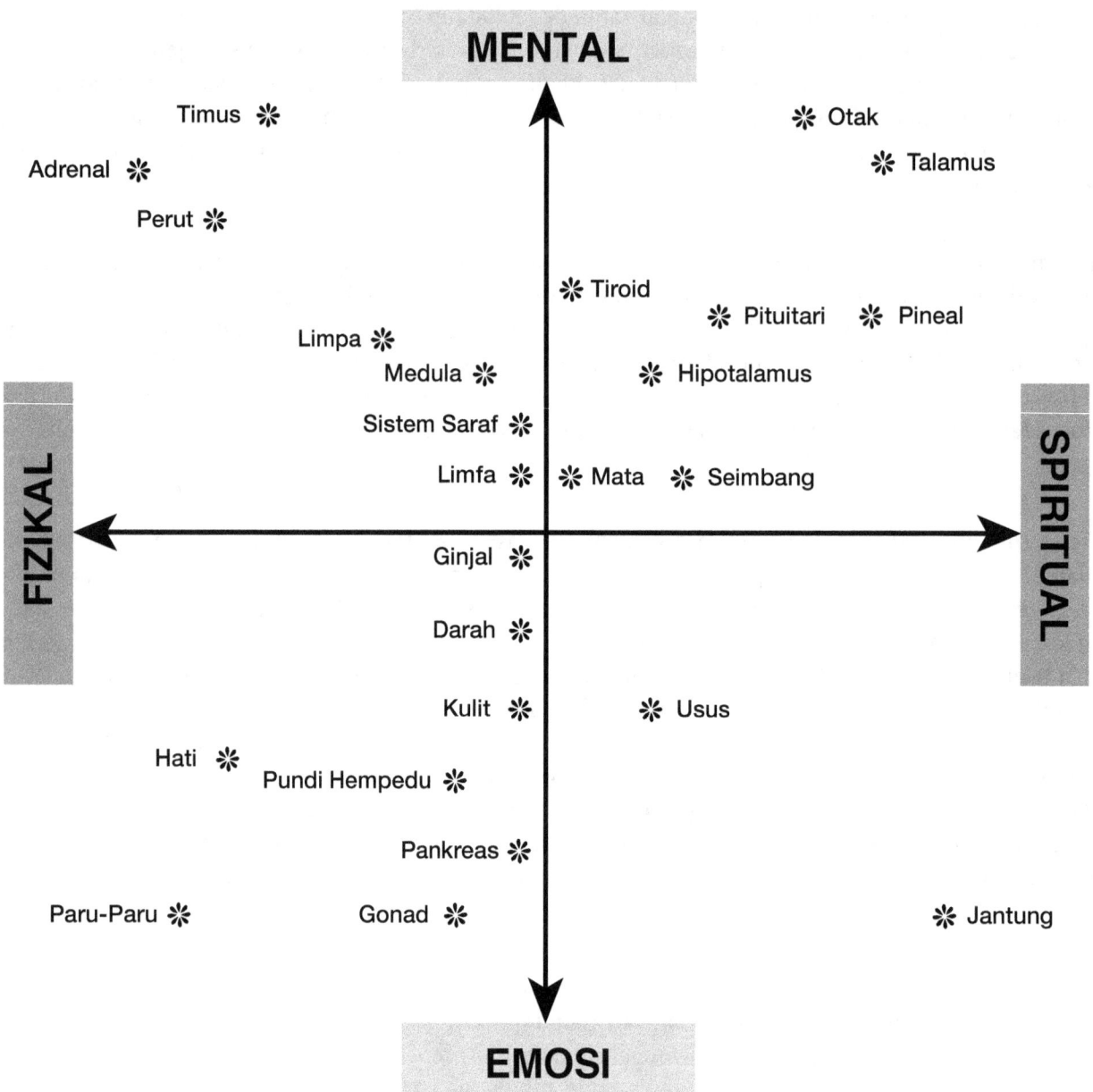

Untuk mendapatkan bantuan lanjut bagi mencari jenis tubuh dan maklumat diet anda, bacalah buku saya *Different Bodies, Different Diets* atau layari laman sesawang saya *www.bodytype.com* di mana anda boleh mengambil ujian untuk menentukan jenis tubuh anda.

TITIK PENGHUBUNG

Dengan mengetahui sifat-sifat dominan anda, ia akan membantu anda menentukan jenis minyak yang akan memberi manfaat kepada anda secara konsisten. Sifat-sifat dominan adalah "titik penghubung" anda dan akan membawa anda ke kawasan ketidakseimbangan anda yang terbesar. Terdapat 4 sifat: mental, emosi, fizikal dan kerohanian, dua daripadanya merupakan yang lebih kuat atau dominan. Setiap orang mempunyai hubungan yang lebih kuat sama ada dengan minda mereka—Mental, atau perasaan—Emosi. Terdapat juga hubungan yang lebih kuat di antara Kerohanian—gerak hati, atau aspek Fizikal. Hubungan yang paling kuat adalah yang kelihatan paling nyata; iaitu hubungan yang dirasakan paling selesa. Dua hubungan lain wujud pada tahap yang paling besar atau paling kurang. Seberapa baik anda menyatukan sifat-sifat ini akan menentukan seberapa biasa sifat-sifat ini dirasakan oleh anda.

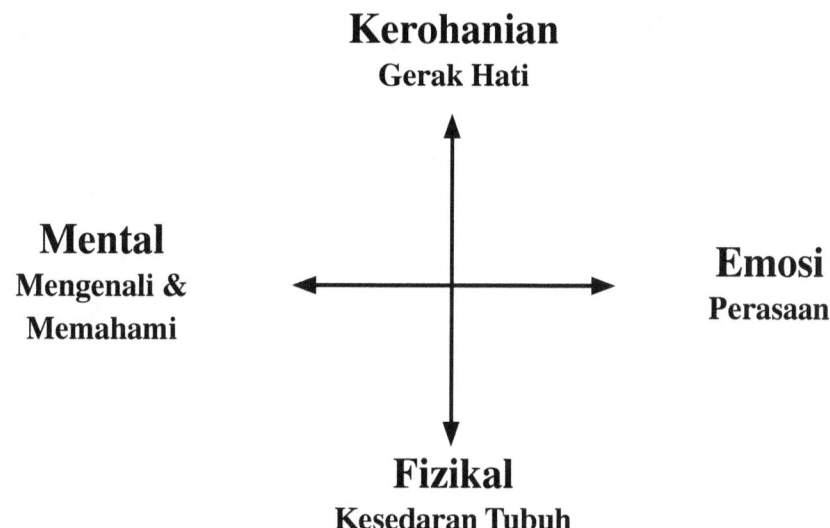

Kombinasi Sifat-Sifat Dominan

Anda dilahirkan dengan dua sifat dominan atau yang terkuat. Cabarannya adalah untuk menguatkan, menyatukan dan mengimbangi dua lagi sifat lain dengan sifat-sifat dominan anda. Setelah anda mengenal pasti sifat-sifat dominan anda, lihat bagaimana ia diekspresikan dalam hidup anda. Adakah satu daripadanya terlalu aktif dan perlu ditenangkan, atau adakah ada satu yang lemah dan harus diperkuatkan? Sifat dominan boleh menjadi terlalu aktif, bermaksud ianya harus diredakan, ditenteramkan atau ditenangkan. Kadang kala, sifat dominan yang seterusnya perlu diperkuatkan atau dirangsang. Perkataan dan soalan-soalan di dalam dua halaman yang berikut disediakan untuk membantu anda menentukan sifat-sifat dominan atau "titik penghubung" anda.

"Titik penghubung" adalah kawasan yang paling anda kenali. Matlamatnya adalah untuk menghubungkan dan menggabungkan titik yang berlawanan. Semakin banyak yang anda lakukan untuk mengembangkan sifat terpendam resesif anda, semakin sukar untuk mengenal pasti kecenderungan terkuat anda. *Sekiranya anda telah menggabungkan sisi berlawanan anda, ingat kembali masa sebelum anda memutuskan untuk mengembangkan sifat terpendam resesif anda.*

Untuk menentukan "titik penghubung" anda, lihatlah diri anda dengan jujur. Dengan berpandukan kedua-dua perkataan dan penyataan berikut, pilih set yang menggambarkan sifat semula jadi anda. *Jawablah berpandukan perasaan anda, dan bukannya apa yang diajar kepada anda.* Ingatlah, tiada jawapan yang lebih baik daripada yang lain.

MENTAL lwn. EMOSI

Anda bergantung sepenuhnya kepada deria apa? Mental atau emosi? Ini selalunya gerak hati pertama anda, atau pengaruh terkuat anda. Apabila berhadapan dengan situasi yang sukar, adakah anda sering bergantung kepada kebolehan anda untuk berfikir tentangnya secara logik (mental), atau mengikut "gerak hati" dalam mengawal situasi tersebut (emosi)?

Perkataan dan penyataan di bawah menyumbang kepada setiap deria itu. Pilih yang mana paling menggambarkan sifat semula jadi atau kecenderungan anda.

Berfikir	Merasa
Bergantung pada Minda	Bergantung Pada Perasaan
Logik	Gerak Hati
Fokus	Membiarkan
Berterus Terang	Menokok Tambah
Linear	Rambang
Tenang	Kegembiraan
Cita-Cita	Komitmen
Keinginan	Kepercayaan
Hala Tuju	Tindakan
Tindak balas saya yang pertama ialah fikir dahulu, rasakan kemudian.	Tindak balas yang pertama ialah rasakan dahulu, fikir kemudian.
Di rumah, saya bertindak terhadap permintaan yang munasabah.	Di rumah, saya bertindak apabila diminta.
Saya cenderung untuk mendalami perasaan saya dan orang lain daripada sudut pandangan analitis dan tidak berpihak kepada sesiapa.	Saya cenderung untuk terbawa-bawa dengan perasaan saya dan perasaan orang lain.
Saya lebih suka perbualan yang logik, tersusun dan tidak beremosi.	Saya lebih suka perbualan yang menyelesaikan masalah secara beremosi.
Deria dominan saya ialah mental.	Deria dominan saya ialah emosi.
MENTAL	**EMOSI**

Adakah anda lebih kepada Mental atau Emosi, atau Emosi yang tidak menunjukkan perasaan?

FIZIKAL lwn. KEROHANIAN

Adakah anda mengaitkan atau mengenal pasti dengan menggunakan tubuh atau semangat anda? Adakah anda semangat yang ada tubuh atau tubuh yang ada semangat? Sekiranya anda lebih mengenal pasti menggunakan tubuh, realiti anda sering berkait dengan tubuh fizikal, kekuatan, atau perwatakan fizikal anda. Sekiranya anda lebih mengenal pasti menggunakan semangat, realiti anda ditentukan oleh gerak hati dan pengawasan fizikal. Orang yang mempunyai hubungan kerohanian yang kuat selalu mengendalikan situasi dan pengalaman fizikal yang dia tidak biasa dengan berhati-hati, sementara orang fizikal akan terus melakukannya tanpa berfikir panjang.

Pilih perkataan yang anda paling tertarik dan penyataan yang paling sesuai dengan kecenderungan semula jadi anda.

Teguh	Lemah
Tanah	Udara
Keras	Lembut
Bumi	Langit
Tersurat	Tersirat
Saintifik	Ajaib
Berlabuh	Terapung
Kelihatan	Tersembunyi
Persekitaran	Alam Semesta
Tegar	Fleksibel
Nyata	Ghaib
Manifestasi	Idea
Deria	Sensitif
Tepat	Konseptual
Fakta	Gerak Hati
Saya lebih suka kehidupan yang tersusun dan mudah	Saya lebih suka kehidupan yang ada pasang surutnya.
Saya lebih suka mendengar idea baru beberapa kali sebelum mencubanya.	Saya suka mencuba idea atau konsep yang baru dengan segera.
Saya mengutamakan butiran sebelum gambaran yang lebih besar.	Saya mengutamakan gambaran yang lebih besar sebelum butirannya.
Saya ialah tubuh yang ada semangat.	Saya ialah semangat yang ada tubuh
FIZIKAL	**KEROHANIAN**

Adakah sifat dominan anda fizikal atau kerohanian? Pilih satu yang menggambarkan sifat asas anda semasa kanak-kanak.

SIFAT-SIFAT DOMINAN

Salah satu cara untuk menentukan masalah teras anda adalah dengan berpandukan emosi yang tersimpan di dalam kelenjar, organ, atau sistem yang berkait dengan kelenjar dominan dan jenis tubuh anda. 25 jenis tubuh[6] boleh dibahagikan kepada 4 kuadran berdasarkan sifat-sifat dominannya.

FIZIKAL / MENTAL

- Adrenal
- Limfa
- Limpa
- Medula
- Perut
- Sistem Saraf
- Timus

KEROHANIAN / MENTAL

- Hipotalamus
- Mata
- Otak
- Pineal
- Pituitari
- Seimbang
- Talamus
- Tiroid

FIZIKAL / EMOSI

- Darah
- Ginjal
- Gonad
- Hati
- Kulit
- Pankreas
- Paru-Paru
- Pundi Hempedu

KEROHANIAN / EMOSI

- Jantung
- Usus

---

[6] *Different Bodies, Different Diets with the 25 Body Type System*™ oleh Carolyn L. Mein, D.C. 1998

SIFAT-SIFAT

PEMBAYANG: Setiap kuadran mengandungi beberapa jenis tubuh. Sesetengah daripadanya akan menyerlahkan sisi ekstrem sifat tersebut sementara yang lain sangat hampir dengan sifat-sifat yang berlawanan, menjadikan anda sukar untuk berasa yakin sepenuhnya dengan pemilihan anda. Contohnya, walaupun kedua-duanya berada dalam kuadran Fizikal/Mental, jenis Timus sangat berkait rapat dengan sifat Fizikal, sementara jenis Limfa lebih berat ke arah sifat kerohanian. Limfa masih berada dalam kuadran Fizikal, kerana ia menggunakan aktiviti fizikal untuk mencapai kerohanian yang sejati. Jika anda membaca mengenai sifat-sifat ini dengan lebih lanjut, ekspresi untuk jenis tubuh anda akan menjadi semakin jelas.

Ekspresi Setiap Kuadran

FIZIKAL/MENTAL
Dunia yang nyata adalah realiti. Mereka perlu melihatnya, menyentuhnya dan memahami bagaimana ia berfungsi, untuk mengetahui bahawa sesuatu itu nyata. Mempunyai fizikal yang kuat dan mental yang fokus, mereka boleh mencapai apa sahaja yang mereka mahu.

KEROHANIAN/MENTAL
Idea, ideal dan konsep adalah realiti mereka. Tahu bagaimana untuk menterjemahkan maklumat dan pandangan untuk dinyatakan dalam bentuk fizikal untuk kebaikan umat manusia adalah kekuatan mereka, menjadikan mereka lebih mementingkan pelaksanaan kerja berbanding perhubungan sosial.

FIZIKAL/EMOSI
Meluahkan perasaan secara emosi dan fizikal adalah realiti mereka, jadi, hubungan kekeluargaan dan sosial adalah keutamaan mereka.

KEROHANIAN/EMOSI
Kedua-dua sifat kerohanian dan emosi adalah sangat sensitif. Jenis ini biasanya belajar untuk fokus pada ciri-ciri fizikal dan mental lebih awal dalam hidup untuk meneruskan kehidupan. Kuasa mereka bergantung kepada kekuatan mereka.

Cabaran dan matlamat untuk semua adalah untuk mengembangkan dan menggabungkan sifat yang bukan dominan atau sisi yang lain. Untuk membantu diri kita, kita menarik orang yang mempunyai kekuatan yang berbeza daripada diri kita. Ciri-ciri yang anda sedang perbaiki adalah ciri-ciri yang anda mahu kembangkan, bukannya ciri-ciri yang anda sudah miliki. Walaupun terdapat dua ciri-ciri, salah satu mungkin lebih kuat berbanding yang satu lagi bergantung kepada fokus kehidupan anda. Contohnya, seorang lelaki jenis Tiroid yang fokus pada aspek mental dalam kehidupannya mungkin mengalami kesukaran untuk mengenal pasti sisi kerohanian. Dalam hal ini, dia mungkin mahu mengembangkan sifat dominan resesifnya serta sifat-sifat yang bukan dominan. Ekspresi yang terhalang selalu berlaku kepada sifat Kerohanian dan Emosi.

SIFAT BAGI SETIAP JENIS TUBUH

SIFAT ADRENAL
Sifat-sifat dominan adrenal adalah Fizikal dan Mental. Tiada perkara yang lebih manis daripada kejayaan dalam setiap aspek kehidupan. Untuk ia menjadi nyata, kejayaan perlu mempunyai ekspresi fizikal, seperti kereta, wang, penghargaan, penerimaan, lebih besar lebih baik. Fokusnya adalah mental dan emosi menjadi fokus kedua. Mudah untuk mengabaikan atau menahan kedua-duanya, sehingga tiba-tiba berlaku letusan emosi. Kejadian yang mencetuskannya biasanya tidak berkait; setelah kecaman berakhir, suasana menjadi tenang—tiada dendam, ketidakpuasan hati, atau penyesalan.

SIFAT DARAH
Sifat dominan Darah adalah Fizikal dan Emosi. Keharmonian sangat penting untuk Jenis Tubuh Darah. Mereka berhubung dengan dunia melalui perasaan. Jadi, mereka sentiasa sedar akan emosi mereka dan persepsi mereka terhadap keadaan emosi orang lain. Keutamaan mereka adalah menyelesaikan sebarang ketidakharmonian, sama ada nyata atau dirasai, supaya mereka dapat menghormati diri mereka sendiri dan dihormati oleh orang lain.

SIFAT GINJAL
Sifat dominan Ginjal adalah Fizikal dan Emosi. Orang bersifat Ginjal paling gembira apabila mereka diberikan kelonggaran– apabila mereka mempunyai pilihan dan boleh menerokai pilihan yang baru. Setelah mereka berjaya mencapai sesuatu dan melepasi satu tahap yang mereka anggap adalah hadnya, mereka berehat dan menikmati apa yang ada di sekeliling mereka sehingga cabaran seterusnya muncul. Untuk mencapai kepuasan, setiap cabaran haruslah berbeza dan melibatkan orang lain, memberikan kelonggaran dan perkembangan yang lebih ketara.

SIFAT GONAD
Sifat dominan Gonad adalah Fizikal dan Emosi. Bersikap suka bergurau menghasilkan persekitaran yang ideal untuk menyerlahkan sepenuhnya sisi positif emosi mereka dengan orang yang mereka sayangi. Bersikap terlalu peramah dan sensitif terhadap emosi orang lain selalu mengakibatkan emosi mereka sendiri tidak stabil. Orang yang berciri Gonad terdorong oleh kecantikan. Maka, penting bagi mereka untuk sentiasa kelihatan cantik, termasuk berimej kuat, bangga, dan macho. Kekuatan mereka terletak dalam melihat kecantikan dan menyerlahkan kecantikan orang lain. Kecantikan dalaman sebenar boleh dicapai semasa bergurau senda.

SIFAT HATI
Sifat dominan Hati adalah Fizikal dan Emosi. Jenis Hati ialah guru yang cemerlang. Berasaskan emosi, apabila menyokong atau disokong oleh orang sekelilingnya, mereka mendapat motivasi untuk mempelajari apa yang ada dalam kehidupan. Jenis Hati berjaya apabila mereka menyatukan kehidupan, mengaturkan semuanya supaya ia berjalan lancar, menurunkan pengetahuan yang diperoleh daripada satu generasi ke satu generasi yang lain.

SIFAT HIPOTALAMUS

Sifat dominan Hipotalamus adalah Kerohanian dan Mental. Cabaran memberikan fokus yang diperlukan oleh jenis Hipotalamus untuk meneroka lebih dalam, mengabdikan diri dalam usaha untuk mengembangkan sifat mereka yang lain untuk dikongsikan dengan dunia mereka. Pemikiran analitik mereka yang kuat serta gerak hati yang sensitif membolehkan mereka berjaya membangunkan syarikat, empayar kewangan, atau hidup dalam cara yang memanfaatkan diri mereka dahulu sebelum orang lain.

SIFAT JANTUNG

Sifat dominan Jantung adalah Kerohanian dan Emosi. Mempunyai kesedaran yang tinggi dan sensitif terhadap keadaan emosi orang di sekelilingnya, mereka yang bersifat Jantung berasa bahagia apabila persekitaran mereka mendamaikan. Ketidakharmonian menjadikan mereka tidak selesa, jadi mereka akan melakukan atau mengucapkan sesuatu untuk mengubah tenaga itu. Jika itu tidak berkesan atau tidak sesuai untuk dilakukan, mereka akan keluar dari tempat itu dan ke tempat yang baru, mengajak orang lain berpindah ke dalam tenaga mereka.

SIFAT KULIT

Sifat dominan Kulit adalah Fizikal dan Emosi. Tidak ada keseronokan yang lebih besar berbanding penemuan dan penemuan yang paling menyeronokkan adalah penemuan yang memberi manfaat secara emosi kepada mereka dan orang di sekeliling mereka. Oleh kerana mereka sangat visual, Jenis Kulit gemar menyatakan penemuan mereka dalam bentuk fizikal, nyata, terutamanya sesuatu yang membuatkan mereka berasa hebat. Peka terhadap perasaan orang lain, mereka suka membuatkan orang lain berasa hebat dan suka disentuh.

SIFAT LIMFA

Sifat dominan Limfa adalah Fizikal dan Mental. Keterujaan menjadikan orang bersifat Limfa terus bergerak, aktif dan hidup. Tanpa rangsangan fizikal atau mental, mereka menjadi murung dan ini akan mengakibatkan kesakitan emosi muncul lalu mendorong mereka untuk keluar daripada kemurungan. Mereka mempunyai mental yang cekap dan peka, dan belajar dapat memberikan mereka rasa kepuasan. Mereka berasaskan Fizikal, kesihatan dan daya tarikan fizikal merupakan satu keutamaan mereka.

SIFAT LIMPA

Sifat dominan Limpa adalah Fizikal dan Mental. Mereka paling gembira apabila berasa selamat. Oleh sebab mereka bersifat fizikal, keselamatan haruslah dalam bentuk yang nyata, contohnya rumah yang besar, wang di dalam bank, projek yang berdaya maju dan/atau mempunyai seseorang yang hadir secara fizikal. Dengan fokus mental yang kuat, mereka merupakan penganjur yang sangat hebat dan seboleh-bolehnya mahu melihat acara yang besar berjalan lancar.

SIFAT MATA

Sifat dominan Mata adalah Kerohanian dan Mental. Sifat Mata perlu melakukan kelainan untuk menjadikan kehidupan mereka bermakna. Orang yang berpandangan jauh, mereka melihat apakah perkara itu, bagaimanakah keadaannya dan apakah yang perlu dilakukan untuk melakukan perubahan. Mengubah kehidupan seseorang adalah cara paling berkesan untuk menjadikan visi mereka nyata secara fizikal. Aspek Kerohanian mereka yang sensitif membolehkan mereka melihat tanpa menilai dan menjadikan mereka sedar akan kesan membebaskan emosi negatif terhadap manusia. Dengan kekuatan Mental, mereka mudah untuk mengabaikan atau memendam emosi yang tidak menyenangkan, bahkan sehingga ke tahap menutup pandangan mereka sekiranya mereka merasa terlalu terbeban.

SIFAT MEDULA
Sifat dominan Medula adalah Fizikal dan Mental. Jenis Medula suka apabila mereka dihargai. Pendekatan logik mereka yang sabar dan sistematik, menjadikan mereka guru yang cemerlang. Penghargaan daripada pelajar membuatkan mereka terus bermotivasi, sementara fokus mental yang kuat dan perasaan takut untuk gagal memastikan mereka sentiasa peka dan mengikut perkembangan terbaru dalam bidang mereka.

SIFAT OTAK
Sifat dominan Otak adalah Kerohanian dan Mental. Mereka orang yang paling bahagia apabila mereka mempunyai hala tuju. Dengan mental yang kuat, mengumpul maklumat menjadi sangat mudah dan sisi gerak hati kerohanian mereka melengkapkan semuanya. Mempunyai hala tuju membolehkan mereka berasa selamat dan memberikan mereka tujuan untuk menunjukkan kepada dunia keupayaan mereka. Keluar ke dunia luar memberi mereka peluang untuk berkembang dengan mendedahkan mereka kepada pengalaman fizikal dan emosi.

SIFAT PANKREAS
Sifat dominan Pankreas adalah Fizikal dan Emosi. Jenis Pankreas berasa puas apabila mereka berasa gembira dan boleh berkongsi kegembiraan mereka dengan orang lain. Disebabkan mereka bersifat emosi, mereka selalu tidak yakin akan diri sendiri apabila mereka membandingkan diri dengan kawan-kawan yang bersifat mental dan seterusnya mendorong mereka untuk mengembangkan sisi mental mereka. Walau bagaimanapun, tenaga emosi inilah yang membuatkan sesuatu organisasi terus berjalan dan menjadikannya ceria.

SIFAT PARU-PARU
Sifat dominan Paru-Paru adalah Fizikal dan Emosi. Memupuk, sama ada dipupuk atau memupuk orang lain, memberikan Jenis Paru-Paru kepuasan yang terbesar. Disebabkan emosinya sensitif, kecenderungannya adalah untuk bertegas, atau membantah dan berundur apabila berasa tidak berdaya atau tidak mencukupi. Keperluan untuk mengekspresikan diri sendiri mendorong mereka untuk menggunakan kreativiti mereka yang selalu dikaitkan dengan muzik atau dalam bentuk fizikal untuk memupuk orang di sekeliling mereka.

SIFAT PERUT
Sifat dominan Perut adalah Fizikal dan Mental. Jenis Perut suka akan cabaran–apa-apa jenis cabaran pun tidak mengapa, kerana kepuasan mereka datang daripada pencapaian. Fokus mental mereka yang kuat dan kekuatan fizikal di sebaliknya menjadikan mereka sangat bersemangat untuk menghadapi apa sahaja cabaran yang menjadi tumpuan mereka. Keinginan mereka untuk menyenangkan hati orang membuka ruang kepada kepekaan emosi. Mereka dapat memfokuskan tenaga mental dan fizikal yang luar biasa apabila berhubung dengan sisi kerohanian mereka.

SIFAT PINEAL
Sifat dominan Pineal adalah Kerohanian dan Mental. Jenis Pineal perlu mempunyai rasa kebebasan untuk berasa puas. Kebebasan mutlak datang daripada aspek kerohanian dan dimanifestasikan sebagai realisasi kendiri. Gerak hati merupakan ekspresi Kerohanian dan salah satu kurniaan realisasi kendiri. Mental mereka peka dan pantas, cabarannya adalah untuk menghubungkan hati dan menggabungkan emosi. Kebebasan sebenar hanya dapat dikecapi apabila corak emosi yang mengehadkan diri atau negatif telah dibersihkan.

SIFAT PITUITARI
Sifat dominan Pituitari adalah Kerohanian dan Mental. Pengalaman paling bermakna untuk Jenis Pituitari adalah berasa gembira. Kanak-kanak belajar lebih banyak semasa empat tahun pertama kehidupan mereka berbanding jumlah keseluruhan yang dipelajari selepas itu. Dengan hubungan kerohanian dominan mereka, Jenis Pituitari boleh mengekalkan rasa tidak bersalah dan keterbukaan mereka seperti kanak-kanak sepanjang hidup mereka. Ketajaman mental membolehkan mereka memperoleh apa yang dipelajari dan menggunakannya untuk membantu orang lain supaya mereka juga boleh berasa gembira.

SIFAT PUNDI HEMPEDU
Sifat dominan Pundi Hempedu adalah Fizikal dan Emosi. Walaupun bersifat emosi, Jenis Pundi Hempedu cenderung memendam perasaan mereka dan perkara yang paling memberi kepuasan adalah apabila mereka dapat meluahkan kasih sayang kepada orang di sekeliling mereka secara fizikal dengan menjadi berguna. Aktiviti fizikal membantu mereka mengatur dan memfokuskan emosi mereka. Kekuatan fizikal mereka yang teguh digambarkan dalam sifat mereka yang boleh diharap dan konsisten.

SIFAT SEIMBANG
Sifat dominan Seimbang adalah Kerohanian dan Mental. Jenis Tubuh Seimbang yang berkembang berlandaskan pengembaraan dan manusia adalah pengembara yang paling hebat. Sifat dominan mental mereka memberikan kecerdasan intelektual sementara aspek Kerohanian menjadikan mereka peka dan mengasihani orang lain. Mereka suka berada di atas pentas kerana menghibur adalah cabaran sosial yang kreatif dan ekspresif.

SIFAT SISTEM SARAF
Sifat dominan Sistem Saraf adalah Fizikal dan Mental. Tiada apa yang dapat memberikan kepuasan sebenar berbanding dengan mendengar luahan hati orang lain. Mereka praktikal dan cekap dan mereka akan berjaya apabila dapat menggunakan keupayaan mental mereka yang kuat untuk mengumpulkan maklumat dan berkongsi dengan orang lain mengikut keperluan dan kemahuan mereka, menghubungkan orang dengan maklumat.

SIFAT TALAMUS
Sifat dominan Talamus adalah Kerohanian dan Mental. Jenis Talamus merasa puas dengan menjadi sesuatu, bukan melaksanakannya. Kepuasan terbesar mereka datang daripada menjadi cekap, atau bermanfaat, membuatkan ekspresi mereka lebih kepada ekspresi dalaman dan bukannya luaran. Dengan deria mental yang kuat, mereka suka mengumpulkan maklumat dan menyimpannya untuk rujukan masa depan, jadi, penyelidikan adalah sifat kedua mereka. Sifat kerohanian dominan mereka dapat dilihat melalui deria pendengaran mereka yang kuat, menjadikan mereka sangat responsif kepada muzik dan sensitif kepada bunyi.

SIFAT TIMUS
Sifat dominan Timus adalah Fizikal dan Mental. Jenis Tubuh Timus berasa puas dengan menyahut cabaran peribadi. Oleh kerana mereka sangat melindungi diri mereka sendiri, cabaran itu sering disebabkan oleh kesakitan fizikal. Berorientasikan fizikal dan mental, pendekatan mereka terhadap kehidupan boleh menjadi agak pragmatik. Cabarannya adalah untuk menggabungkan sifat kerohanian dan emosi, beralih daripada menghakimi kepada menyayangi tanpa berbelah-bahagi dan penerimaan-kesempurnaan dalam kehidupan.

SIFAT TIROID

Sifat dominan Tiroid adalah Kerohanian dan Mental. Untuk sesuatu aktiviti itu memberikan kepuasan, ia haruslah berbaloi, bermakna ianya memberi sumbangan yang bermanfaat kepada seseorang atau umat manusia secara umumnya. Dalam fikiran mereka, sumbangan Jenis Tiroid adalah untuk mengambil maklumat yang telah mereka kumpulkan daripada alam kerohanian dan mental dan diluahkan dalam cara yang dapat membantu umat manusia. Dengan menghubungkan jurang di antara fikiran dan hati, mereka mengekspresikan kerohanian secara fizikal. Untuk memenuhi takdir mereka, Jenis Tiroid perlu berkongsi penemuan mereka.

SIFAT USUS

Sifat dominan Usus adalah Kerohanian dan Emosi. Perkembangan adalah sangat penting. Sekiranya orang bersifat Usus tidak berkembang secara mental atau emosi, mereka akan berkembang secara fizikal. Pembatasan mendorong mereka untuk berubah, memaksa mereka keluar daripada situasi yang tidak dapat dipertahankan ke dalam dunia fizikal dan mental yang tidak diketahui. Di sinilah tempat mereka boleh benar-benar berkembang, menimba pengalaman baru dan mewujudkan persekitaran yang benar-benar damai di bumi.

SISTEM 25 JENIS TUBUH™

Terdapat 25 jenis tubuh yang berbeza dengan keperluan pemakanan dan senaman yang unik – dan profil personaliti – seperti yang ditentukan oleh kelenjar, organ atau sistem tubuh anda yang dominan.

Kini anda boleh menentukan jenis tubuh anda menggunakan ujian atas talian di:

www.bodytype.com

Pilih "Ujian untuk Wanita" atau "Ujian untuk Lelaki"

MASALAH EMOSI TERAS

Walaupun kita mempunyai semua corak emosi, sesetengah daripadanya mendatangkan lebih masalah kepada kita berbanding orang lain. Setiap jenis tubuh mempunyai pengajaran dan cabaran tertentu yang biasanya mencabar bagi jenis tersebut. Senarai berikut adalah masalah emosi teras yang biasa untuk setiap jenis tubuh.

JENIS TUBUH	EMOSI	JENIS TUBUH	EMOSI
Adrenal	Konflik (Conflict), Kegagalan (Failure), Pengabaian (Abandonment), Berhadapan dengan Dunia (Facing the World)	Pankreas	Salah Anggap, Pengkhianatan, Melepaskan
Darah	Ketidakharmonian, Konflik, Patah Semangat, Terperangkap	Paru-Paru Limfa	Penolakan, Pengabaian, Degil (Menjadi) Ketinggalan, Identiti
Ginjal	Cinta, Ketakutan, Salah Faham	Perut	Pengabaian, Kawalan, Mangsa, Konflik, Rendah Diri, Degil
Gonad	Identiti, Penindasan, Tidak Cukup Bagus	Pineal	Kawalan, Tidak Diketahui, Pembatasan
Hati	Kemarahan, Penolakan, Kegagalan	Pituitari	Keseorangan, Pengabaian, Kebijaksanaan, Pembatasan
Hipotalamus	Malu, Ketakutan, Pengkhianatan	Pundi Hempedu	Masa Lalu (Takut Mengulanginya), Kekecewaan, Kebencian, Melepaskan
Jantung	Kesunyian, Tidak Cukup Bagus, Risau	Seimbang	Kawalan, Penolakan, F-kamu
Kulit	Kritikan, Ditinggalkan	Sistem Saraf	Mangsa, Kemarahan, Kawalan, F-Kamu
Limpa	Rasa Bersalah, Pengabaian, Salah Anggap	Talamus	Pergantungan, Kegagalan
Mata	Emosi, F-Kamu, Terlalu Terharu, Melihat, Tidak Bernilai	Timus	Kemarahan, Kegagalan, Kekalahan, Pengabaian, Salah Anggap, Rendah Diri
Medula	Pembatasan, Kegagalan	Tiroid	Kesedihan, Ketidakadilan, Bersuara, Kegagalan, Salah Faham
Otak	Pengabaian, Salah Anggap, Ketagihan, Penderaan, Kawalan, Rendah Diri, Kegagalan	Usus	Pengabaian, Tidak Cukup Bagus, Penolakan, Putus Asa, Kritikan

EMPAT SIFAT

Setelah anda menentukan sama ada deria dominan anda adalah mental atau emosi, anda boleh melihat bagaimana ia diekspresikan. Adakah minda anda terlalu tegar atau mengawal, mendominasi deria anda yang lain? Jika begitu, *Peace & Calming*[7] boleh membantu menenangkan minda anda. Anda juga boleh menggunakan *Joy*[7] untuk mempertingkatkan dan menyokong emosi anda.

Adakah anda terlalu emosi? *Sandalwood*[7] membantu untuk menenangkan emosi yang terlalu aktif. *Clarity*[7] membantu untuk menyokong minda dan memberikan kejelasan mental.

Semakin anda memahami pelbagai aspek dalam diri anda, semakin mudah untuk anda menerima diri sendiri, mengembangkan dan menyatukan sisi anda yang lain. Mengetahui jenis tubuh anda[8] dan membaca profil psikologi anda akan memberi lebih banyak kefahaman. Profil jenis tubuh[8] direka untuk memberikan panduan yang tepat dan praktikal untuk memahami sifat asas, motivasi, dan cara terbaik untuk anda mengekspresikan kekuatan anda. Menentukan dua sifat dominan anda akan membolehkan anda menentukan jenis tubuh anda dan masalah emosi teras yang berkaitan.

Empat sifat – fizikal, emosi, mental dan kerohanian – mewakili empat tubuh kita. Ketidakseimbangan dalam mana-mana aspek menyebabkan tenaga menjadi

      terlalu tinggi — terlalu aktif, hiper atau

      terlalu rendah — kurang aktif, keletihan, atau kehabisan tenaga.

Harmoni merupakan satu keadaan yang seimbang. Keseimbangan boleh diperoleh dengan menentukan sistem mana yang tidak seimbang atau tertekan dan sama ada ianya terlalu aktif atau kurang aktif

Minyak-minyak yang berikut secara umumnya didapati sangat berkesan. Anda perlu memilih minyak yang akan mengimbangkan aspek yang memerlukan paling banyak perhatian.

---

[7] Adunan Minyak Pati oleh Young Living™

[8] *Different Bodies, Different Diets with the 25 Body Type System*™ oleh Carolyn L. Mein, D.C. 1998

PENGHARMONIAN EMOSI

FIZIKAL

- **Valor** meningkatkan kekuatan fizikal. Sapukan pada tapak kaki.

  Ketegangan fizikal adalah disebabkan tubuh fizikal menjadi terlalu aktif dan minyak ini membantu melegakan fokus fizikal.

  Untuk manfaat tambahan: perlukan 2 orang untuk menyapu minyak ini, seorang menyapunya pada tapak kaki dan seorang lagi menyapunya pada bahu, sapu minyak di C7 dan bahagian atas bahu (titik saraf).

- **AromaBalance** membantu menyokong sistem imun dan sangat bermanfaat terutamanya apabila terdapat kesakitan fizikal.

EMOSI

- **Joy** membantu mengubah kemurungan kepada kondisi yang positif.

  Memberikan kualiti emosi yang positif dan berguna untuk melegakan kegelisahan dan kesedihan.

- **Sandalwood** bermanfaat apabila emosi menjadi terlalu aktif. Sapukan pada ibu jari kaki, pelipis dan pangkal tulang belakang.

- **SARA** membantu untuk melegakan trauma emosi, membolehkan seseorang untuk beralih daripada kekacauan emosi kepada kejelasan mental.

MENTAL

- **Clarity** membantu apabila kejelasan mental kurang atau otak menjadi kurang aktif.

- **Peace & Calming** digunakan apabila aspek mental menjadi terlalu aktif.

KEROHANIAN

- **Frankincense** merangsang & menguatkan minda.

- **Rose** meningkatkan fokus kerohanian.

- **White Angelica** sangat bagus untuk perlindungan.

- **Awaken** mengimbangkan keadaan mental & membangkitkan pengetahuan dalaman.

- **3 Wise Men** menggalakkan kawalan emosi & membebaskan trauma yang mendalam.

MEMBERSIHKAN DAN MENGEKALKAN MEDAN TENAGA ANDA

Garam Laut

Sekiranya anda adalah seorang yang sensitif, bekerja bersama atau berada di tempat yang ramai orang, cenderung untuk "terambil" tenaga daripada orang lain dan menyimpannya di dalam medan tenaga anda. Menambah garam laut ke dalam mandian, atau menggunakannya sebagai sabun ketika mandi dapat membersihkan emosi tubuh. Semasa menggunakan garam ketika mandi, letakkan ia di dalam cawan plastik, basahkan dan sapukan garam itu seperti sabun pada dada dan bahagian hulu hati. Ia menyingkirkan sel mati dan melembutkan kulit anda. Gunakan garam laut halus biasa yang boleh didapati dengan banyak di kedai makanan kesihatan. Dua kawasan yang harus di titik beratkan adalah bahagian hulu hati dan dada. Penggunaan garam laut sangat membantu terutamanya apabila seseorang itu sedang membebaskan emosinya sendiri atau berada di sekeliling orang yang sedang melakukannya dan bagi kebanyakan orang, inilah yang selalunya berlaku.

Minyak Pati

Adunan minyak *White Angelica* juga boleh digunakan untuk membersihkan medan tenaga atau aura anda, selain daripada melindungi anda daripada serangan tenaga negatif.

Untuk membersihkan medan tenaga anda, letakkan setitis dua *White Angelica* di atas telapak tangan anda. Gosokkan tangan anda sebanyak tiga kali mengikut arah jam untuk mengaktifkannya. Letakkan hujung jari anda dengan serentak di atas kepala anda. Kemudian, bawa tangan anda ke bawah di sepanjang sisi tubuh anda. Anda juga boleh bawa tangan anda ke bawah di bahagian depan atau belakang tubuh anda. Oleh kerana medan tenaga anda lebih besar berbanding tubuh fizikal anda, dengan meletakkan tangan anda beberapa inci daripada tubuh anda membolehkan anda membersihkan medan tenaga anda dengan cepat.

White Angelica boleh disapu pada bahagian atas kepala, sternum (tulang dada), bahagian atas bahu dan belakang kepala berdekatan dengan leher sebagai perlindungan sebelum anda memasuki bilik yang penuh dengan ramai orang. Sekiranya anda sangat sensitif kepada tenaga orang lain, *White Angelica* boleh mengelakkan anda daripada terambil tenaga emosi mereka dan membawa pulang tenaga itu bersama anda.

Perkara ini sangat membantu terutamanya bagi membolehkan anda mengekalkan tenaga anda sendiri dan mengelakkan anda keletihan semasa anda sedang bekerja, di dalam kelas, atau dalam mesyuarat korporat yang memerlukan masa dan tenaga yang banyak.

Anda boleh berkongsi penggunaan *White Angelica* dengan rakan sepejabat untuk membersihkan medan tenaga dengan mudah. Ianya pantas dan secara umumnya menghasilkan perubahan positif yang cepat, ketara, terutama bagi individu yang sensitif.

Peace and Calming adalah minyak yang terbaik untuk digunakan pada pergelangan tangan dan bahagian atas bahu, (serta kaedah yang telah disenaraikan di atas) ketika seseorang itu sedang marah atau gelisah. Ia juga sangat berkesan untuk meredakan bayi yang menangis, anak kecil dan haiwan.

Memusat dan Mengimbang

Ken Page, dalam bukunya, **The Way it Works**, menerangkan satu teknik pembersihan mudah yang membolehkan anda untuk memusatkan dan mengimbangkan tenaga anda. Teknik ini mengambil masa kurang daripada 30 saat dan sebaik-baiknya harus dilakukan semasa anda bersendirian tiga kali atau lebih dalam sehari, tanpa gangguan, di mana anda tidak ada apa-apa perkara lain untuk dilakukan. Bagi kebanyakan daripada kita, satu-satunya masa yang ada adalah ketika kita berada di dalam bilik mandi.

"Sama ada anda sedang duduk atau berdiri, lakukan perkara berikut: menggunakan niat dan fokus anda, angkat tangan ke atas kepala anda dan sambil anda menenangkan diri, fikirlah mengenai 'bersihkan'. Ketika anda berfikir 'bersihkan', turunkan tangan anda ke bawah di bahagian depan garisan tengah tubuh anda. Seterusnya, bawa diri anda ke ruang anda sendiri. Lakukannya dengan menarik diri anda masuk, dengan hanya menggunakan niat dan fokus sedar anda. Cara yang paling senang untuk melakukannya adalah dengan mendepakan lengan anda dan fokus kepada pemikiran yang anda ingin bawa diri anda masuk. Untuk membawa masuk medan tenaga anda, rapatkan lengan ke arah tubuh anda perlahan-lahan. Akhirinya dengan meletakkan tangan anda di atas bahagian hulu hati anda. Sekarang, luangkan masa 5 ke 10 saat untuk berada dalam ruang anda, menikmati masa itu dan menyayangi diri anda."[9]

Pengekalan

Untuk menentukan minyak mana yang harus digunakan, anda boleh merujuk kepada tenaga anda hari tersebut. Adakah terdapat aspek yang harus disokong atau dipertingkatkan? Anda boleh periksa bagaimana perasaan anda untuk menentukan sama ada anda perlukan lebih sokongan dalam sesebuah aspek. Setelah anda membersihkan emosi yang anda ketahui, anda mungkin boleh memilih berdasarkan Empat Sifat.

---

[9] *The Way it Works*, m/s 28, oleh Ken Page, 1997

PANDUAN UNTUK RUJUKAN

Rujukan Emosi
Tempat yang paling mudah untuk bermula adalah emosi yang paling anda sedari atau yang sedang anda rasakan.

Walaupun kebanyakan emosi yang disenaraikan adalah negatif, ada beberapa emosi yang positif. Jelas sekali, kita mahu membersihkan emosi negatif dan meningkatkan emosi positif. Apabila ada emosi positif yang disenaraikan, contohnya cinta, ia merujuk kepada emosi negatif di sekitar cinta, seperti takut tidak dicintai atau disayangi. Ia juga boleh dikaitkan dengan takut untuk mencintai. Minyak itu bersifat adaptogen, bermaksud ia berupaya untuk mengimbangkan emosi, sama ada ianya terlalu aktif atau kurang aktif.

Rujukan Minyak
Setelah anda mengenal pasti emosi yang tertentu, anda boleh menangani emosi yang berkaitan dengannya. Kebiasaannya, terdapat hubungan di antara emosi yang memerlukan minyak yang sama. Anda mungkin tertarik kepada sesuatu minyak dan mahu mengetahui apakah emosi yang berkaitan dengannya.

Rujukan Tubuh
Lihatlah pada senarai tersebut sehingga anda menemui organ, kelenjar atau sistem yang tertekan atau di mana anda mengalami masalah. Setelah anda menemui emosi yang sesuai, pergilah ke bahagian Rujukan Emosi.

Satu cara untuk mencari emosi yang serupa dengan emosi yang sedang anda alami adalah dengan melihat organ atau sistem lain yang berkaitan. Contohnya, telinga dikaitkan dengan pendengaran, tiub eustachian dengan takut mendengar kebenaran dan telinga luar dengan takut akan ketidakselarasan. Semua ini boleh diakses melalui organ berkaitan dalam Rujukan Tubuh, lokasi fizikal organ dalam Rujukan Titik Penggera Tubuh, atau melalui emosi berkaitan dalam Rujukan Emosi.

Lokasi Titik Penggera Tubuh
Anda mungkin tidak menyedari sebarang emosi, tetapi merasa sakit atau ketidakselesaan pada tubuh anda. Pergi ke carta, carilah lokasi kesakitan dan rujuk Rujukan Tubuh untuk emosi yang berkaitan.

Anda mungkin menangani beberapa emosi secara serentak atau berikan sedikit masa kepada diri anda untuk memprosesnya. Apabila menangani masalah kronik, kekerapan penggunaan dan kawasan aplikasi boleh berubah. Anda mungkin perlu berwaspada apabila tubuh anda berubah. Cara mudah untuk berkomunikasi dengan tubuh anda adalah melalui ujian otot. Ujian otot ada diterangkan dalam bab terakhir.

Anda boleh menggunakan minyak untuk membersihkan corak emosi yang khusus, atau menggunakannya jika diperlukan sahaja. Setelah anda membersihkan satu corak emosi, anda mungkin akan tertarik untuk melakukan 'pengulangan' secara berkala. Anda boleh menggunakan minyak yang anda minati dengan kekerapan yang berbeza dari sekali atau beberapa kali penggunaan dalam jangka masa yang panjang. Kekerapan mungkin berbeza dari hari demi hari, begitu juga dengan keperluan minyak yang berlainan untuk emosi berkaitan yang melibatkan gejala yang sama.

Carolyn L. Mein, D.C.

Rujukan

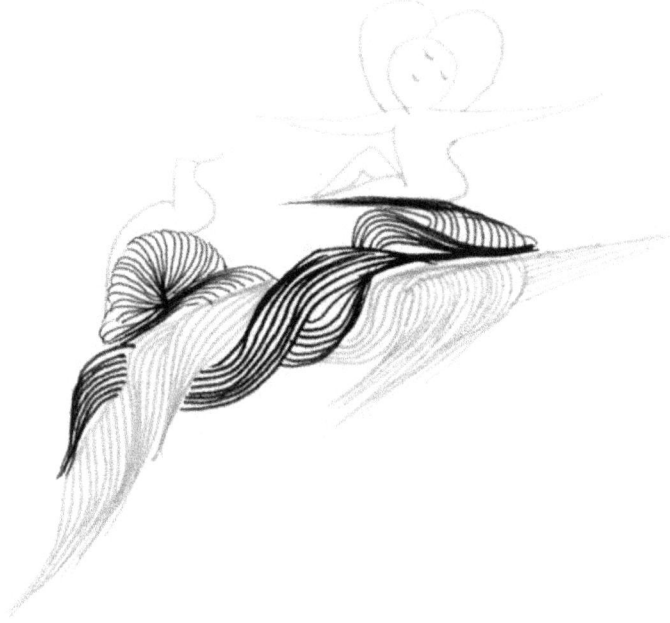

RUJUKAN EMOSI

Emosi, Sisi Lainnya dan Pengajarannya atau "Jalan Keluar"

Untuk membebaskan satu corak emosi yang membataskan diri anda memerlukan pemahaman tentang isu tersebut dan bagaimana ia mempengaruhi hidup anda.

Dalam kata lain, memahami mengapa anda mengalami masalah ini, apakah yang anda boleh alami disebaliknya, dan apa yang perlu anda lakukan untuk mengubahnya. Mengubah corak adalah seperti memadam alur, semakin dalam ia tertanam, lebih lama masa yang diperlukan untuk memadamnya. Untuk sesetengah emosi, anda mungkin hanya perlu membawanya ke dalam fikiran sedar anda untuk membebaskannya. Emosi yang lebih mendalam akan memerlukan lebih banyak masa dan perhatian.

Semua emosi yang tidak menyenangkan adalah berasaskan ketakutan. Senarai emosi berikut mengandungi perasaan negatif atau ketakutan tidak dapat merasakan perasaan positif seperti sayang, bermaksud takut tidak disayangi atau layak disayangi. Ia juga boleh bermaksud takut untuk menyayangi.

EMOSI	SISI LAIN	JALAN KELUAR	MINYAK	TITIK PENGGERA	CARTA
AKIBAT (CONSEQUENCES)	Lihat Rasa Bersalah				
AMAT TAKUT (SCARED)	Selamat	Saya berdiam diri	Peace & Calming	Esofagus	E,G
ANGIN TIDAK BAIK (MOODINESS)	Stabil	Saya diperlukan dan disayangi	Peace & Calming	Hormon	A,E
APA GUNANYA (WHAT IS THE USE)	Berharga	Saya mempunyai nilai	Transformation	Limpa	A,B,E,G,H
APA YANG TIDAK KENA DENGAN SAYA (WHAT IS WRONG WITH ME)	Lihat Tidak Cukup Baik				
BALAS DENDAM (GET EVEN)	Pencapaian	Saya menyerlahkan potensi saya	Highest Potential	Tiroid	A,C,G,H
BATASAN (LIMITATION)	Pemerkasaan	Saya menerima diri saya keseluruhannya	Transformation	Chi	E
BENCI DIRI SENDIRI (SELF-HATRED)	Lihat Cinta				
BENGANG (PISSED OFF)	Lihat Kemarahan				
BERAHSIA (SECRECY)	Lihat Malu				
BERANG (INFURIATED)	Selesa	Saya memimpin	Dragon Time	Korteks Adrenal	D
BERANG (RAGE)	Lihat Keganasan				
BERASA MALU (EMBARRASSED)	Menerima	Saya tidak keseorangan	Acceptance	Hipotalamus	A,E

Minyak Pati

EMOSI	SISI LAIN	JALAN KELUAR	MINYAK	TITIK PENGGERA	CARTA
BERBEZA (DIFFERENT)	Nyata	*Saya menerima kesedaran*	Thieves	Kulapuk	D
BERCAMPUR BAUR (AMBIVALENCE)	Terlibat	*Saya mengambil berat*	Celery Seed atau Juva Cleanse	Hipokampus	A,C
BERDAYA SAING (COMPETITIVENESS)	Perkembangan	*Saya berjaya*	Dream Catcher	Injap Limfa	C
BERGANTUNG (DEPENDENT)	Berpegang Teguh	*Saya bertekad*	Cassia atau Wings	Kemahuan @ C_5	B
BERHUBUNG ANTARA DIMENSI (CONNECTING INTERDIMENSIONALLY)	Kesempurnaan	*Saya sempurna*	Awaken	Pintu Sakrum	F
BERKECAI (DISINTEGRATED)	Bersatu	*Saya berasa lengkap*	Rose	Virus	D,E,H
BERKOMPROMI / BERTOLAK ANSUR (COMPROMISING) (*DIRI SENDIRI*)	Kebenaran	*Saya meluahkan kebenaran*	Sacred Mountain	Jiwa	B,F
BERMASALAH (TROUBLED)	Berasa Lega	*Saya gembira*	Kunzea	Pusat Jantung	E
BERNIAT JAHAT (MALICE)	Kemurahan Hati	*Saya dilindungi*	Present Time	Pelindung Jantung	D
BERPURA-PURA (PHONY)	Sebenar	*Saya menerima hidup*	Cinnamon Bark	Usus Kecil	E,F,G,H
BERPUTUS ASA (DESPAIR)	Maruah	*Saya terbuka untuk menerima panduan*	3 Wise Men	Diafragma	C,G
BERSELINDUNG (SNEAKY)	Terus	*Saya jelas*	Thieves	Duktus Hempedu Sepunya	C,H
BERSENDIRIAN (ALONE)	Bersatu	*Berada di sini*	Purification	Staph	B
BERSUARA (Takut akan) (WHAT IS WRONG WITH ME)	Kehendak Bebas	*Bukan kehendak saya, tetapi kehendak Kamu*	Sacred Mountain	Tekak	A
BERTANGGUH-TANGGUH (PROCRASTINATION) (Kurangnya arah)	Tindakan	*Saya mengambil tindakan*	Lemon Myrtle	Usus Besar	D,G,H
BERTENTANGAN (RESISTANCE) (Takut akan pergerakan) (*Fear of movement*)	Keterbukaan	*Saya mengalu-alukan perubahan*	Surrender	Amigdala	A,C

EMOSI	SISI LAIN	JALAN KELUAR	MINYAK	TITIK PENGGERA	CARTA
BERUBAH (CHANGE) (Sukar untuk)	Kukuh	Saya belajar daripada semua pengalaman hidup	Present Time	Rektum	E,G
BIADAP (RUDE)	Menyayangi	Saya disayangi	Fulfill Your Destiny	Tulang Sumsum	D
BODOH (STUPID)	Berpengetahuan	Saya belajar dengan mudah	Melaleuca Ericifolia (Rosalina) atau Tea Tree	Talamus	A,B,E
CEMBURU (LEFT BEHIND)	Terarah	Saya memfokuskan tenaga saya	Lemon	Limfa	C
CEMUHAN (RIDICULE)	Dipuji	Saya dihormati	Orange	Tendon Jantung	D
CINTA (LOVE) (Takut akan, untuk, atau tidak disayangi)	Pemisahan	Saya membenarkan diri saya menjadi nyata	3 Wise Men	Ginjal	D,G,H
CINTA (LOVE) (Agenda-Bersyarat)	Cinta Tanpa Berbelah Bahagi	Saya memandangnya daripada perspektif yang lebih tinggi	Release	Mata/Otak	B,F
DEGIL (OBSTINATE)	Bermotivasi	Saya sanggup	Mountain Savory	Hati	C,D,G,H
DENDAM (GRUDGE)	Lihat Cemburu				
DIABAIKAN (ABANDONMENT) (Takut akan)	Kedamaian/ Pendamaian	Saya menerima semua pengalaman hidup	Lavender	Usus Kecil	E,F,G,H
DIAMBIL KESEMPATAN (PUT UPON)	Lihat Mangsa				
DIAMBIL MUDAH (TAKEN FOR GRANTED)	Harga Diri	Saya menghormati diri saya sendiri	Present Time	Gusi/Gigi	B,E
DIANCAM (INTIMIDATED)	Yakin	Saya seorang yang stabil	Blue Tansy atau Canadian Fleabane	Hormon	A,E
DIBULI (BULLIED)	Kuat	Saya pertahankan kedudukan saya	Celebration	Hulu Hati Solar Plexus	D,G
DICABUL (VIOLATED)	Harga Diri	Saya menghormati anda	Sensation	Uterus/Prostat	C
DICEMUH (INSULTED)	Rendah Hati	Saya melepaskan	Humility atay Ocotea	Ego	E,H
DIEKSPOITASI (EXPLOITED)	Diperkasakan	Saya benar kepada intipati saya	Trauma Life	Saraf	C, D, F
DIMARAHI (BERATED)	Disokong	Saya seorang yang kuat	Davana	Tiroid	A,C,G,H
DIPERGUNAKAN (USED) (Perasaan)	Dihormati	Saya menghormati siapa diri saya	Jasmine	CX@CV-5 Peredaran/ Jantina	C,E

Minyak Pati

EMOSI	SISI LAIN	JALAN KELUAR	MINYAK	TITIK PENGGERA	CARTA
DIPERHAMBAKAN (ENSLAVED)	Bebas	Saya bebas	Gathering	Meninges	B,F
DIPERKECILKAN (BELITTLED)	Diiktiraf	Saya lihat diri saya	Lime	Visi	B
DITEKAN (SMOTHERED)	Lihat Kelemasan				
DITEKAN (Suffocated)	Pembebasan	Saya dibebaskan	Lemon	Pleura	C
DITELAN (SWALLOWED UP)	Menentukan Sendiri	Saya memilih jalan saya	Carrot Seed	Ovari/Testis	C
DITERJAH (BLINDSIDED)	Sedar	Saya berwaspada	Rosewood atau Tea Tree	Tulang Temporal, Bahagian Mastoid	B
DITINDAS (OPPRESSED)	Bebas (Mencari aspek diri sendiri)	Saya mengejar impian saya	Build Your Dream atau Dream Catcher	Tendon Jantung	D
DITIPU (CHEATED)	Lihat Serba Kekurangan				
DRAMA (DRAMA)	Praktikal	Saya seorang yang munasabah	Sage	Parotid	B
EMOSI (EMOTIONS) (Takut akan) (Fear of)	Perasaan	Saya membiarkan dan membenarkan	PanAway	Fascia	E,H
EMOSI DITAHAN atau MEMENDAM EMOSI (REPRESSED or STUFFED EMOTIONS)	Bersuara	Saya diperlukan dan disayangi	Present Time	Kolon Sigmoid	E,G
EMOSI, DITELAN (EMOTIONS, SWALLOWED)	Pergerakan	Saya tingkatkan kesedaran diri	Hyssop	Epiglotis	A,B,D
EMOSI, SENGAJA DITAHAN atau TIDAK SENGAJA DITAHAN (EMOTION, SUPPRESSED or REPRESSED)	Dilindungi	Ia selamat untuk diingati	Eucalyptus Blue	Mata/Otak pada Oksipital	B,F
"F-KAMU" ("F-YOU")	Pemisahan	Saya teguh dengan kuasa saya	Frankincense	Ego	E,H
FOKUS (Kurang) (FOCUS)	Lihat Kekeliruan				
GELANDANGAN (HOMELESSNESS)	Lihat Diabaikan				
GERUN (TERROR)	Keselamatan	Saya menyerah	Onycha atau Sandalwood	Peritoneum	C
GOYAH (WISHY WASHY)	Arah	Saya fokus	Citronella	Saraf Tunjang	B,F,H

EMOSI	SISI LAIN	JALAN KELUAR	MINYAK	TITIK PENGGERA	CARTA
HALA TUJU (DIRECTION) (Kurang) (Lack of)	Lihat Berlengah-Lengah				
HAMBA (SLAVE)	Lihat Pengabdian				
HANCUR LULUH (DEVASTATED)	Lihat Tidak Cukup Baik				
HARGA DIRI (SELF-ESTEEM) (Rendah)	Lihat Tidak Berkuasa				
HARUS (SHOULD)	Spontan	Saya dipandu	Lemongrass	Tendon	B,F
HIDUP/MATI (DEATH/LIVING) (Takut akan)	Kehidupan	Saya berjaya	Helichrysum	Arteri	B,D
HISTERIA (HYSTERICAL)	Lihat Kerisauan				
HORMAT (RESPECT) (Kurang)	Harga Diri	Saya membenarkan diri saya menjadi nyata	Hope	Persepsi Deria	A
HUBUNGAN (CONNECTION)	Lihat Terasing				
HUKUMAN (PUNISHMENT) (Takut akan, atau meng hukum diri sendiri)	Gembira	Saya menerima kebenaran	Harmony	Tiub Fallopion/ Seminal Vesikel	C
HURU-HARA (CHAOS)	Lihat Pemusnahan				
IDENTITI (IDENTITY) (Kehilangan)	Tujuan	Saya berhubung dengan tujuan saya	Release	Uterus/Prostat	C
ILUSI (ILLUSION)	Kejelasan	Saya melihat dengan jelas	Present Time	Virus	D,E,H
INTEGRASI / PENGGABUNGAN (INTEGRATION)	Lihat Berkecai				
INTEGRITI, KURANG (INTEGRITY, LACK OF)	Kejujuran	Saya seorang yang boleh dipercayai	Helichrysum	Otak	A,B,E,G,H
IRI HATI (ENVY)	Lihat Kurang				
JANGKAAN (EXPECTATIONS)	Menghargai	Dalam diri saya lengkap	SARA	Pundi Kencing Chakra Kedua	C,E,G,H
JANGKAAN YANG TIDAK REALISTIK (UNREALISTIC EXPECTATION)	Lihat Jangkaan				
KAKU (FROZEN)	Bertenaga	Saya bergerak dengan mudah	Eucalyptus Blue	Pundi Kencing	C,E,G,H

Minyak Pati

EMOSI	SISI LAIN	JALAN KELUAR	MINYAK	TITIK PENGGERA	CARTA
KAWALAN (CONTROL) (Takut kehilangan)	Seimbang	*Saya berasa gembira dan beruntung*	Peace & Calming	Perut	C,E,G,H
KEAGRESIFAN (AGGRESSION)	Hormat	*Saya sayang*	Valor atau Valor II	Korteks Adrenal	D
KEANGKUHAN (ARROGANCE)	*Lihat Tidak Diketahui*				
KEANGKUHAN (CONCEIT)	Suka Menurut	*Saya kenal siapa diri saya*	Cedarwood	Hipotalamus Chakra Keenam	A,E
KEARIFAN (DISCERNMENT)	*Lihat Menghakimi*				
KEBANGGAAN (PRIDE) (Palsu) (False)	*Lihat Ketidakadilan*				
KEBENARAN (TRUTH) (Takut mendengar)	Mendengar Roh/Tuhan/Yehuwa/Yahweh	*Saya mempercayai*	Helichrysum	Tiub Eustachian	B,G
KEBENCIAN (CONTEMPT)	Hormat	*Saya menghormati*	Galbanum atau Gratitude	Injap ICV-Ileosekal	A,E,G
KEBERGANTUNGAN (Takut akan) (DEPENDENCE)	Kebebasan	*Saya seorang yang berdikari*	Peppermint	Talamus	A,B,E
KEBERGANTUNGAN BERSAMA (CO-DEPENDENCY)	Saling Bergantung	*Kehidupan menyokong saya*	Royal Hawaiian Sandalwood atau Sandalwood	Integrasi Emosi	A,B,E
KEBIJAKSANAAN (Takut akan) (WISDOM)	Iluminasi	*Menghadapi ketakutan*	Ylang Ylang	Pituitari	A,E,G,H
KEBINGUNGAN (CONFUSION)	*Lihat Keliru*				
KEBINGUNGAN (CONFUSION)	*Lihat Keliru*				
KEBINGUNGAN YANG SANGAT TERUK (DIABOLICAL DISORIENTATION)	Dilindungi Tuhan	*Saya dilindungi Tuhan*	Elemi	Mata Ketiga	A,E
KEBOSANAN (BOREDOM)	Arah tuju	*Saya selari*	Grounding	Parasit	D
KEBUTAAN (BLINDNESS)	Penerangan	*Saya bernafas dengan yakin*	Hope	Limfa Mata	A
KECEDERAAN (INJURY)	Penyembuhan	*Saya belajar*	Melrose	Kecederaan	E,F

EMOSI	SISI LAIN	JALAN KELUAR	MINYAK	TITIK PENGGERA	CARTA
KECEWA (DISAPPOINTED)	Sempurna	Saya rasa puas	Transformation	Penyekat Jantung	C
KEDEGILAN (STUBBORN)	Fleksibel	Saya ialah seorang yang objektif	Chivalry atau Harmony	Perut	C,E,G,H
KEDUKAAN Kedukaan (ANGUISH)	Keghairahan	Saya sanggup untuk menerima kebenaran	Palo Santo	Jantung	B,G,H
KEENGGANAN (Lari Daripada Kehidupan)	Pengembangan	Saya gembira	Kunzea	Pankreas	C, G, H
KEENGGANAN (REFUSAL) (Lari daripada kehidupan) (Pushing life away)	Pengembangan	Saya berasa gembira	Fennel atau Kunzea	Pankreas	C,G,H
KEGAGALAN (FAILURE)	Pendedahan	Saya menerima perkembangan	Peppermint	Timus	A,C
KEGANASAN (VIOLENCE)	Arah	Saya menunjukkan keamanan	Purification	Hati	C,D,G,H
KEGILAAN (OBSESSION)	Lihat Kurang				
KEHABISAN (DEPLETION)	Nafas Baru	Saya menjaga diri saya sendiri	RC	Kongesi Limfatik	C
KEHAMPAAN (DISILLUSIONED)	Bahan	Saya melihat realiti	Di-Gize atau Di-Tone	Apendiks	D,H
KEHIDUPAN (Penindasan) (LIFE)	Berhubung	Saya menjana semula	Manuka atau Myrtle	Chi	E
KEHILANGAN DIRI (LOSS OF SELF)	Identiti	Saya seorang yang unik	Journey On	Ovari/Testis	C
KEHILANGAN KUASA (DISEMPOWERMENT)	Lihat Kejahatan				
KEHINAAN (HUMILIATION)	Harga Diri	Saya menunjukkan sifat-sifat terpuji	Magnify Your Purpose	Kulit	F
KEINGKARAN (DEFIANCE)	Lihat "F-Kamu"				
KEJAHATAN (SORCERY)	Menyala	Saya memperkasakan	Palo Santo	Pelindung Jantung	D
KEJAM (CRUEL)	Baik Hati	Saya memahami	YL Haven	Yis/Pusat	C,D
KEJAM (OUTRAGE)	Memandang Tinggi	Saya berdikari	Dill	Kepala Pankreas	C,E
KEJAYAAN (Takut akan) (SUCCESS)	Penerimaan	Saya menerima kesedaran	Release	Usus Besar	D,G,H

Minyak Pati

EMOSI	SISI LAIN	JALAN KELUAR	MINYAK	TITIK PENGGERA	CARTA
KEJENGKELAN (ANNOYANCE)	Gembira	*Saya bertenang*	Highest Potential	Keberanian	E
KEJENGKELAN (IRRITATION)	Kebahagiaan	*Saya berasa bahagia*	Cinnamon Bark	Kepala Pankreas	C,E
KEKALAHAN (*Kalah perlawanan*) (LOSING)	Perkembangan	*Saya sedar*	Valor atau Valor II	Tubuh Fizikal	A
KEKECEWAAN (DISAPPOINTMENT)	Kebebasan	*Saya percaya visi saya*	Joy	Bronkial	C,G
KEKECEWAAN (FRUSTRATION)	Pencapaian	*Saya bergerak melampaui had diri sendiri*	Lemon	Duktus Hempedu Sepunya	C,H
KEKELIRUAN/KEBINGUNGAN (CONFUSION)	Fokus	*Saya tenang dan fokus*	Magnify Your Purpose	Integrasi @ L3	F
KEKOSONGAN (VOID)	*Lihat Kekeliruan*				
KEKOSONGAN (*Berasa*) (EMPTINESS)	Penuh	*Saya telah lengkap*	Lemon	Payudara	D,E
KEKUASAAN (memberontak atau kebencian terhadap) (AUTHORITY)	Kejelasan	*Saya melihat dengan jelas*	JuvaFlex atau Birch	Tulang	F
KEKURANGAN (INADEQUATE)	Berdaya	*Saya dibimbing oleh Tuhan*	Douglas Fir atau Idaho Balsam Fir atau Idaho Blue Spruce atau Idaho Grand Fir	GV-20	B
KEKURANGAN (SCARCITY)	Kelimpahan	*Saya selari dengan aliran universal*	Abundance	Halkum	A,C
KELAYAKAN (ENTITLEMENT)	Penuh Hormat	*Saya berbelas kasihan*	Lemon	Paratiroid	A,B,D,G,H
KELEMAHAN (WEAKNESS)	Perlindungan	*Saya berasa tenang*	White Angelica	Ant. Fontanel Pengikat Jantung Saraf Resapan	B C C,D,F B,F
KELEMASAN (SUFFOCATED)	Bernafas	*Saya boleh bernafas*	Lemon	Pleura	C
KELESUAN (DRAINED)	Lengkap	*Saya terbuka kepada sumber*	Ylang Ylang	Tendon Jantung	D
KELESUAN ADRENAL (ADRENAL EXHAUSTION)	Kekuatan	*Saya sempurna*	Nutmeg atau En-R-Gee	Adrenal	D,G,H
KELETIHAN (EXHAUSTION)	Tenaga	*Saya memupuk diri saya*	PanAway	Otot	F

EMOSI	SISI LAIN	JALAN KELUAR	MINYAK	TITIK PENGGERA	CARTA
KEMAHUAN (WILL) (Salah guna) (Misuse of)	Terarah secara terpuji	*Saya mendengar kepada pengetahuan jiwa saya*	Spikenard atau Egyptian Gold	Cakera	D
KEMANDIRIAN (SURVIVAL)	Bersatu	*Saya bersatu dengan semua*	Cedarwood atau Western Red Cedar atau Canadian Red Cedar	Serviks/Zakar Chakra Pertama	C
KEMARAHAN (ANGER)	Ketawa	*Halatuju saya jelas*	Purification	Hati	C,D,G,H
KEMESRAAN (INTIMACY) (Takut akan) (OBLITERATION)	Percaya	*Saya selari dengan arah saya*	Rose	Pusat Jantung	E
*KEMURUNGAN (*DEPRESSION)	Hidup	*Saya gembira saya masih hidup*	Peace & Calming	Kemurungan	B,F
KEMUSNAHAN (DISCOMBOBULATED)	Lihat Kekeliruan				
KEPAHITAN (BITTERNESS)	Terhubung	*Saya menerima keunikan saya*	Forgiveness	Pundi Hempedu	C,G,H
KEPATUHAN (COMPLAISANCE)	Bertanggung-jawab	*Saya berubah*	Exodus II	Magik	C
KEPENATAN (FATIGUE)	Bertenaga	*Saya selari*	Inspiration atau Live Your Passion atau Juniper	Daya Kehidupan	F
KEPENINGAN (DIZZINESS) (atau Vertigo*)	Terarah	*Saya ambil kembali pergerakan saya*	Frankincense	Telinga Tengah	B
KEPERCAYAAN (Kurang) (FAITH)	Kepintaran	*Saya terhubung dengan Roh*	Sacred Sandalwood atau Sandalwood	Mata Ketiga	A,E
KEPERCAYAAN (TRUST)	Lihat Pengkhianatan				
KERACUNAN (TOXICITY) (Kimia/Elektro- magnetik/Emosi)	Transformasi	*Ke dalam kekosongan*	Legacy atau Oregano*	Penghubung	B
KERAGUAN (DOUBT)	Menyala	*Saya berinspirasi*	Ignite Your Journey	Bakteria	D
KERESAHAN (AGITATED)	Ketenangan	*Saya berasa tenang*	Rosewood atau Tea Tree	Tekanan Darah	E
KERISAUAN (ANXIETY)	Keyakinan	*Damai, tenang*	Joy	Kapilari	D

* Kemurungan atau penindasan;cari emosi dasar.
* Vertigo – Kehilangan keseimbangan, rasa berpusing
*Oregano boleh bersifat kaustik kepada kulit sensitif, terutama di bahagian dahi. Tambahkan minyak sayuran ke dalam titisan di tangan anda sebelum menyapunya ke atas dahi, atau hanya sentuh titik di atas dahi anda tanpa menyapu minyak.

Minyak Pati

EMOSI	SISI LAIN	JALAN KELUAR	MINYAK	TITIK PENGGERA	CARTA
KERUGIAN (LOSS)	Keuntungan	*Saya membenarkan diri saya untuk memberi dan menerima*	Present Time	TMJ	B
KESAKITAN (PAIN)	Bersemangat	*Saya hidup*	Pan Away	Kecederaan	E,F
KESANGSIAN (SKEPTICISM)	Kepastian	*Saya mengatasi*	Idaho Tansy atau Kunzea	Tulang Sumsum	D
KESANGSIAN (SUSPICIOUS)	Jujur	*Saya selamat*	Marjoram	Nukleus Raphe	B,F
KESEDARAN (*Mengubah*) (CONSCIOUSNESS)	Memikul Tanggungjawab	*Saya sedang berubah*	Laurus Nobilis atau White Angelica	Aorta	A,C
KESEDARAN SEJAGAT (Menjadi sebahagian daripada) (MASS CONSCIOUSNESS)	Menunjukkan Kesedaran Kristus	*Saya menyedari*	Sacred Mountain	Hulu Hati Chakra Ketiga	D,G
KESEDIHAN (GRIEF)	Gembira	*Perubahan membawa perkembangan*	Joy	Adenoid	A,B,D
KESEDIHAN (SADNESS)	Kegembiraan	*Saya melihat kelucuan dalam sesuatu situasi*	Lemon	CNS/Limfa	A,B,C
KESEDIHAN (SORROW)	Aman	*Saya seimbang*	Acceptance	Bronkial	C,G
KESEIMBANGAN (BALANCED)	*Lihat Kawalan*				
KESIA-SIAAN (FUTILITY)	Lihat Tidak Ada Guna *atau* Tidak Berguna				
KESINISAN (CYNICISM)	Memahami	*Saya menerima kebenaran*	Transformation	Usus Kecil	E,F,G,H
KESUGULAN (DEJECTION)	Spontan (gembira)	*Saya melepaskan kekurangan*	Release	Pleura	C
KESUKARAN (DIFFICULTY)	Mengetahui	*Saya meneruskan hidup*	Legacy atau Myrrh	PSIS	F
KESUNYIAN (ALONENESS)	Penerimaan semua yang tertulis	*Saya menerima*	Aroma Life	Pelindung Jantung	D
KESUNYIAN (LONELINESS)	Keterhubungan dengan semua yang ada	*Saya pergi ke ruang kasih sayang*	White Angelica	Jantung	B,G,H
KESUSAHAN (NEEDINESS)	Kebahagiaan	*Saya bahagia*	Bergamot	Hormon	A,E
KETAGIHAN (ADDICTION)	Kebebasan	*Saya diperlukan dan disayangi*	Peace & Calming	Otak	A,B,E,G,H

EMOSI	SISI LAIN	JALAN KELUAR	MINYAK	TITIK PENGGERA	CARTA
KETAKUTAN (FRIGHTENED)	Keamanan	*Saya mendengar*	RutaVaLa	Ego	E,H
KETEGARAN (RIGIDITY)	Geli Hati	*Ini ialah permainan kosmik*	Legacy atau Peppermint	Logam Berat	E
KETIDAKADILAN (Tidak adil) (INJUSTICE)	Resolusi	*Saya menerima kebenaran*	Sacred Mountain	Tiroid	A,C,G,H
KETIDAKHARMONIAN (DISHARMONY)	Seimbang	*Saya berasa tenang*	White Angelica	Paratiroid	A,B,D,G,H
KETIDAKJUJURAN (DISHONESTY)	Kejujuran	*Saya jujur dengan diri sendiri*	Believe	Limpa	D,G,H
KETIDAKPUASAN HATI (DISSATISFACTION)	Bersyukur	*Saya membuka hati saya*	Ledum	Magik	C
KETIDAKSABARAN (IMPATIENCE)	Kebolehsesuaian	*Saya seorang yang fleksibel*	Melrose	Imun	C
KETIDAKSELARASAN (INCONGRUENCY)	Nyata	*Saya melihat gambaran yang lebih besar*	Joy	Telinga, Luar	B
KETIDAKSELESAAN (DISCOMFORT)	Menenangkan	*Saya disembuhkan*	Raven	Sinus	A,E,G,H
KETIDAKSESUAIAN (INADAPTABILITY)	*Lihat Ketidaksabaran*				
KETINGGALAN (LEFT BEHIND)	Bergerak	*Saya bebas untuk maju ke hadapan*	Lemon	Limfa	C
KEWAJIPAN (OBLIGATION)	Bersemangat	*Saya berminat*	Cinnamon Bark	Hipotalamus	A,E
KLAUSTROFOBIA (CLAUSTROPHOBIA)	*Lihat Terkurung*				
KOMITMEN (COMMITMENT)	Manifestasi	*Saya bebas*	Transformation	Ego	E
KONFLIK (Takut akan) (CONFLICT)	Keamanan	*Saya berasa aman*	Valor atau Valor II	Korteks Adrenal	D
KONFRONTASI (CONFRONTATION)	*Lihat Konflik*				
KOSONG (DEVOID)	*Lihat Kekeliruan*				
KRISIS (CRISIS)	Kelegaan	*Saya dibimbing oleh Tuhan*	White Angelica	Esofagus	E,G
KRITIKAN (CRITICISM)	Penerimaan dan kasih sayang tanpa syarat	*Saya menerima*	Lavender	Kulit	F
KUASA (POWER) (Tokoh berwibawa)	Keselarasan (Kerohanian)	*Kekonduksian kerohanian*	Spikenard atau Egyptian Gold	Akar Saraf	E

Minyak Pati

EMOSI	SISI LAIN	JALAN KELUAR	MINYAK	TITIK PENGGERA	CARTA
KURANG (LACK)	Kepercayaan	Saya percaya saya boleh berubah	Ginger	Tompok Peyer	D
KURANG DARIPADA, MENJADI (LESS THAN, BEING)	Berkongsi	Saya seorang yang berpada-pada	Humility	Medula	B,F
KURANG KEYAKINAN DIRI *(Tidak Yakin)* (INSECURITY)	Kejayaan	Saya belajar daripada semua pengalaman kehidupan	Acceptance	Ileum	E
LAMBAT BERFIKIR (BRAIN FOG)	Bersatu	Saya bersama-sama	ScentWise atau GeneYus	Lelangit *(hisap ibu jari)*	
LAYAK (DESERVE)	Lihat Kebersalahan				
LAYAN SAYA (SERVE ME)	Lihat Kelayakan				
LEBIH BAIK DARIPADA, KURANG DARIPADA (BETTER THAN, LESS THAN)	Lihat Kekurangan dan/atau Tidak Bernilai, Kurang Daripada				
LEBIH HEBAT, LEBIH BAIK DARIPADA (SUPERIOR TO, BETTER THAN)	Lihat Tidak Cukup Baik				
LEMAH (WEAK) *(Kelihatan)*	Mustahil Dikalahkan	Saya bebas	Valor atau Valor II	Ovari/Testis	C
LEMBAP (SLUGGISH)	Hidup	Saya membenarkan diri saya berada di sini	Inspiration	Tulang Telinga	B
LOHONG HITAM atau KEGELAPAN *(Berada di dalam)* (BLACK HOLE)	Kejelasan	Saya dikelilingi dan dilindungi	Pepper, Black	Tulang Temporal, Bahagian Mastoid	B
LUANG (SPENT)	Bertenaga	Saya teruja	Excite	Saraf	C, D, F
LUMPUH (PARALYZED)	Bermotivasi	Saya mendapat inspirasi	Inspiration	Medula	B,F
MAHU MENGAMBIL HATI (WANTING TO PLEASE)	Pemisahan	Saya disayangi	Geranium	Penyekat Jantung	C
MAJU KE HADAPAN (GOING FORWARD)	Lihat Ketakutan dan/atau Tidak Diketahui				
MALANG (DOOMED)	Dibebaskan	Saya memaafkan	Exodus II	Hulu Hati	D,G
MALAS (LAZY)	Inisiatif	Saya seorang yang bermotivasi	Spearmint	Duktus Pankreas	E

EMOSI	SISI LAIN	JALAN KELUAR	MINYAK	TITIK PENGGERA	CARTA
MALU (SHAME)	Memahami	*Saya belajar daripada semua pengalaman hidup*	White Angelica	Hipotalamus	A,E
MANGSA (VICTIM) (Kesedaran) (CONSCIOUSNESS)	Kekuatan Jiwa (Menghubungkan anda dengan)	*Saya ialah penyebab*	Magnify Your Purpose	Alergi	C
MANGSA (Menjadi) (VICTIM)	Tanggungjawab Sendiri	*Saya benar*	Peace & Calming	Saraf	C,D,F
MANIPULASI (MANIPULATION)	Memahami	*Saya melihat perkara yang realistik*	Basil	Rusuk Pertama	C,F
MASA DEPAN (FUTURE)	*Lihat Tidak Diketahui*				
MASA LALU (Takut untuk mengulangi) (PAST)	Kesedaran	*Saya belajar daripada semua pengalaman hidup*	Forgiveness	Pundi Hempedu	C,G,H
MELEPASKAN (LETTING GO)	Kegembiraan	*Melepaskan dan berserah pada Tuhan atau Melepaskannya dan meneruskan hidup*	Sage	Pundi Kencing	C,E,G,H
MELIHAT (Takut akan) (SEEING)	Kesedaran	*Selamat untuk melihat*	Purification	Mata (pada tangan atau kaki sahaja)	G,H
MELIMPAH RUAH (ABUNDANCE)	Kekurangan	*Saya selari dengan aliran universal*	Abundance	Halkum (Prominens Larinks)	A,C
MELUAHKAN DENGAN JELAS (MANIFESTING)	Penolakan	*Saya meluahkan*	Dream Catcher	Larinks	A,C
MEMALUKAN (EMBARRASSMENT)	*Lihat Tidak Cukup Bagus*				
MEMBALAS DENDAM (SETTLING SCORES)	*Lihat Membalas Dendam*				
MEMBALAS DENDAM (REVENGE)	Pemisahan	*Saya memaafkan*	Dorado Azul atau Forgiveness	Pons	A,B,D
MEMBANTAH (DISAPPROVAL)	Penerimaan	*Saya menerima diri saya*	Acceptance	Usus Besar	D,G,H
MEMBANTAH (SHUT DOWN)	Kreatif	*Saya masih hidup dengan bersemangat*	Patchouli	Integrasi Otak	B,F
MEMBATU (PETRIFIED)	Harmoni	*Saya melepaskan*	Roman Chamomile	Serviks/Zakar	C
MEMBAZIR MASA (SPINNING WHEELS)	Momentum Ke Depan	*Saya jelas*	Hong Kuai	Saraf Tunjang	B,F,H

Minyak Pati

EMOSI	SISI LAIN	JALAN KELUAR	MINYAK	TITIK PENGGERA	CARTA
MEMBENCI atau KEBENCIAN (HATE or HATRED)	Kemaafan	Saya dimaafkan	Ledum	Duktus Hepar	E
MEMBENCI DIRI (SELF-LOATHING)	Lihat Cinta				
MEMENDAM (SUPPRESSION)	Harmoni	Saya menyerlahkan kebolehan diri	Juniper	Ginjal	D,G,H
MEMENTINGKAN DIRI (SELF-CENTERED)	Hormat	Saya seimbang	Geranium	Visi	B
MEMENTINGKAN DIRI (SELFISH)	Selamat	Saya berasa yakin	Xiang Mao	Verteks	B,C,F
MEMORI SEL (Membersihkan) (CELLULAR MEMORY)	Kebebasan	Saya membebaskan masa lalu	Inner Child	DNA	B
MEMUSNAHKAN DIRI (SELF-DESTRUCTIVE)	Menghargai	Saya menghormati diri saya	Melaleuca Quinquenervia	Lokus Ceruleus	B,F
MEMUTAR BELIT (DISTORTION)	Ketakbersalahan	Saya bebas membiarkan hidup didedahkan	Inner Child	Ketakbersalahan	A,B
MENAFIKAN DIRI (SELF-DENIAL)	Kebijaksanaan	Saya menyokong diri saya	Forgiveness	C1	B,F
MENAHAN (Aliran Universal) (HOLDING BACK)	Saluran yang jelas	Masa saya tepat	Release	Trakea	A,B,C
MENAHAN EMOSI TANPA SENGAJA (REPRESSION)	Kreativiti	Saya mengubah persepsi diri	Clarity	Ovari/Testis	C
MENCURIGAI (DISTRUST)	Integriti	Saya menghormati kebenaran	Forgiveness	Uterus/Prostat	C
MENDESAK (RELENTLESS)	Kebebasan	Saya berada dalam aliran	Laurus Nobilis atau White Angelica	Pelindung Jantung	D
MENGABAI /DIABAIKAN (NEGLECT / BEING NEGLECTED)	Lihat Tidak Cukup Baik				
MENGABAIKAN (DESERTION)	Panduan Jiwa	Saya terhubung sepenuhnya	Inner Child	RNA	B
MENGALAH	Lihat Hukuman				

EMOSI	SISI LAIN	JALAN KELUAR	MINYAK	TITIK PENGGERA	CARTA
MENGALAH–atau Apa gunanya? atau Mengalami emosi atau Siapa peduli? (GIVING UP or What's the point? or Going through the emotions or Who cares?)	Lihat Tidak Cukup Bagus dan/atau Tidak Penting				
MENGASIHANI DIRI (SELF-PITY)	Selamat	Saya berasa selamat	Cardamom	Ileum	E
MENGAWAL DENGAN MENYERANG (CONTROLLING BY ATTACKING)	Fleksibel	Saya selamat	Common Sense	Ileum	E
MENGELAK (Melarikan diri) (ESCAPE)	Menempuhnya	Saya mengatasi	Higher Unity Blend atau Patchouli	Korteks Adrenal	D
MENGENDALIKAN (Tidak Berupaya untuk) (COPE)	Hidup	Saya datang daripada kekuatan saya	Valor atau Valor II	Sel Darah Putih	F
MENGGELABAH (FLUSTERED)	Masa Sekarang	Saya berada dalam masa sekarang	Present Time	Periosteum	H
MENGGERUNKAN (DREAD)	Keghairahan	Saya menerima kebolehan saya	Live w/Passion atau Royal Hawaiian Sandalwood atau Sandalwood	Arteri	B,D
MENGHADAPI DUNIA (Takut akan) (FACING THE WORLD)	Menempuh dunia	Saya selamat	Myrrh	Adrenal	D,G,H
MENGHAKIMI (JUDGEMENT)	Memandang Tinggi	Saya seorang yang arif	Joy	Hulu Hati	D,G
MENGHUKUM BALAS (PAYBACK)	Lihat Membalas Dendam				
MENGKHIANATI DIRI (SELF-BETRAYAL)	Ekspresi Diri	Saya menghidupkan nilai ketuhanan	Live Your Passion atau Gary's Light	Kemahuan@C5	B
MENGORBANKAN DIRI (SELF-SACRIFICE)	Memahami	Saya pergi lebih mendalam (teras)	AromaBalance		B

Minyak Pati

EMOSI	SISI LAIN	JALAN KELUAR	MINYAK	TITIK PENGGERA	CARTA
MENOLAK (*Meluah-kan*) (PUSHING)	Keghairahan	*Saya meluahkan jiwa saya*	Live with Passion	RNA	B
MENUNTUT BELA (VENGEANCE)	Lihat Membalas Dendam				
MENYALAHKAN (BLAME)	Seimbang	*Saya memahami*	JuvaFlex	Toksik	E
MENYALAHKAN DIRI (SELF-BLAME)	Lihat Penyesalan/Sesal				
MENYAMPAH (DISGUST)	Pemerkasaan	*Saya nampak tujuannya*	Australian Blue	Bronkial	C,G
MENYEBABKAN PERPECAHAN (DIVISIVENESS)	Penuh Hormat	*Saya berbelas kasihan (Kepada diri saya dan orang lain)*	Highest Potential	Usus Kecil	E,F,G,H
MENYEDIHKAN (PATHETIC)	Bersemangat	*Saya bersemangat*	White Angelica	Aorta	C
MENYELUBUNGI (ENGULFMENT)	Lihat Identiti				
MENYENDIRI (ALOOF)	Terlibat	*Saya berhubung dengan sumber*	Northern Lights Black Spruce	Pelindung Jantung	D
MENYESAL (REGRET / REMORSE)	Berubah	*Saya buat perubahan*	Lemon	Tonsil	B, D, H
MENYUMPAH SERANAH (LASHING OUT)	Budi Bicara	*Kebenaran datang melalui saya*	Clove	Lidah	B
MERAGUI DIRI (SELF-DOUBT)	Lihat Kemandirian dan/atau Tidak Berkuasa				
MINDA (*Terlalu Aktif atau Tak Berhenti Berfikir*) (MIND)	Keheningan	*Saya membenarkan*	Vetiver	Mata pada Parietal	B
MISKIN (POOR)	Disokong	*Saya meluahkan minat saya*	Abundance	Memori Sel	D,H
MUDAH DISERANG (VULNERABLE)	Lengkap	*Saya bersatu dengan semua*	Oregano*	Sistem Pengaktifan Retikular	B,F
PANIK (PANIC)	Ketenangan	*Aman, Berdiam Diri*	Composure	Tekanan Darah	E
PARANOID (PARANOID)	Menyerah	*Saya mempercayai*	Surrender	Esofagus	E,G

Oregano boleh bersifat kaustik kepada kulit sensitif, terutama di bahagian dahi. Tambahkan minyak sayuran ke dalam titisan di tangan anda sebelum menyapunya ke atas dahi, atau hanya sentuh titik di atas dahi anda tanpa menyapu minyak.

EMOSI	SISI LAIN	JALAN KELUAR	MINYAK	TITIK PENGGERA	CARTA
PASRAH (GIVING YOUR POWER AWAY)	Lihat Panik dan/atau Tidak Berdaya				
PELEPASAN KATARTIK (CATHARTIC RELEASE)	Lihat Melepaskan				
PEMBALASAN (PAYBACK)	Lihat Membalas Dendam				
PEMBERONTAKAN (REBELLION)	Penyatuan	Saya bersatu dengan semua itu	Release	Verteks Chakra Ketujuh	B,C,F
PEMIKIRAN NEGATIF/ SALAH (NEGATIVE / ERRONEOUS THOUGHTS)	Kebenaran	Saya melepaskan ilusi	Purification	Bakteria	D
*PEMISAHAN (*DETACHMENT) (Takut akan)	Ditahan	Saya boleh berdikari	Lemon	Saraf Tunjang	B,F,H
PEMISAHAN* (DISASSOCIATION)	Bergabung	Saya terhubung	German Chamomile	Jiwa (C2)	B,F
PEMUSNAHAN (OBLITERATION)	Rasa Sangat Gembira	Saya menghubungkan kepala dan jantung saya	Palo Santo	Penyekat Tekak & Jantung	A,C
PENAFIAN (DENIAL)	Penerimaan	Saya mengiktiraf	Endoflex	Visi	B
PENAT (TIMID)	Berani	Saya berkomunikasi Kebijaksanaan	One Voice	Pita Suara	A
PENAT (TIRED)	Nafas Baru	Saya diperbaharui	Humility	Duktus Pankreas	E
PENCAPAIAN (FULFILLMENT)	Lihat Tidak Dipenuhi				
PENDEDAHAN (Takut akan) (UNFOLDMENT)	Keterbukaan	Saya membenarkan pergerakan	Lavender	Nukleus Raphe	B,F
PENDENGARAN (Takut akan) (HEARING)	Penghargaan	Saya mempunyai kekuatan untuk berdepan dengan realiti	Sacred Mountain	Telinga, Dalam	B,H
PENDERAAN (Semua/ Sebarang) (ABUSE)	Dipupuk	Saya berhak untuk disayangi	SARA	Memori Sel	D,H
PENDERITAAN (DISTRESS)	Bersyukur	Saya menerima	Grapefruit	Tendon	D
PENERIMAAN (ACCEPTANCE)	Penolakan	Saya boleh diterima	SARA	Titik Emosi	A

---

* Pemisahan — merujuk kepada tidak terhubung kepada kekuatan jiwa; Ditahan — ditahan oleh Kuasa Tertinggi; * Saya boleh berdikari — memisahkan ilusi bahawa dunia luar menahan anda.

* Pemisahan — merujuk kepada tidak terhubung kepada kekuatan jiwa; Ditahan — ditahan oleh Kuasa Tertinggi;

Minyak Pati

EMOSI	SISI LAIN	JALAN KELUAR	MINYAK	TITIK PENGGERA	CARTA
PENERIMAAN (APPROVAL)	Lihat Penolakan				
PENGEMBANGAN (EXPANSION)	Pengecutan	Saya membenarkan perubahan	Awaken	Integrasi Jiwa	B
PENGIKTIRAFAN (RECOGNITION)	Kebebasan	Selamat untuk dilihat	Purification	Penapisan	B,F
PENGKHIANATAN (Takut akan) (BETRAYAL)	Percaya	Saya berani menerima kebenaran	Forgiveness	Pankreas	C,G,H
PENIPUAN (LIES)	Kebenaran	Kebijaksanaan	Copaiba	Saraf Tunjang	B,F
PENOLAKAN (REJECTION)	Penerimaan	Saya menerima diri saya	Purification	Paru-Paru	C,G,H
PENUH REDHA (RESIGNATION)	Dalaman terarah	Saya bertanggungjawab	Valor atau Valor II	Diafragma	C,G
PENYELAMAT (RESCUER)	Pemulihan	Saya menyerlahkan sifat berdikari	Cistus (Rose of Sharon)	Saluran Tenaga	C
PENYELESAIAN (Takut akan) (COMPLETION)	Perkembangan	Saya seorang yang bertanggungjawab	*Oregano atau Marjoram	Fontanel Anterior	B
PENYESALAN/SESAL (Menyalahkan Diri Sendiri) (REGRET / REMORSE)	Berpuas hati	Saya memahami pengalaman ini	Lemon	Tonsil	B,D,H
PERGELUTAN (STRUGGLE)	Kejelasan	Saya menerima emosi saya	Abundance	Mata pada Parietal	B
PERHAMBAAN (BONDAGE) (Takut akan)	Kebebasan	Saya sukakan diri saya	Eucalyptus Globulus	Parotid	B
PERLINDUNGAN (PROTECTION) (Tidak mempunyai) (Not having)	Selamat	Hubungan kerohanian saya melindungi saya	Thyme	Memori Sel	D,H
PERMUSUHAN (HOSTILITY)	Harmoni	Saya menghargai kehidupan	Harmony	Harmoni	F
PUTUS ASA (HOPELESSNESS)	Berharap	Ada jalan keluar	Awaken	Tulang Sumsum	D
RAMPASAN EMOSI (EMOTIONALLY HIJACKED)	Lihat Manipulasi				
RASA BERSALAH (GUILT)	Berhak	Saya belajar daripada semua pengalaman hidup	Clarity	Limpa	D,G,H

*Oregano boleh bersifat kaustik kepada kulit sensitif, terutama di bahagian dahi. Tambahkan minyak sayuran ke dalam titisan di tangan anda sebelum menyapunya ke atas dahi, atau hanya sentuh titik di atas dahi anda tanpa menyapu minyak.

EMOSI	SISI LAIN	JALAN KELUAR	MINYAK	TITIK PENGGERA	CARTA
RASA GERAM (RESENTMENT)	Penerimaan	*Saya dikehendaki, disayangi dan saya lengkap*	Lemongrass	Duktus Hepar	E
RASA MALAS (INERTIA)	Keberanian	*Saya didorong ke hadapan*	Motivation	Keberanian	E
RASA RENDAH DIRI (INFERIORITY)	Teliti	*Saya menyerlahkan nilai diri*	3 Wise Men	Injap Ileosekal	A,E,G
RASA TERBEBAN (BURDENED)	Kelegaan	*Saya menerima*	Hyssop	Saraf Tunjang	B, F, H
RASA TERTINGGAL (LEFT OUT)	Dimasukkan	*Saya sedang mengasuh*	Surrender	Paru-Paru	C, G, H
REMUK HATI (CRUSHED)	Mengembang	*Saya bangkit*	Harmony	Darah	C
RENGGANG (ESTRANGED)	Terhubung	*Saya terbuka*	Spikenard atau Melissa	Tendon Jantung	D
RESOLUSI (RESOLUTION)	Pengembangan	*Saya mengembangkan kesedaran saya*	White Angelica	Serat Melintang	B,F
RINDU RASA (FORLORN)	Sangat Gembira	*Saya terawang-awang*	One Heart	Jantung	B, G, H
RINDU RASA (FORLORN)	Sangat Gembira	*Saya terawang-awang*	One Heart	Jantung	B, G, H
RISAU (WORRY)	Kelimpahan	*Saya pergi lebih mendalam*	Abundance	Esofagus	E,G
ROGOL (RAPE)	*Lihat Dicabuli*				
SABOTAJ (SABOTAGE) (Oleh diri sendiri atau orang lain)	Menjalin Semula	*Saya melepaskan corak lama*	Rosemary	Lokus Ceruleus	B,F
SALAH (WRONG)	Kepintaran	*Saya jujur dengan sumber saya*	Release	Aksesori Limpa	D
SALAH ANGGAP (MISPERCEPTION)	Memahami	*Saya melepaskan perspektif saya*	Acceptance	Kulat	E
SALAH FAHAM (MISUNDERSTOOD)	Menyokong	*Kebenaran menyokong saya*	Idaho Blue Tansy atau Idaho Tansy	Pita Suara	A,B,C
SARAT (OVERLOADED)	*Lihat Terlalu Terbeban*				
SARKASTIK (SARCASTIC)	Sepadan	*Saya seorang yang harmoni*	Harmony	Otak	A,B,E,G,H
SEBAK (CHOKED)	Rasa Berdaya	*Saya diperbaharui dan selari*	AgeWise	Getaran	D

Minyak Pati

EMOSI	SISI LAIN	JALAN KELUAR	MINYAK	TITIK PENGGERA	CARTA
SEKATAN (RESTRICTION)	Pergerakan	Saya terbuka kepada pengalaman baru	Legacy atau Peppermint	Medula	B,F
SELAMAT (SECURITY)	Lihat Kurang Keyakinan Diri				
SEMPADAN (Tiada) (BOUNDARIES)	Lihat Hormat (Kurang) atau Penghinaan				
SEMPADAN EMOSI (EMOTIONAL BOUNDARIES)	Lihat Menimbulkan Kecurigaan Diri				
SENGSARA (MISERABLE)	Kegembiraan	Saya bebas	Joy	Duktus Hepar	E
SERABUT (SCATTERED)	Tenang	Saya berasa tenang	Idaho Balsam Fir atau Idaho Blue Spruce	Pusat Jantung	E
SERANG (Psikik) (ATTACK)	Harmoni	Saya berasa tenang	Northern Lights Black Spruce atau Idaho Blue Spruce	Penapisan	B,F
SERBA KEKURANGAN (DEPRIVED)	Berpuas hati	Saya berpuas hati	JuvaFlex atau Birch	Sendi & Rawan	E
SIA-SIA (FUTILITY)	Lihat Tidak Berguna				
SIKAP MEMPERTAHANKAN (DEFENSIVENESS)	Terbuka	Saya seorang yang terbuka	Valor atau Valor II	Perut	C,E,G,H
SIKAP TIDAK PEDULI (APATHY)	Semangat	Saya menyedari	ScentWise	Hipokampus	A,C
SIMPATI (SYMPATHY)	Empati	Saya melepaskan dan berserah pada Tuhan/ Jehovah	White Angelica	Hulu Hati	D,G
SUKA BERDEBAT (ARGUMENTIVENESS)	Damai	Saya seorang yang adil	Peace & Calming	Tiroid	A,C,G,H
SUKA BERKELAHI (QUARRELSOME)	Tenang	Saya seimbang	Jade Lemon	Paru-Paru	C,G,H
SUKA MENGUASAI atau DOMINASI (DOMINEERING or DOMINATION)	Lihat Kawalan				
TAKUT (FEAR)	Kesedaran/ Kepercayaan (Menghadapinya)	Saya berdepan dengan perkara yang tidak diketahui	Royal Hawaiian Sandalwood atau Sandalwood	Mata Ketiga	A,E

EMOSI	SISI LAIN	JALAN KELUAR	MINYAK	TITIK PENGGERA	CARTA
TAMAK (GREED)	Memberi	*Saya cukup*	White Angelica	Penyekat Jantung Chakra keempat	C
TANGGUNGJAWAB (RESPONSIBILTY)	*Lihat Kawalan*				
TAWAR HATI (DISCOURAGED)	Inspirasi	*Saya menerima*	Australian Kuranya	Cecair Serebrospinal (GV-19)	B
TEKANAN (Fizikal) (STRESS)	Keseronokan	*Hidup satu keseronokan*	Eucalyptus Radiata	Pleura	C
TEKANAN (STRESS) (Emosi) (Emotional)	Harmoni	*Saya memahami*	Clarity	Integrasi Otak	B,F
TENAGA TIDAK MENENTU (ERRATIC ENERGY)	Harmoni	*Saya berasa tenang*	Inner Child	Duodenum	E
TERAMBIL HAK ORANG LAIN (PICKING UP OTHER PEOPLE'S STUFF)	*Lihat Simpati*				
TERANIAYA (PERSECUTED)	Dihormati	*Saya meluahkan kebijaksanaan*	Valor atau Valor II	Ginjal	D,G,H
TERASING (ISOLATION)	Hubungan	*Saya bergabung*	En-R-Gee	Yis/Pusat	C,D
TERAWANG-AWANG (LIMBO)	Percaya	*Saya dibimbing oleh Tuhan*	Palo Santo	Mata Ketiga	A,E
TERBUANG (DISCARDED)	*Lihat Diabaikan*				
TERGOLONG (Tidak) BELONG (Don't)	*Lihat Tidak Tergolong*				
TERHAD (LIMITED)	Pembebasan	*Saya sanggup untuk berubah*	Into the Future	Jangkitan	B,F
TERHINA (DEGRADED)	Dipupuk	*Saya menegaskan diri saya*	Pine	Sel Darah Putih	F
TERIKAT (ATTACHMENT)	Hubungan	*Saya mempunyai visi*	Envision	Visi	B,F
TERINGIN (LONGING)	Penerimaan	*Saya bersifat menerima*	Exodus II	Pengikat Jantung	C
TERJERAT (STUCK)	Berubah	*Saya mengalami*	Lemon	Sinus	A,E,G,H
TERKEJUT (SHOCK)	Tenang	*Saya selari*	Melissa	Mata Ketiga	A,E
TERKURUNG (CONFINED)	Kebebasan	*Saya membenarkan diri saya untuk melihat*	Envison	Intuitif	E
TERLALU BERWASPADA (HYPERVIGILANCE)	*Lihat Paranoid*				

Minyak Pati

EMOSI	SISI LAIN	JALAN KELUAR	MINYAK	TITIK PENGGERA	CARTA
TERLALU SENSITIF (OVERSENSITIVENESS)	Terlindung	*Saya menerima hidup*	German Chamomile	Adrenal	D,G,H
TERLALU TERBEBAN (OVERWHELMED)	Visi	*Saya memfokuskan tenaga saya*	Envision	Visi	B
TERLEPAS *(Tidak mahu terlepas apa-apa sahaja)* (DON'T WANT TO MISS ANYTHING)	*Lihat Serba Kekurangan dan/atau Diabaikan dan/atau Ketinggalan*				
TERLUKA (HURT)	Kreativiti	*Saya berbaloi*	Live with Passion atau Relieve It atau Orange	Kreativiti	F
TERPEDAYA (DECEIVED)	Visi	*Saya melihat dengan jelas*	Ravensara atau Ravintsara	Mata/Otak pada Oksipital	B,F
TERPERANGKAP (TRAPPED)	Bebas	*Saya bebas*	Transformation	Hulu Hati	D,G
TERPESONG / TERAWANG-AWANG (DERAILED / LIMBO)	Percaya	*Saya dibimbing oleh Tuhan*	Palo Santo	Mata Ketiga	A,E
TERPISAH (SEPARATE)	Lengkap	*Saya terhubung kepada* _____	Idaho Balsam Fir atau Idaho Blue Spruce	Verteks Chakra Kelapan	B,C,F
TERPUTUS (DISCONNECTED)	Selamat	*Saya terhubung*	Marjoram	Pusat/Yis	C,D
TERSEKSA (TORMENTED)	Dipupuk	*Saya mengatasi*	Tarragon	Saraf	C,D,F
TERSESAT (LOST)	Arah	*Saya terhubung dengan pengetahuan jiwa saya*	Grounding	Sumber	F
TERSISIH (WITHDRAWN)	Pemisahan	*Saya bebas*	Valor atau Valor II	Pineal	B,F,H
TERUK *(Perasaan)* (BAD)	Berubah	*Saya menghasilkan*	Gathering	Ginjal	D,G,H
TEWAS (DEFEATED)	Berbesar Hati	*Kehidupan menyokong saya*	Tsuga	CNS / Limfa	A,B,C
TIADA KEMAJUAN (NO PROGRESS)	*Lihat Tidak Penting*				
TIADA PENDIRIAN TEGUH (UNGROUNDED)	Berpendirian teguh	*Saya seorang yang stabil*	Australian Blue	Pundi Kencing	C,E,G,H
TIADA PERTAHANAN (DEFENSELESS)	Berkuasa	*Saya seorang yang berkuasa*	Goldenrod	Korteks Adrenal	D

EMOSI	SISI LAIN	JALAN KELUAR	MINYAK	TITIK PENGGERA	CARTA
TIDAK ADA GUNA (POINTLESS)	Tujuan	*Saya terhubung*	Light the Fire	Hipotalamus	A,E
TIDAK ADIL (NOT FAIR)	Lihat Ketidakadilan				
TIDAK AMBIL KISAH (NOT MATTERING)	Lihat Tidak Penting				
TIDAK BEHARGA (UNWORTHY)(Perasaan) (Feeling)	Berharga	*Saya membuka hati saya*	Jasmine	Pons	A,B,D
TIDAK BERBALOI (NOT WORTHY)	Lihat Tidak Bernilai				
TIDAK BERDAYA (DISEMPOWERED)	Hormat	*Saya menjadi diri saya sendiri*	Melaleuca Ericifolia (Rosalina) atau Tea Tree	C1	B,F
TIDAK BERDAYA (HELPLESS)	Selamat	*Saya selamat*	Sacred Frankincense	Visi	B
TIDAK BERGUNA (USELESS)	Penting	*Saya adalah kesempurnaan*	Hope	Hipotalamus	A,E
TIDAK BERHAK (DON'T BELONG)	Penerimaan	*Saya menghargai diri saya*	Acceptance	Hulu Hati	D,G
TIDAK BERHARGA (Perasaan) (WORTHLESS)	Penerimaan	*Saya berharga*	Frankincense	Gusi/Gigi	B,E
TIDAK BERKEMBANG (STAGNATION)	Transformasi	*Saya diperkasakan*	Transformation	Chi (2" Di Bawah Pusat)	E
TIDAK BERKUASA (POWERLESS)	Berkuasa	*Saya diperkasakan*	Chivalry atau Highest Potential	Ginjal	D,G,H
TIDAK BERMOTIVASI (UNMOTIVATED)	Fokus	*Saya bertindakbalas*	Lime	Paru-Paru	C,G,H
TIDAK BERNYAWA (LIFELESS)	Wujud	*Saya wujud*	Valerian	Hara di antara Ego & Hulu Hati	D
TIDAK BERSYUKUR (UNGRATEFUL)	Berterima Kasih	*Saya menghargai*	Ledum	Limpa	D,G,H
TIDAK BERTANGGUNGJAWAB (IRRESPONSIBLE)	Penghargaan	*Saya menghadapi realiti dan bertanggungjawab atas kejayaan saya*	Helichrysum	Tiub Eustachian	B,G
TIDAK BERTOLERANSI (Umum) (INTOLERANCE)	Munasabah	*Saya seorang yang bertoleransi*	Canadian Fleabane	Toksik	E
TIDAK BERTOLERANSI (Umum) (INTOLERANCE)	Munasabah	*Saya seorang yang bertoleransi*	Clary Sage atau Canadian Fleabane	Toksik	E

Minyak Pati

EMOSI	SISI LAIN	JALAN KELUAR	MINYAK	TITIK PENGGERA	CARTA
TIDAK BERUPAYA (IMPOTENT)	Bertenaga	*Saya penuh bertenaga*	Shutran atau Ylang Ylang	Uterus/Prostat	C
TIDAK BERUPAYA (INCAPACITATED)	Berdaya	*Saya berasa tenang*	Hinoki	Tulang Tengah Sakrum	F
TIDAK BOLEH (CAN'T)	Boleh	*Saya menerima diri saya*	Transformation	Virus	D,E,H
TIDAK BOLEH DIHARAP (*Takut kehidupan menjadi tidak boleh diharap*) (UNRELIABILITY)	Boleh Diharap	*Saya menghormati diri saya*	Lemon	Bawah Sedar	B,D
TIDAK CEKAP (INCOMPETENT)	Cekap	*Saya selari*	Palo Santo	Otak	A,B,E,G,H
TIDAK CUKUP (NOT ENOUGH)	Banyak	*Saya meminta dan saya menerima*	Abundance	Pusat Jantung	E
TIDAK CUKUP BAIK (NOT GOOD ENOUGH)	Penerimaan	*Saya meluahkan yang terbaik*	Humility	Perikardium	E
TIDAK DAPAT TIDUR (SLEEPLESS)	Nafas Baru	*Saya melepaskan dan membenarkan*	Valerian	Pineal	B,F,H
TIDAK DIALU-ALUKAN (UNWELCOME)	Diperlukan	*Saya ada tujuan di sini*	Roman Chamomile	Aorta	C
TIDAK DIHARGAI (UNAPPRECIATED)	Penting	*Saya mempunyai tujuan*	JuvaFlex	Paru-Paru	C,G,H
TIDAK DIINGINI (NOT WANTED)	*Lihat Penolakan*				
TIDAK DIKEHENDAKI (UNWANTED)	Dikehendaki	*Saya selari*	Sacred Frankincense	Ego	E,H
TIDAK DIKETAHUI (*Takut akan sesuatu yang*) (UNKNOWN)	Kesedaran	*Mendengar hati anda*	Sacred Mountain	Pineal	B,F,H
TIDAK DIPEDULIKAN (*Perasaan*) (IGNORED)	Menghargai diri	*Saya bersatu dengan semua*	Harmony	Strep	A,C
TIDAK DISOKONG (*Perasaan berasa*) (UNSUPPORTED)	Selamat	*Saya bertanggungjawab kepada diri sendiri*	Birch atau Idaho Balsam Fir atau Idaho Blue Spruce atau JuvaFlex atau Wintergreen	Ligamen	F,H
TIDAK FLEKSIBEL (INFLEXIBLE)	*Lihat Ketegaran*				
TIDAK HORMAT (DISRESPECT)	Hormat	*Saya bebas daripada perasaan kurang keyakinan diri*	Cypress	Vena	D

EMOSI	SISI LAIN	JALAN KELUAR	MINYAK	TITIK PENGGERA	CARTA
TIDAK KONSISTEN (INCONSISTENCY)	Konsisten	*Saya boleh mempercayai diri saya*	Aroma Siez	Bawah Sedar	B,D
TIDAK LENGKAP (INCOMPLETION)	Kemajuan	*Saya tahu takdir saya*	Western atau Canadian Red Cedar atau Cedarwood	Kemahuan @ C-5	B
TIDAK MAHU BERADA DI SINI (NOT WANTING TO BE HERE)	Menjadi Hidup	*Saya cintakan kehidupan*	Citrus Fresh	Pankreas	C,G,H
TIDAK MAHU BERKONGSI (POSSESSIVENESS)	Berkongsi	*Saya meluahkan*	Ylang Ylang	Halkum Chakra Kelima	A,C
TIDAK MAHU MELAKUKAN (DON'T WANT TO)	*Lihat Pemberontakan*				
TIDAK MAHU TERLEPAS APA-APA (DON't WANT TO MISS ANYTHING)	*Lihat Diabaikan dan/atau Serba Kekurangan dan/atau Ketinggalan*				
TIDAK MEMAAFKAN (UNFORGIVENESS)	Memaafkan	*Saya beruntung memberkati*	Forgiveness	Tekanan Darah	E
TIDAK MEMPERCAYAI (MISTRUST)	*Lihat Menghakimi*				
TIDAK MENCUKUPI (NOT GETTING ENOUGH)	Rasa Puas	*Saya berpuas hati*	Copaiba	Perut	C,E,G,H
TIDAK MENGAKU (DISOWNED)	*Lihat Pengabdian*				
TIDAK PASTI (UNCERTAIN)	Fokus	*Saya jelas dan fokus*	Thieves	Kelenjar Air Liur	B
TIDAK PASTI (UNSURE)	Selamat	*Saya pasti*	Mastrante	Pons	A,B,D
TIDAK PASTI (UNSURE)	Selamat	*Saya pasti*	Mastrante	Pons	A,B,D
TIDAK PENTING (NOT IMPORTANT)	*Lihat Tidak Penting*				
TIDAK PENTING (*Perasaan*) (UNIMPORTANT)	Nilai	*Saya memikul tanggungjawab sendiri*	Pine	Membran Mukus	A,C
TIDAK PERCAYA (UNTRUSTING)	*Lihat Menghakimi*				
TIDAK PERCAYA DIRI (NOT TRUSTING SELF)	*Lihat Pengkhianatan*				

Minyak Pati

EMOSI	SISI LAIN	JALAN KELUAR	MINYAK	TITIK PENGGERA	CARTA
TIDAK SEIMBANG (IMBALANCE)	Seimbang	*Saya melihat dengan jelas*	Gary's Light	Kemahuan @ C-5	B
TIDAK SELAMAT UNTUK (NOT SAFE TO) – Menjadi diri saya – Berada dalam tubuh saya – Menyerlahkan kebolehan saya – Hidup di dunia ini	Dilindungi	*Saya bebas untuk:* *– Menjadi diri saya* *– Berada dalam tubuh saya* *– Menyerlahkan kebolehan saya* *– Hidup di dunia ini*	Gratitude	Ovari/Testis	C
TIDAK SELESAI (UNRESOLVED)	Menguasai	*Manifestasi Terbimbing*	Roots	Sumber	
TIDAK TAHU TEMPAT UNTUK MENGADU (DON'T KNOW WHERE TO TURN)	Lihat Berputus Asa				
TIDAK TEGAS (INDECISIVENESS)	Fokus	*Saya mempunyai kejelasan*	Peace & Calming	Kemahuan yang lebih tinggi @ C-3	B,F
TIDAK TERTUNAI (UNFULFILLED)	Kesedaran	*Saya menyedari siapa diri saya*	Majoram	Fontanel Posterior	B
TRAUMA (TRAUMA)	Perkembangan	*Selamat untuk berkembang*	Relieve It atau Trauma Life	Tendon Jantung	D
TUJUAN (Tidak memenuhi) (PURPOSE)	Kemenangan	*Saya seorang pemenang*	Vetiver	Pituitari	A,E,G,H
UCAPAN SECARA TIDAK SEDAR (UNCONSCIOUS SPEECH)	Ada Tujuan	*Saya selari*	One Purpose	C1	B

CHAKRA atau PUSAT TENAGA

CHAKRA	EMOSI	SISI LAIN	JALAN KELUAR	MINYAK	TITIK PENGGERA	CARTA
Saya berniat untuk mengembalikan tubuh, minda dan roh saya kepada titik kesempurnaan.						
LALUAN KETUHANAN	Jahat	*Sayang*	Saya mengatasinya	Sacred Sandalwood atau Royal Hawaiian Sandalwood	Fontanel Posterior	B
GALAKSI	Otak Dibasuh	*Kebijaksanaan*	Saya berkembang	Ignite Your Journey	Depan telinga @ Tragus	B
UNIVERSAL	Tidak tenang	*Harmoni*	Saya menghubungkan	Sacred Angel	Verteks - 16" di atas mahkota	B,C,F
BINTANG SEMANGAT	Bodoh	*Riang*	Saya menerima	Inspiration	Verteks - 12" di atas mahkota	B,C,F
BINTANG JIWA	Terpisah	*Lengkap*	Saya berhubung dengan Malaikat/ Tuhan/ Jehovah/ Yahweh/ Kesemuanya	Idaho Grand Fir *atau* Idaho Balsam Fir atau Idaho Blue Spruce	Verteks- 8" di atas mahkota	B,C,F
MAHKOTA	Pemberontakan	*Kesamaan*	Saya bersatu dengan semua itu	Release	Verteks	B,C,F
MATA KETIGA	Keangkuhan	*Suka menurut*	Saya kenal siapa diri saya	Cedarwood	Hipotalamus	A,E
TEKAK	Tidak suka berkongsi	*Berkongsi*	Saya meluahkan	Ylang Ylang	Prominen Larinks	A,C
JANTUNG	Ketamakan	*Memberi*	Saya mencukupi	White Angelica	Penyekat Jantung	C
HULU HATI	Kesedaran Sejagat (Menjadi sebahagian daripadanya)	*Menunjukkan kesedaran Ketuhanan/ Sumber/Kristus*	Saya Sedar	Sacred Mountain	Hulu Hati	D,G
SAKRUM	Jangkaan	*Menghargai*	Saya sudah cukup sempurna	Sara	Pundi Kencing	C,E,G
AKAR	Kemandirian	*Bersatu*	Saya bersatu dengan semuanya	Cedarwood/ Canadian atau Western Red Cedar	Serviks/Zakar	C
BINTANG BUMI	Membazir	*Daya Kehidupan*	Saya berhubung	Red Cedar Bliss	Tapak Kaki	

Chakra atau Pusat Tenaga

Chakra ialah pusat tenaga yang didapati di sepanjang garis tengah tubuh, meliputi torso, di kedua-dua bahagian depan dan belakang. Tafsiran dan pemahaman chakra berbeza bergantung kepada ajaran dan amalan yang dipraktikkan. Terdapat tiga belas chakra yang dinyatakan di sini dengan emosi yang berkaitan, bermula daripada Chakra Sifar hingga Chakra Dua Belas. Chakra Sifar ialah Chakra Bintang Bumi. Ia mewakili hubungan kepada Tenaga Bumi dan Daya Kehidupan yang terletak di bawah kaki kita. Tujuh chakra tradisional dikenali sebagai chakra fizikal dan bermula dengan chakra pertama di sekeliling tulang tongkeng kita sehingga ke tulang belakang ke chakra ketujuh di bahagian atas kepala. Chakra Lapan sehingga Dua Belas adalah chakra eterik yang membolehkan jiwa kita berpotensi untuk berevolusi.

Emosi dihantar dan diterima melalui tenaga yang disampaikan melalui chakra. Setelah emosi dijana atau diterima ke dalam medan tenaga kita, emosi tersebut akan bergerak di dalam tubuh melalui sistem meridian yang mengandungi saluran tenaga yang membekalkan tenaga kepada semua kelenjar, organ dan sistem. Emosi, seperti kawasan pada tubuh, mempunyai frekuensi getaran yang khusus dan akan terkumpul dalam kawasan yang mempunyai frekuensi yang sama. Inilah sebabnya emosi tertentu dikaitkan dengan kawasan tubuh tertentu dan bagaimana chakra berkait dengan sistem meridian.

HARMONI CHAKRA

Pengetonan menambahkan lagi dimensi pembersihan chakra. Sebagai daripada pembersihan, ia juga boleh mengawal keseimbangan dan meningkatkan pelbagai aspek positif chakra. Pengetonan boleh digunakan untuk memulihkan kemurungan, menyembuhkan minda dan tubuh, serta memberikan kehidupan yang anda mahukan. Bunyi huruf vokal digunakan kerana ia mengukuhkan lagi bahasa dan nota muzik melengkapkannya.

Sebaik-baiknya, mulakan dengan mengeluarkan semua chakra satu per satu, bermula daripada yang pertama, atau chakra akar, terus ke atas dan berakhir dengan chakra kelapan, yang tapaknya terletak di lapan inci di atas kepala.

Mulakan dengan meletak setitis minyak yang berkaitan, Cedarwood, Canadian atau Western Red Cedar, yang digunakan untuk chakra pertama atau chakra akar ke atas telapak tangan yang bukan dominan dan putarkan titisan minyak itu mengikut arah pusingan jam sebanyak tiga kali untuk mengaktifkannya. Seterusnya letakkan minyak itu pada titik chakra, dalam kes ini di tulang pubis, titik emosi di dahi, bahagian atas kepala, saraf tunjang atau titik pembebasan dan kedua-dua titik penapisan. Kemudian hidu bau minyak itu, rasakan kedua-dua sisi emosinya dan ucapkan penyataannya atau "jalan keluar". Mainkan not C dan nyatakan bunyi huruf vokal "U" dengan sebutan "Hu" yang secara kebetulan ialah nama kuno bagi Tuhan. Tarik nafas sedalam-dalamnya dan hembuskan sambil melepaskan tenaga yang terperangkap. Hidulah bau minyak itu, rasakan kedua-dua sisi emosinya dan ucapkan penyataannya. Mainkan not muzik itu dan nyatakan bunyi akhir huruf vokal serta bernafas untuk membebaskan dan membersihkan tenaga anda.

Ulang buat kali ketiga untuk membersihkan ketiga-tiga lapisan di hadapan badan anda.

Ketiga-tiga lapisan ini merupakan tiga lapisan tenaga di luar tubuh fizikal. Lapisan pertama berkait dengan kesihatan, atau tubuh tenaga fizikal, ia mengandungi simpanan tenaga yang anda simpan untuk diri anda. Lapisan ini kebiasaannya dapat dirasakan dengan baik kira-kira empat inci daripada tubuh. Lapisan kedua banyak berkait dengan emosi dan mengandungi tenaga yang kita ada untuk orang lain. Ia terletak kira-kira lapan inci daripada tubuh. Lapisan ketiga berkait dengan tubuh mental dan berada sekitar lebih dua belas inci daripada tubuh. Tiga aspek pengetonan, bunyi, pendengaran dan pembebasan, bersamaan dengan minda, tubuh dan roh, jadi ia dapat menyokong dan mempertingkatkan fungsi, pertumbuhan dan perkembangan.

Untuk membersihkan ketiga-tiga lapisan di bahagian belakang tubuh, ulang prosedur tadi dengan memainkan not C# (sharp) berbanding not C sebanyak tiga kali. Chakra ketiga, ketujuh dan kelapan hanya mempunyai satu not (tiada sharp); jadi pengetonan hanya dilakukan sebanyak tiga kali untuk membersihkan kedua-dua chakra di depan dan di belakang.

Membersihkan semua chakra menggunakan minyak dan pengetonan adalah cara terbaik untuk menjajarkan medan tenaga anda di awal pagi dan untuk mengingati semula dan berehat sebelum tidur malam. "Video Harmoni Chakra" telah direka untuk digunakan sama ada untuk mempertingkatkan pengalaman anda secara aktif, atau secara pasif sebagai latar belakang untuk menenangkan dan mengimbangkan medan tenaga dan persekitaran anda.

Untuk mendapat kesan yang cepat, uji setiap chakra dan rawat chakra yang tidak seimbang sahaja. Chakra paling kuat ialah chakra kelapan yang mempengaruhi lapisan ketiga atau medan tenaga paling luar dan mengikat semua chakra dan tenaga yang ia bawa bersama. Lakukan pengetonan sebanyak tiga kali untuk memperbetulkan, gerakkan tangan anda daripada bahagian atas kepala turun ke bahagian sisi, belakang dan depan tubuh, untuk membersihkan medan tenaga dan menutup aura anda dengan niat anda. Uji semula untuk mengesahkan pembetulan dan menentukan sekiranya terdapat apa-apa lagi yang perlu dipertingkatkan. Mempertingkatkan chakra kelapan akan mengimbangkan medan tenaga anda pada hari tersebut, membolehkan anda menghadapi dunia dengan medan tenaga yang bersih dan menarik apa yang hati anda inginkan. Chakra-chakra disenaraikan dalam halaman yang berikut berserta ton dan bunyi huruf vokal yang bersamaan dengannya. Kedua-dua sisi emosi dan "jalan keluar" digabungkan menjadi satu penyataan tunggal. (Anda boleh memilih untuk mengaitkan emosi lain dengan cara yang sama.)

CARTA PENGETONAN HARMONI CHAKRA

CHAKRA PERTAMA AKAR

Minyak: Western atau Canadian Red Cedar Lokasi: Tulang Pubis Not: C Tengah, C#
Bunyi Huruf Vokal: Hu
Saya bersatu dengan semuanya, yang membolehkan saya keluar daripada
Kemandirian kepada **Bersatu**.

CHAKRA KEDUA KREATIF

Minyak: SARA Lokasi: Pundi Kencing Not: D, D# Bunyi Huruf Vokal: O
Saya sudah cukup sempurna, yang membolehkan saya untuk membebaskan
Jangkaan dan masuk ke dalam **Penghargaan**.

CHAKRA KETIGA HULU HATI

Minyak: Sacred Mountain Lokasi: Hulu Hati Not: E Bunyi Huruf Vokal: Ah
Saya sedar, yang membolehkan saya keluar daripada **Kesedaran Sejagat** dan menunjukkan
Kesedaran Kristus.

CHAKRA KEEMPAT JANTUNG

Minyak: White Angelica Lokasi: Jantung Not: F, F# Bunyi Huruf Vokal: A
Saya mencukupi, yang membolehkan saya membebaskan **Ketamakan** dan bebas **Memberi**.

CHAKRA KELIMA TEKAK

Minyak: Ylang Ylang Lokasi: Tekak Not: G, G# Bunyi Huruf Vokal: I
Saya meluahkan, yang membolehkan saya untuk membebaskan
Tidak Suka Berkongsi dan bebas **Berkongsi**.

CHAKRA KEENAM MATA KETIGA

Minyak: Cedarwood Lokasi: Mata Ketiga Not: A, A# Bunyi Huruf Vokal: E
Saya kenal siapa diri saya, yang membolehkan saya untuk membebaskan
Keangkuhan dan menerapkan **Suka Menurut**.

CHAKRA KETUJUH MERCU KEPALA

Minyak: Release Lokasi: Mercu Kepala Not: B Bunyi Huruf Vokal: E
Saya bersatu dengan semuanya, yang membolehkan saya untuk membebaskan **Pemberontakan** dan
merasakan **Kesatuan**.

CHAKRA KELAPAN BINTANG

Minyak: Idaho Balsam Fir Lokasi: 8" Di Atas Mercu Kepala Not: C Tinggi
Bunyi Huruf Vokal: Hu
Saya berniat untuk mengembalikan Tubuh, Minda dan Roh saya kepada titik Kesempurnaan.

PEMBERSIHAN CORAK EMOSI

> *Anda boleh dapatkan sebuah video yang menunjukkan proses pembebasan corak emosi menggunakan minyak pati di:*
>
> ***www.bodytype.com/videos/videos***

Untuk mengubah satu corak emosi kita perlu mengenal pasti emosi tersebut, memahami coraknya, sedar akan cara lain untuk meluahkan perasaan itu dan mengambil pengajaran daripadanya. Selagi kita tidak belajar daripada pengalaman, kita sentiasa akan menghasilkan semula situasi yang serupa. Hanya setelah kita belajar cara untuk mengubah perasaan yang tersekat itu, kita akan menjadi bebas.

Menyembuhkan satu corak memori sel melibatkan kesedaran pada semua peringkat: mental, emosi kerohanian dan fizikal. Sehingga respons lazim dibebaskan daripada tubuh (fizikal/emosi) tingkah laku tersebut akan berterusan, seperti respons lazim anjing Pavlov. Tubuh boleh dibersihkan dengan mengakses emosi tersebut melalui titik penggera dan sistem limbik otak yang boleh diakses melalui bau.

Emosi dapat dibebaskan dengan merasakan kedua-dua kekutuban negatif dan positif emosi tersebut, yang memberikan akses kepada kedua-dua sisi emosi tersebut. Situasi yang serupa daripada masa lalu kebiasaannya akan muncul; banyak emosi yang boleh dibebaskan dengan hanya memperakuinya.

Perakuan tersebut akan dibawa ke dalam fikiran sedar (mental/kerohanian) dengan mengenal pasti emosi, sisi lainnya dan pengajaran atau jalan keluarnya daripada keadaan yang tidak selesa.

Prosedur Pembersihan

1. Kenal pasti **EMOSI** tersebut:

2. Sapukan minyak yang sesuai di TITIK PENGGERA

3. Sapukan minyak atau sentuh TITIK EMOSI, VERTEKS, PEMBEBASAN dan PENAPISAN adalah pilihan.

4. Hidu dan RASAKAN EMOSI tersebut

5. RASAKAN SISI LAIN emosi tersebut

6. Ucapkan PENYATAAN jalan keluar

7. Ulang seberapa perlu

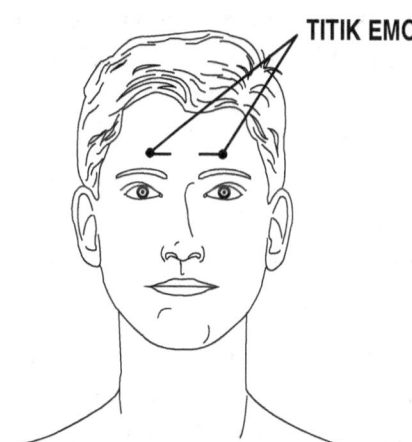

Nota: Kekerapan sapuan ditentukan oleh kedalaman corak emosi. Cara terpantas untuk membersihkan masalah yang sudah sebati atau masalah teras adalah dengan menyapunya 18 kali sehari selama 7 minggu, tetapi ingatlah, anda bebas untuk memilih rentak anda. Jangka masa tidak penting. Sama ada anda mengambil 7 minggu atau 7 bulan semuanya terserah kepada anda. Oleh kerana setiap jam berjaga selalunya tidak praktikal, prosedur ini boleh dilakukan paling kerap setiap 15 minit yang membolehkan anda melakukannya 4 ke 6 kali sebelum bekerja, beberapa kali pada waktu siang dan melengkapkannya pada waktu malam semasa anda berada di rumah.

Minyak Pati

Melakukan prosedur pembersihan sebelum tidur pada waktu malam membolehkan fikiran bawah sedar anda memproses corak emosi semasa anda bermimpi. Dengan meletakkan minyak atau minyak-minyak itu di dalam pembaur di sebelah katil anda atau pada bebola kapas di atas bantal anda membolehkan anda sentiasa menghidu minyak tersebut ketika anda tidur. Cara tambahan untuk mengurangkan kekerapan aplikasi minyak adalah dengan memasukkan minyak ke dalam mandian semasa anda mandi dan sebelum bermeditasi atau bersenam.

Oleh kerana sesetengah titik penggera pada tubuh sukar untuk dicapai, seperti titik hati, anda boleh menggunakan titik yang bersamaan dengannya pada tangan anda. Rujuk kepada carta tangan untuk melihat lokasi yang tepat.

Apabila emosi-emosi itu muncul, ia perlu dibebaskan. Menulis, bersembang, bersenam, mandian garam atau sauna sangat membantu. Sekiranya pembebasan emosi menjadi terlalu membebankan, kurangkan kekerapan atau berehat sebentar dan lanjutkan masa. Emosi tersebut atau yang berkaitan dengannya mungkin perlu ditangani sebelum masalah teras boleh dibersihkan dengan sempurna.

Anda boleh merawat emosi berbeza yang menggunakan minyak yang sama atau emosi berkaitan yang menggunakan minyak yang berlainan. Satu minyak dan/atau satu emosi boleh dilakukan secara berturut-turut. Bersihkan semua emosi semasa ia muncul, rawat sehingga cas emosi hilang dan coraknya dibebaskan. Hargai diri anda dan beri perhatian kepada perkara yang terbaik untuk anda.

Kesensitifan Minyak

Sesetengah minyak terlalu kuat dan mungkin menyebabkan iritasi kepada kulit sensitif, terutama di bahagian muka dan dahi. Sekiranya kulit anda menjadi kering atau melecur, cairkan minyak itu dengan menggunakan V6 atau sebarang minyak sayuran. Sekiranya anda mengalami apa-apa kesulitan dengan minyak itu, cukup sekadar menghidu bau minyak itu dan sentuh titik penggera dan emosi, rasakan emosinya dan ucapkanlah penyataannya.

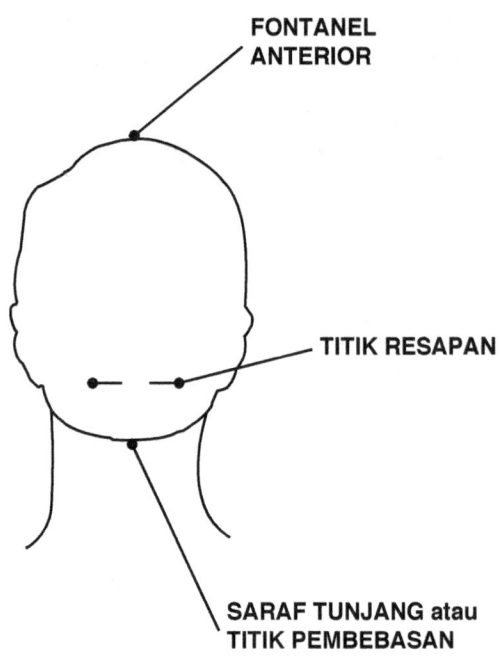

Sesetengah minyak seperti *Lemon* boleh menyebabkan seseorang itu menjadi fotosensitif, kulit mudah terselar di bawah cahaya matahari terik. Gunakan minyak ini dengan berhati-hati, menghidu lebih baik daripada menyapu.

Sebaik sahaja minyak telah disapukan, dengan merasakan perasaannya dan mengucapkan penyataannya selalunya berkesan jika penggunaan minyak tidak mengizinkan.

Elemen yang paling penting ialah niat anda. Rasakan perasaannya dan fokus kepada penyataannya. Mungkin ada masanya penyataan itu tidak jelas. Semakin anda membiasakan diri dengannya, kesedaran baru akan muncul. Ini ialah proses pembelajaran, pendedahan.

Penambahbaikan Prosedur Pembersihan

Setelah minyak pati disapukan pada titik penggera dan dua lekukan di dahi, ia juga boleh disapu pada Fontanel Anterior, Saraf Tunjang atau titik Pembebasan pada pangkal tengkorak dan pada titik Penapisan di kedua-dua sisi belakang tengkorak.

Titik Pembebasan membantu dalam membebaskan corak emosi dan titik Penapisan bertanggungjawab menapis tenaga yang boleh menarik seseorang kembali kepada corak yang lama.

Minyak Pati

MEMBERSIHKAN CORAK EMOSI – LEMBARAN KERJA

- *Membersihkan corak emosi* memerlukan akses kepada semua kawasan: mental, emosi, kerohanian dan fizikal.

- *Memperakui* membawa corak tersebut ke dalam fikiran sedar – mental.

- *Merasakan kedua-dua kekutuban negatif dan positif* emosi dapat membebaskan emosi tersebut.

- *Fokus atau ucapkan penyataan* yang memberikan jalan keluar membolehkan anda mengambil pengajaran serta mengakses kerohanian.

- *Menyapu minyak pada titik penggera dan emosi* membolehkan anda mengakses sisi fizikal, membebaskan respons lazim yang tersimpan di dalam DNA dan memori sel.

- *Setelah kita mengambil pengajaran* dan membersihkan DNA, corak tersebut tidak lagi menjadi masalah – kita telah bebas.

Prosedur Pembersihan

1) Kenal pasti EMOSI tersebut: _____

2) Sapukan minyak yang sesuai di TITIK PENGGERA
   _____

3) Sapukan minyak atau sentuh TITIK EMOSI, VERTEKS, PEMBEBASAN dan PENAPISAN adalah pilihan.
   _____

4) Hidu dan RASAKAN EMOSI tersebut _____

5) RASAKAN SISI LAIN emosi tersebut

6. Ucapkan PENYATAAN jalan keluar _____

7) Ulang seberapa perlu

NOTA: Kekerapan aplikasi ditentukan oleh kedalaman corak emosi. Cara terpantas untuk membersihkan masalah yang sudah sebati atau masalah teras adalah dengan menyapunya 18 kali sehari selama 7 minggu, tetapi ingatlah, anda bebas untuk memilih rentak anda. Jangka masa tidak penting. Sama ada anda mengambil 7 minggu atau 7 bulan, semuanya terserah kepada anda. Oleh kerana setiap jam berjaga selalunya tidak praktikal, prosedur ini boleh dilakukan paling kerap setiap 15 minit yang membolehkan anda melakukannya 4 ke 6 kali sebelum bekerja, beberapa kali semasa waktu siang dan melengkapkannya pada waktu malam semasa anda berada di rumah.

Oleh kerana sesetengah titik penggera pada tubuh sukar untuk dicapai, seperti titik hati, anda boleh menggunakan titik yang bersamaan dengannya pada tangan anda. Rujuk kepada carta tangan untuk melihat lokasi yang tepat.

Pembersihan juga boleh dilakukan dengan meletakkan minyak di dalam pembaur di tempat tidur anda. Lakukan prosedur pembersihan dan letakkan minyak pada bebola kapas atau pembaur. Ini membolehkan fikiran bawah sedar sentiasa melakukan pembersihan emosi sepanjang malam.

Apabila emosi-emosi itu muncul, ia perlu dibebaskan. Menulis, bersembang, bersenam, mandian garam atau sauna biasanya membantu. Sekiranya pembebasan emosi menjadi terlalu membebankan, kurangkan kekerapan atau berehat sebentar dan lanjutkan masa. Emosi tersebut atau yang berkaitan dengannya mungkin perlu ditangani sebelum masalah teras boleh dibersihkan dengan sempurna. Anda boleh merawat emosi berbeza yang menggunakan minyak yang sama atau emosi berkaitan yang menggunakan minyak berlainan. Satu minyak dan/atau satu emosi boleh dilakukan secara berturut-turut. Hargai diri anda dan beri perhatian kepada perkara yang terbaik untuk anda.

Muat turun atau cetak lembaran ini: **Bodytype.com/Worksheet**

Minyak Pati

VARIASI MEMBERSIHKAN CORAK EMOSI[10]
(TANPA MENGGUNAKAN UJIAN OTOT)

1. Rasakan emosi tersebut. Luahkannya secara menyeluruh. (Sekiranya anda sangat emosi dan risau "terperangkap" dalam emosi tersebut, takut anda tidak mampu keluar daripadanya, yakinlah bahawa teknik ini akan membantu membersihkan emosi tersebut.)

2. Tarik nafas sedalam-dalamnya dan hidu minyak yang bersesuaian, ulang sebanyak tiga (3) kali.

3. Rasakan sisi lain emosi tersebut.

4. Sapukan minyak pada titik penggera.

5. Sapukan minyak pada titik emosi pada dua lekukan di dahi, saraf tunjang atau titik pembebasan, titik pelepasan pada bahagian belakang kepala dan fontanel anterior pada bahagian atas kepala.

6. Ucapkan penyataan itu dengan lantang, ulang sehingga anda merasakan sekatan tenaga dibebaskan dan anda sampai ke titik ketenangan.

7. Kemudian ucapkan penyataan itu, tanpa mengeluarkan sebarang bunyi. (Sebenarnya lakukan gerakan dengan mulut anda, tetapi tanpa mengeluarkan bunyi. Ia tidak akan berjaya sekiranya anda cuma mengucapkannya di dalam hati anda.) Ucapkan penyataan itu semula sehingga sekatan tenaga dibebaskan dan anda kembali semula ke titik ketenangan[10].

8. Selesaikan dengan mengucapkan penyataan di dalam hati kepada diri anda sebanyak tiga (3) kali.

9. Ulang prosedur ini setiap kali emosi ini atau emosi negatif yang lain muncul, atau sekatan tenaga emosi timbul.

---

[10] Disumbangkan oleh Susan Ulfelder, N.D.

VARIASI MEMBERSIHKAN CORAK EMOSI[10] PROSEDUR PEMBERSIHAN UNTUK KANAK-KANAK

Prosedur Membersihkan Kemarahan untuk Kanak-Kanak

Letakkan minyak di bawah hidung anak anda, supaya anak anda dapat menghidunya. Untuk membersihkan Kemarahan, minyak yang digunakan ialah *Purification*. Akui emosi tersebut dengan mengucapkan, "Awak berasa marah, bukan?" "Ya" atau tiada respons. Letakkan setitis minyak *Purification* di atas telapak tangan bukan dominan anda dan putarkan titisan itu sebanyak 3 kali mengikut arah pusingan jam untuk mengaktifkan minyak itu. Sentuh titik penggera hati pada kedua-dua tangan kiri dan kanan serta ucapkan, "Sisi lain bagi kemarahan ialah ketawa," kemudian senyum.

Sentuh dua titik emosi di dahi dengan minyak *Purification* pada jari anda atau letakkan telapak tangan anda (bersama minyak) di dahi anak anda di atas titik emosi dan ucapkan, "Cara untuk beralih daripada kemarahan kepada ketawa ialah 'Arah saya jelas'." Sekiranya bersesuaian, anda boleh meminta anak anda untuk mengucapkan, "Arah saya jelas."

Ulang prosedur ini sekerap yang boleh. Adalah baik untuk merawat diri anda sebelum atau selepas merawat anak anda (termasuk anak yang dewasa), kerana ia membantu membina keyakinan diri anak anda. Dengan melibatkan diri anda, anak anda takkan berasa ada sesuatu yang "tidak kena" dengan dirinya, tetapi emosi itu adalah sebahagian daripada kehidupan dan kita boleh memilih bagaimana kita meluahkan perasaan kita.

Rujukan Minyak

Carolyn L. Mein, D.C.

RUJUKAN MINYAK
MINYAK, EMOSI DAN TITIK PENGGERA TUBUH

MINYAK	EMOSI	TITIK PENGGERA
ABUNDANCE	Tidak Mencukupi	Pusat Jantung
ABUNDANCE	Miskin	Memori Sel
ABUNDANCE	Kekurangan	Halkum (Prominens Larinks)
ABUNDANCE	Pergelutan	Mata pada Parietal
ABUNDANCE	Risau	Esofagus
ACCEPTANCE	Penolakan	Usus Besar
ACCEPTANCE	Tidak Berhak	Hulu Hati
ACCEPTANCE	Berasa Malu	Hipotalamus
ACCEPTANCE	Kurang Keyakinan Diri	Ileum
ACCEPTANCE	Salah anggap	Kulat
ACCEPTANCE	Berduka	Bronkial
AGEWISE	Sebak	Getaran
AROMA LIFE	Kesunyian	Pelindung Jantung
AROMA SIEZ	Tidak Konsisten	Bawah Sedar
AROMABALANCE	Mengorbankan Diri Sendiri	Cecair Serebro Spinal (GV-19)
AUSTRALIAN BLUE	Menyampah	Bronkial
AUSTRALIAN BLUE	Tiada Asas	Pundi Kencing
AUSTRALIAN KURANYA	Tawar Hati	Cecair Serebro Spinal (GV-19)
AWAKEN	Berhubung Antara Dimensi	Pintu Sakrum
AWAKEN	Pengembangan	Integrasi Jiwa
AWAKEN	Putus Harapan	Tulang Sumsum
BASIL	Manipulasi	Rusuk Pertama
BELIEVE	Ketidakjujuran	Limpa
BERGAMOT	Kesusahan	Hormon
BLUE TANSY *atau* IDAHO TANSY	Ditakut-Takutkan	Hormon
BLUE TANSY *atau* IDAHO TANSY	Salah Faham	Kord Vokal
BLUE TANSY *atau* IDAHO TANSY	Salah Faham	Pita Suara
BUILD YOUR DREAM *atau* DREAM CATCHER	Ditindas	Tendon Jantung
CANADIAN *atau* WESTERN RED CEDAR *atau* CEDARWOOD	Tidak Lengkap	Kemahuan @ C-5
CANADIAN *atau* WESTERN RED CEDAR *atau* CEDARWOOD	Kemandirian	Serviks/Zakar– Chakra Pertama

Minyak Pati

MINYAK	EMOSI	TITIK PENGGERA
CARDAMOM	Mengasihani Diri	Ileum
CARROT SEED	Menelan	Ovari/Testis
CASSIA atau WINGS	Bergantung	Kemahuan @ C5
CEDARWOOD	Keangkuhan	Hipotalamus – Chakra Keenam
CELEBRATION	Dibuli	Hulu Hati
CELERY SEED atau JUVA CLEANSE	Ambivalen	Hipokampus
CHIVALRY atau HIGHEST POTENTIAL	Tidak Berkuasa	Ginjal
CHIVALRY atau HARMONY	Degil	Perut
CINNAMON BARK	Kejengkelan	Kepala Pankreas
CINNAMON BARK	Kewajipan	Hipotalamus
CINNAMON BARK	Berpura-pura	Usus Kecil
CISTUS (ROSE OF SHARON)	Penyelamat	Saluran Tenaga
CITRONELLA	Goyah	Saraf Tunjang
CITRUS FRESH	Tidak Mahu Berada Di Sini	Pankreas
CLARITY	Tekanan *(Emosi)*	Integrasi Otak
CLARITY	Rasa Bersalah	Limpa
CLARITY	Menahan Emosi Tanpa Sengaja	Ovari Testis
CLARY SAGE atau CANADIAN FLEABANE	Tidak Bertoleransi, Umum	Toksik
CLOVE	Menyumpah Seranah	Lidah
COMMON SENSE	Mengawal dengan Menyerang	Ileum
COMPOSURE	Panik	Tekanan Darah
COPAIBA	Penipuan	Saraf Tunjang
COPAIBA	Tidak Mencukupi	Perut
CYPRESS	Tidak Hormat	Vena
DAVANA	Mengherdik	Tiroid
DI-GIZE atau DI-TONE	Kehampaan	Apendiks
DILL	Kejam	Kepala Pankreas
DORADO AZUL	Membalas Dendam	Pons
DOUGLAS FIR atau IDAHO BLUE SPRUCE	Rasa Kekurangan	GV-20
DRAGON TIME	Marah	Korteks Adrenal
DREAM CATCHER	Daya Saing	Injap Limfa

MINYAK	EMOSI	TITIK PENGGERA
DREAM CATCHER	Memanifestasi	Larinks
DREAM CATCHER	Ditindas	Jalinan Jantung
DREAM CATCHER	Ditindas	Tendon Jantung
EGYPTIAN GOLD atau SPIKENARD	Kuasa (*Tokoh Kuasa*)	Akar Saraf
EGYPTIAN GOLD atau SPIKENARD	Kemahuan (*Penyalahgunaan*)	Cakera
ELEMI	Hasutan Syaitan	Mata Ketiga
ENDOFLEX	Penafian	Visi
EN-R-GEE	Terasing	Yis/Pusat
EN-R-GEE atau NUTMEG	Kelesuan Adrenal	Adrenal
ENVISION	Terikat	Visi
ENVISION	Terkurung	Intuitif
ENVISION	Terlalu Terbeban	Visi
EUCALYPTUS BLUE	Kaku	Pundi Kencing
EUCALYPTUS BLUE	Emosi, Sengaja Ditahan	Mata/Otak pada Oksipital
EUCALYPTUS (GLOBULUS)	Perhambaan	Parotid
EUCALYPTUS (RADIATA)	Tekanan (*Fizikal*)	Pleura
EXCITE	Luang	Saraf
EXODUS II	Kepatuhan	Magik
EXODUS II	Malang	Hulu Hati
EXODUS II	Teringin	Penyekat Jantung
FENNEL	Keengganan	Pankreas
FORGIVENESS	Pengkhianatan	Pankreas
FORGIVENESS	Kepahitan	Pundi Hempedu
FORGIVENESS	Mencurigai	Uterus/Prostat
FORGIVENESS	Masa Lalu (*Takut Mengulangi*)	Pundi Hempedu
FORGIVENESS	Membalas Dendam	Pons
FORGIVENESS	Penafian Diri	CI
FORGIVENESS	Tidak Memaafkan	Tekanan Darah
FRANKINCENSE	Kepeningan (*Vertigo*)	Telinga Tengah
FRANKINCENSE	Tidak Bernilai (*Perasaan*)	Gusi/Gigi
FRANKINCENSE	"F-KAMU"	Ego
FULFILL YOUR DESTINY atau GENTLE BABY	Biadap	Tulang Sumsum

Minyak Pati

MINYAK	EMOSI	TITIK PENGGERA
GALBANUM or GRATITUDE	Kebencian	Injap ICV-Ileosekal
GATHERING	Teruk (Perasaan)	Ginjal
GATHERING	Diperhambakan	Meninges
GARY'S LIGHT	Tidak Seimbang	Kemahuan @ C-5
GENEYUS atau ScentWise	Apati	Hipokampus
GENEYUS atau ScentWise	Lambat Berfikir	Otak atau Lelangit
GERANIUM	Mementingkan Diri	Visi
GERANIUM	Mahu Menyenangkan Hati	Penyekat Jantung
GERMAN CHAMOMILE	Pemisahan	Jiwa(C2)
GERMAN CHAMOMILE	Terlalu Sensitif	Adrenal
GINGER	Kurang	Tompok Peyer
GOLDENROD	Tiada Pertahanan	Korteks Adrenal
GRAPEFRUIT	Penderitaan	Tendon Jantung
GRATITUDE	Tidak Selamat untuk (Menjadi Diri Saya, Berada dalam tubuh saya, Menyerlahkan kebolehan saya, Hidup di dunia ini)	Ovari/Testis
GRATITUDE atau GALBANUM	Kebencian	Injap ICV-Ileosekal
GROUNDING	Kebosanan	Parasit
GROUNDING	Sesat	Sumber
HARMONY	Tidak Dipedulikan (Menjadi)	Strep
HARMONY	Remuk Hati	Darah
HARMONY	Permusuhan	Harmoni
HARMONY	Hukuman (Takut akan)/ Menyalahkan Diri Sendiri	Tiub Fallopion/ Seminal Vesikel
HARMONY	Sarkastik	Otak
HARMONY atau CHIVALRY	Degil	Perut
HELICHRYSUM	Mati/Hidup (Takut akan)	Arteri
HELICHRYSUM	Kebenaran (Takut mendengar)	Tiub Eustachian
HELICHRYSUM	Integriti (Kurang)	Otak
HELICHRYSUM	Tidak Bertanggungjawab	Tiub Eustachian
HIGHER UNITY BLEND atau PATCHOULI	Mengelak	Korteks Adrenal
HIGHEST POTENTIAL atau PATCHOULI	Kejengkelan	Keberanian
HIGHEST POTENTIAL	Menyebabkan Perpecahan	Usus Kecil

MINYAK	EMOSI	TITIK PENGGERA
HIGHEST POTENTIAL	Sama Rata	Tiroid
HIGHEST POTENTIAL atau CHIVALRY	Tidak Berkuasa	Ginjal
HINOKI	Tidak Berupaya	Tulang Tengah Sakrum
HONG KUAI	Membazir Masa	Saraf Tunjang
HOPE	Kebutaan	Limfa Mata
HOPE	Hormat *(Kurang)*	Persepsi Deria
HOPE	Tidak Berguna	Hipotalamus
HUMILITY	Kurang Daripada, Menjadi	Medula
HUMILITY	Tidak cukup bagus	Perikardium
HUMILITY	Penat	Duktus Pankreas
HUMILITY atau OCOTEA	Dihina	Ego
HYSSOP	Emosi, Ditelan	Epiglotis
HYSSOP	Rasa Terbeban	Saraf Tunjang
IGNITE YOUR JOURNEY	Keraguan	Bakteria
IDAHO BALSAM FIR atau IDAHO GRAND FIR atau IDAHO BLUE SPRUCE	Serabut	Pusat Jantung & Mata Ketiga
IDAHO BALSAM FIR atau IDAHO BLUE SPRUCE	Terasing	Verteks – Chakra Kelapan
IDAHO BALSAM FIR atau IDAHO GRAND FIR atau IDAHO BLUE SPRUCE atau DOUGLAS FIR	Kekurangan	GV-20
IDAHO BALSAM FIR atau JUVAFLEX atau WINTERGREEN	Tidak Disokong	Ligamen
IDAHO BLUE SPRUCE atau IDAHO BALSAM FIR	Serabut	Pusat Jantung & Mata Ketiga
IDAHO BLUE SPRUCE atau IDAHO BALSAM FIR	Terasing	Verteks – Chakra Kelapan
IDAHO BLUE SPRUCE atau IDAHO BALSAM FIR atau DOUGLAS FIR	Kekurangan	GV-20
IDAHO TANSY	Skeptisisme	Tulang Sumsum
IDAHO TANSY atau IDAHO BLUE TANSY atau BLUE TANSY	Salah Faham	Pita Suara
INNER CHILD	Memori Sel (Pembersihan)	DNA
INNER CHILD	Ditinggalkan	RNA
INNER CHILD	Putar Belit	Ketakbersalahan
INNER CHILD	Tenaga Tidak Menentu	Duodenum

Minyak Pati

MINYAK	EMOSI	TITIK PENGGERA
INSPIRATION atau LIVE YOUR PASSION	Kepenatan	Daya Kehidupan
INSPIRATION atau MOTIVATION	Lumpuh	Medula
INSPIRATION atau MAGNIFY YOUR PURPOSE	Lembap	Tulang Telinga
INTO THE FUTURE	Terhad	Jangkitan
JADE LEMON	Berkelahi	Paru-Paru
JASMINE	Dipergunakan (Menjadi)	CX @ CV-5
JASMINE	Tidak Berharga (Perasaan)	Pons
JOURNEY ON	Kehilangan Diri	Ovari/Testis
JOY	Kerisauan	Kapilari
JOY	Kekecewaan	Bronkial
JOY	Kesedihan	Adenoid
JOY	Ketidakselarasan	Telinga, Luar
JOY	Menghakimi	Hulu Hati
JOY	Sengsara	Duktus Hepar
JUNIPER	Memendam	Ginjal
JUVA CLEANSE atau CELERY SEED	Ambivalen	Hipokampus
JUVA FLEX	Menyalahkan	Toksik
JUVA FLEX	Tidak Dihargai	Paru-Paru
JUVAFLEX atau BIRCH	Serba Kekurangan	Sendi/Rawan
JUVAFLEX atau BIRCH	Tidak Disokong	Ligamen
JUVAFLEX atau BIRCH	Kuasa (Memberontak atau Rasa Geram)	Tulang
KUNZEA	Bermasalah	Pusat Jantung
KUNZEA	Skeptisisme	Tulang Sumsum
KUNZEA	Skeptikal	Tulang Sumsum
LAURUS NOBILIS atau WHITE ANGELICA	Perubahan Kesedaran	Aorta
LAURUS NOBILIS atau WHITE ANGELICA	Tidak Berputus Asa	Pelindung Jantung
LAVENDER	Diabaikan	Usus Kecil
LAVENDER	Kritikan	Kulit
LAVENDER	Pendedahan (Takut akan)	Nukleus Raphe
LEGACY atau MYRRH	Kesukaran	PSIS
LEGACY atau PEPPERMINT	Ketegaran	Logam Berat

MINYAK	EMOSI	TITIK PENGGERA
LEGACY *atau* OREGANO	Keracunan *(Bahan Kimia, Elektromagnetik, Emosi)*	Penghubung
LEDUM	Ketidakpuasan Hati	Magik
LEDUM	Benci *atau* Kebencian	Duktus Hepar
LEDUM	Tidak Bersyukur	Limpa
LEMON	Ketinggalan	Limfa
LEMON	Kelayakan	Paratiroid
LEMON	Pemisahan *(Takut akan)*	Saraf Tunjang
LEMON	Kekosongan *(Perasaan)*	Payudara
LEMON	Kekecewaan	Duktus Hempedu Sepunya
LEMON	Tidak Boleh Diharap *(Takut hidup tidak boleh diharap)*	Bawah Sedar
LEMON	Penyesalan/Sesal *(Menyalahkan Diri Sendiri)*	Tonsil
LEMON	Kesedihan	CNS/Limfa
LEMON	Terjerat	Sinus
LEMON	Kelemasan	Pleura
LEMON	Cemburu	Limfa
LEMON	Penyesalan	Tonsil
LEMON	Ditekan	Pleura
LEMONGRASS	Rasa Geram	Duktus Hepar
LEMONGRASS	Harus	Tendon
LEMON MYRTLE	Melengah-Lengahkan	Usus Besar
LIGHT THE FIRE	Tidak Ada Guna	Hipotalamus
LIME	Diperkecilkan	Visi
LIME	Tidak Bermotivasi	Paru-Paru
LIVE WITH PASSION *atau* SANDALWOOD *atau* ROYAL HAWAIIAN SANDALWOOD	Menggerunkan	Arteri
LIVE WITH PASSION *atau* RELIEVE IT *atau* ORANGE	Hati Terluka	Kreativiti
LIVE YOUR PASSION *atau* WINTER NIGHTS	Menolak	RNA
LIVE YOUR PASSION *atau* INSPIRATION *atau* JUNIPER	Kepenatan	Daya Hidup
LIVE YOUR PASSION *atau* GARY'S LIGHT	Pengkhianatan Diri	Kemahuan @ C5
MAGNIFY YOUR PURPOSE *atau* INSPIRATION	Kekeliruan	Integrasi

MINYAK	EMOSI	TITIK PENGGERA
MAGNIFY YOUR PURPOSE *atau* INSPIRATION	Kekeliruan	Integrasi
MAGNIFY YOUR PURPOSE *atau* INSPIRATION	Kesedaran Mangsa	Alergi
MANUKA *atau* MYRTLE	Kehidupan *(Penindasan)*	Chi
MARJORAM	Terputus	Pusat/Yis
MARJORAM	Kesangsian	Nukleus Raphe
MARJORAM	Tidak Tertunai	Fontanel Posterior
MASTRANTE	Tidak Pasti	Pons
MELALEUCA ERICIFOLIA (ROSALINA) *atau* TEA TREE	Tidak Berdaya	C1
MELALEUCA ERICIFOLIA (ROSALINA) *atau* TEA TREE	Bodoh	Talamus
MELALEUCA QUINQUENERVIA	Kemusnahan Diri	Lokus Ceruleus
MELISSA	Terkejut	Mata Ketiga
MELISSA *atau* SPIKENARD	Renggang	Tendon Jantung
MELROSE	Ketidaksabaran	Imun
MELROSE	Kecederaan	Periosteum
MOTIVATION *atau* INSPIRATION	Rasa Malas	Keberanian
MOUNTAIN SAVORY	Degil	Hati
MYRRH	Berdepan Dunia *(Takut akan)*	Adrenal
MYRRH *atau* LEGACY	Kesukaran	PSIS
MYRTLE *atau* MANUKA	Kehidupan *(Penindasan)*	Chi
NORTHERN LIGHTS BLUE SPRUCE *atau* NORTHERN LIGHTS BLACK SPRUCE *atau* IDAHO BLUE SPRUCE	Serangan *(Psikik)*	Penapisan
NUTMEG *atau* EN-R-GEE	Kelesuan Adrenal	Adrenal
OCOTEA *atau* HUMILITY	Dihina	Ego
ONE HEART	Rindu	Jantung
ONE PURPOSE	UcapanSecara Tidak Sedar	C1
ONE VOICE	Penat	Pita Suara
ONYCHA *atau* SANDALWOOD	Gerun	Peritoneum
ORANGE	Cemuhan	Tendon Jantung
OREGANO	Penunaian *(Takut akan)*	Fontanel Anterior

MINYAK	EMOSI	TITIK PENGGERA
OREGANO *atau* LEGACY	Keracunan	Penghubung
OREGANO	Mudah Diserang	Sistem Pengaktifan Retikular
PALO SANTO	Seksa	Jantung
PALO SANTO	Terpesong/Terawang-Awang	Mata Ketiga
PALO SANTO	Tidak Cekap	Otak
PALO SANTO	Terawang-awang	Mata Ketiga
PALO SANTO	Obliterasi	Tekak & Penyekat Jantung
PALO SANTO	Kejahatan	Pelindung Jantung
PANAWAY	Keletihan	Otot
PANAWAY	Emosi *(Takut akan)*	Fascia
PANAWAY	Kesakitan	Kecederaan
PATCHOULI	Membantah	Integrasi Otak
PATCHOULI	Melepaskan Diri	Korteks Adrenal
PATCHOULI	Melarikan Diri	Korteks Adrenal
PEACE & CALMING (II)	Ketagihan	Otak
PEACE & CALMING (II)	Suka Berdebat	Tiroid
PEACE & CALMING (II)	Mangsa (Menjadi)	Saraf
PEACE & CALMING (II)	Kemurungan	Kemurungan
PEACE & CALMING (II)	Tidak Tegas	Kemahuan Yang Lebih Tinggi @ C-3
PEACE & CALMING (II)	Kawalan	Perut
PEACE & CALMING (II)	Angin Tidak Baik	Hormon
PEACE & CALMING (II)	Amat Takut	Esofagus
PEPPER, BLACK	Lubang Hitam *(Berada Di Dalam)*	Tulang Temporal, Bahagian Mastoid
PEPPERMINT	Kegagalan	Timus
PEPPERMINT	Kebergantungan *(Takut akan)*	Talamus
PEPPERMINT	Sekatan	Medula
PEPPERMINT *atau* LEGACY	Ketegaran	Logam Berat (ASIS)
PINE	Tidak Penting (Menjadi)	Membran Mukus
PINE	Terhina	Sel Darah Putih
PRESENT TIME	Menggelabah	Periosteum
PRESENT TIME	Ilusi	Virus
PRESENT TIME	Kehilangan	TMJ

Minyak Pati

MINYAK	EMOSI	TITIK PENGGERA
PRESENT TIME	Berniat Jahat	Pelindung Jantung
PRESENT TIME	Emosi Ditahan *atau* Memendam Emosi	Usus Sigmoid
PRESENT TIME	Berubah *(Sukar untuk)*	Rektum
PRESENT TIME	Diambil Mudah	Gusi/Gigi
PURIFICATION	Kemarahan	Hati
PURIFICATION	Bersendirian *(Menjadi)*	Staph
PURIFICATION	Penolakan	Paru-Paru
PURIFICATION	Melihat *(Takut akan)*	Mata *(Pada tangan dan kaki sahaja)*
PURIFICATION	Pemikiran Negatif atau Salah	Bakteria
PURIFICATION	Pengiktirafan	Penapisan
PURIFICATION	Keganasan	Hati
RAVEN	Ketidakselesaan	Sinus
RAVENSARA *atau* RAVINTSARA	Terpedaya	Mata/Otak pada Oksipital
RAVINTSARA *atau* RAVENSARA	Terpedaya	Mata/Otak pada Oksipital
RC	Kehabisan	Kongesi Limfatik
RELEASE	Kesugulan	Pleura
RELEASE	Kejayaan *(Takut akan)*	Usus Besar
RELEASE	Teragak-Agak *(Aliran Universal)*	Trakea
RELEASE	Identiti *(Kehilangan)*	Uterus/Prostat
RELEASE	Cinta *(Bersyarat– Agenda)*	Mata/Otak pada Oksipital
RELEASE	Pemberontakan	Verteks – Chakra Ketujuh
RELEASE	Salah	Aksesori Limpa
RELIEVE IT	Trauma	Tendon Jantung
ROMAN CHAMOMILE	Terpaku	Serviks/Zakar
ROMAN CHAMOMILE	Tidak Dialu-Alukan	Aorta
ROOTS	Tidak Selesai	Sumber
ROSE	Berkecai	Virus
ROSE	Keintiman *(Takut akan)*	Pusat Jantung
ROSEMARY	Sabotaj, Oleh Diri Sendiri *atau* Orang Lain	Lokus Ceruleus
ROSEWOOD *atau* TEA TREE	Resah	Tekanan Darah
ROSEWOOD *atau* TEA TREE	Ditikam Belakang	Tulang Temporal, Bahagian Mastoid

MINYAK	EMOSI	TITIK PENGGERA
ROYAL HAWAIIAN SANDALWOOD *atau* SANDALWOOD	Kebergantungan Bersama	Integrasi Emosi
ROYAL HAWAIIAN SANDALWOOD *atau* SANDALWOOD	Ketakutan	Mata Ketiga
ROYAL SANDALWOOD *atau* SANDALWOOD *atau* LIVE WITH PASSION	Menggerunkan	Arteri
RUTAVALA	Ketakutan	Ego
RUTAVALA	Tidak Bernyawa	Hara
SACRED FRANKINCENSE	Tidak Berdaya	Visi
SACRED FRANKINCENSE	Tidak Dikehendaki	Ego
SACRED MOUNTAIN	Kesedaran Sejagat *(Menjadi Sebahagian)*	Hulu Hati – Chakra Ketiga
SACRED MOUNTAIN	Mencurigai Diri	Jiwa
SACRED MOUNTAIN	Mendengar *(Takut akan)*	Telinga, Dalam
SACRED MOUNTAIN	Bersuara *(Takut akan)*	Tekak
SACRED MOUNTAIN	Tidak Diketahui *(Takut akan)*	Pineal
SACRED MOUNTAIN	Ketidakadilan	Tiroid
SACRED SANDALWOOD *atau* GALBANUM	Kebencian	Injap ICV-Ileosekal
SACRED SANDALWOOD *atau* SANDALWOOD	Kepercayaan *(Kurang)*	Mata Ketiga
SAGE	Melepaskan	Pundi Kencing
SAGE	Drama	Parotid
SANDALWOOD *atau* ONYCHA	Gerun	Peritoneum
SANDALWOOD *atau* ROYAL HAWAIIAN SANDALWOOD	Kebergantungan Bersama	Integrasi Emosi
SANDALWOOD ROYAL HAWAIIAN	Ketakutan	Mata
SANDALWOOD *atau* Ketiga SACRED SANDALWOOD	Kepercayaan (Kurang)	Mata
SANDALWOOD *atau* ROYAL HAWAIIAN SANDALWOOD *atau* LIVE WITH PASSION	Menggerunkan	Arteri
SARA	Penderaan	Memori Sel
SARA	Penerimaan	Titik Emosi

Minyak Pati

MINYAK	EMOSI	TITIK PENGGERA
SARA	Jangkaan	Pundi Kencing Chakra Kedua
ScentWise *atau* GENEYUS	Apati	Hipokampus
ScentWise *atau* GENEYUS	Lambat Berfikir	Otak *atau* Lelangit
SENSATION	Dicabuli	Uterus/Prostat
SHUTRAN *atau* YLANG	Impoten	Uterus/Prostat
SPEARMINT	Malas	Duktus Pankreas
SPIKENARD *atau* MELISSA	Renggang	Tendon Jantung
SPIKENARD *atau* EGYPTIAN GOLD	Kemahuan *(Penyalahgunaan)*	Cakera
SPIKENARD *atau* EGYPTIAN GOLD	Kuasa *(Tokoh Kuasa)*	Akar Saraf
SURRENDER	Paranoid	Esofagus
SURRENDER	Tentangan *(Takut akan pergerakan)*	Amigdala
SURRENDER	Ditinggalkan	Paru-Paru
TANSY, IDAHO *atau* IDAHO BLUE TANSY	Salah Faham	Pita Suara
TARRAGON	Terseksa	Saraf
TEA TREE *atau* MELALEUCA ERICIFOLIA (ROSALINA)	Tidak Berdaya	C1
TEA TREE *atau* MELALEUCA ERICIFOLIA	Bodoh	Talamus
TEA TREE *atau* ROSEWOOD	Resah	Tekanan Darah
TEA TREE *atau* ROSEWOOD	Ditikam Belakang	Tulang Temporal, Bahagian Mastoid
3 WISE MEN	Berputus Asa	Diafragma
3 WISE MEN	Cinta *(Takut akan, untuk, or tidak dicintai)*	Ginjal
3 WISE MEN	Rasa Rendah Diri	Injap ICV-Ileosekal
TANSY, IDAHO	Salah Faham	Pita Suara
THIEVES	Berbeza	Kulapuk
THIEVES	Berselindung	Duktus Hempedu Sepunya
THIEVES	Tidak Pasti	Kelenjar Air Liur
THYME	Perlindungan *(Tidak mempunyai)*	Memori Sel
TRANSFORMATION	Tidak Boleh	Virus
TRANSFORMATION	Komitmen	Ego

MINYAK	EMOSI	TITIK PENGGERA
TRANSFORMATION	Kesinisan	Usus Kecil
TRANSFORMATION	Pembatasan	Chi
TRANSFORMATION	Tidak Berkembang	Chi
TRANSFORMATION	Terperangkap	Hulu Hati
TRANSFORMATION	Apakah gunanya	Limpa
TRANSFORMATION	Kecewa	Penyekat Jantung
TRAUMA LIFE	Dieksploitasi	Saraf
TSUGA	Dikalahkan	CNS/Limfa
VALERIAN	Tidak Tidur	Pineal
VALOR atau VALOR II	Agresif	Korteks Adrenal
VALOR atau VALOR II	Kebertahanan	Perut
VALOR atau VALOR II	Konflik *(Takut akan)*	Korteks Adrenal
VALOR atau VALOR II	Mengendalikan *(Tidak Berupaya untuk)*	Sel Darah Putih
VALOR atau VALOR II	Kalah Perlawanan	Tubuh Fizikal
VALOR atau VALOR II	Teraniaya	Ginjal
VALOR atau VALOR II	Penuh Redha	Diafragma
VALOR atau VALOR II	Lemah *(Kelihatan)*	Ovari/Testis
VALOR atau VALOR II	Menyisihkan	Pineal
VETIVER	Minda, Terlalu Aktif *atau* Tak Berhenti Berfikir)	Mata pada Parietal
VETIVER	Tujuan *(Tidak memenuhi)*	Pituitari
WESTERN *atau* CANADIAN RED CEDAR *atau* CEDARWOOD	Tidak Lengkap	Kemahuan @ C-5
WESTERN *atau* CANADIAN RED CEDAR *atau* CEDARWOOD	Kemandirian	Serviks/Zakar – Chakra Pertama
WHITE ANGELICA *atau* LAURUS NOBILIS	Perubahan Kesedaran	Aorta
WHITE ANGELICA	Krisis	Esofagus
WHITE ANGELICA	Ketidakharmonian	Paratiroid
WHITE ANGELICA	Tamak	Penyekat Jantung – Chakra Keempat
WHITE ANGELICA	Kesunyian	Jantung
WHITE ANGELICA	Memilukan	Aorta
WHITE ANGELICA *atau* LAURUS NOBILIS	Penolakan	Paru-Paru

Minyak Pati

MINYAK	EMOSI	TITIK PENGGERA
WHITE ANGELICA atau LAURUS NOBILIS	Tidak Berputus Asa	Pelindung Jantung
WHITE ANGELICA	Resolusi	Serat Melintang
WHITE ANGELICA	Malu	Hipotalamus
WHITE ANGELICA	Simpati	Hulu Hati
WHITE ANGELICA	Kelemahan	Fontanel Anterior, Penyekat Jantung, Saraf, Penapisan
WHITE FIR atau DOUGLAS FIR atau IDAHO BALSAM FIR atau IDAHO BLUE SPRUCE	Rasa Kekurangan	GV-20
WINGS	Geli	Kemahuan @C-5
WINGS atau CASSIA	Kebergantungan	Kemahuan @ C-5
WINGS atau CASSIA	Bergantung	Kemahuan @ C-5
WINTER NIGHTS	Menolak	RNA
WINTERGREEN	Tidak Disokong	Ligamen
XIANG MAO	Pentingkan Diri	Verteks
YL HAVEN	Kejam	Yis/Pusat
YLANG YLANG	Kelesuan	Tendon Jantung
YLANG YLANG	Kebijaksanaan *(Takut akan)*	Pituitari
YLANG YLANG	Tidak Mahu Berkongsi	Halkum – Chakra Kelima
YLANG YLANG atau SHUTRAN	Impoten	Uterus/Prostat
YLANG YLANG	Kebijaksanaan *(Takut akan)*	Pituitari
YLANG YLANG	Tidak Mahu Berkongsi	Halkum – Chakra Kelima
YLANG YLANG atau SHUTRAN	Impoten	Uterus/Prostat

Carolyn L. Mein, D.C.

Rujukan Tubuh

RUJUKAN TUBUH
Titik Penggera Tubuh dengan Emosi dan Minyak Yang Berkaitan

TITIK PENGGERA	MINYAK	EMOSI
ADENOID	Joy	Kesedihan
ADRENAL	German Chamomile	Terlalu Sensitif
ADRENAL	Myrrh	Berdepan Dunia *(Takut akan)*
ADRENAL	Nutmeg *atau* En-R-Gee	Kelesuan Adrenal
AKAR SARAF	Spikenard	Kuasa *(Tokoh Kuasa)*
AKSESORI LIMPA	Release	Salah
ALERGI	Magnify Your Purpose	Kesedaran Mangsa
AMIGDALA	Surrender	Tentangan *(Takut akan pergerakan)*
AORTA	Lauris Nobilis *atau* White Angelica	Perubahan Kesedaran
AORTA	Lauris Nobilis *atau* White Angelica	Memilukan
AORTA	Roman Chamomile	Tidak Dialu-Alukan
APENDIKS	Di-Gize *atau* Di-Tone	Kehampaan
ARTERI	Helichrysum	Mati/Hidup *(Takut akan)*
ARTERI	Live with Passion *atau* Sandalwood *atau* Royal Hawaiian Sandalwood	Menggerunkan
BAKTERIA	Ignite Your Journey	Keraguan
BAKTERIA	Purification	Pemikiran Negatif *atau* Salah
BAWAH SEDAR	Aroma Siez	Tidak Konsisten
BAWAH SEDAR	Lemon	Tidak Boleh Diharap *(Takut hidup tidak boleh diharap)*
BRONKIAL	Acceptance	Berduka
BRONKIAL	Australian Blue	Menyampah
BRONKIAL	Joy	Kekecewaan
C1	One Purpose	Ucapan Secara Tidak Sedar
CAKERA	Spikenard *atau* Egyptian Gold	Kemahuan *(Penyalahgunaan)*
CECAIR SEREBRO SPINAL	Australian Kuranya	Tawar Hati
CECAIR SEREBRO SPINAL	AromaBalance	Pengorbanan Diri
CHI	Myrtle *atau* Manuka	Kehidupan *(Penindasan)*
CHI	Transformation	Pembatasan
CHI	Transformation	Tidak Berkembang

Minyak Pati

TITIK PENGGERA	MINYAK	EMOSI
CI	Forgiveness	Penafian Diri
CI	Melaleuca Ericifolia (Rosalina) *atau* Tea Tree	Tidak Berdaya
CNS/LIMFA	Lemon	Kesedihan
CNS/LIMFA	Tsuga	Dikalahkan
CX @ CV-5	Jasmine	Dipergunakan *(Menjadi)*
DARAH	Harmony	Remuk Hati
DAYA HIDUP	Inspiration *atau* Live Your Passion *atau* Juniper	Kepenatan
DIAFRAGMA	3 Wise Men	Berputus Asa
DIAFRAGMA	Valor *atau* Valor II	Penuh Redha
DNA	Inner Child	Memori Sel *(Pembersihan)*
DUKTUS HEMPEDU SEPUNYA	Thieves	Berselindung
DUKTUS HEMPEDU SEPUNYA	Lemon	Kekecewaan
DUKTUS HEPAR	Joy	Sengsara
DUKTUS HEPAR	Ledum	Benci *atau* Kebencian
DUKTUS HEPAR	Lemongrass	Rasa Geram
DUKTUS PANREAS	Humility	Penat
DUKTUS PANREAS	Spearmint	Malas
DUODENUM	Inner Child	Tenaga Tidak Menentu
EGO	Frankincense	"F-Kamu"
EGO	Ocotea *atau* Humility	Dihina
EGO	RutaVaLa	Ketakutan
EGO	Sacred Frankincense	Tidak Dikehendaki
EGO	Transformation	Komitmen
EPIGLOTIS	Hyssop	Emosi, Ditelan
ESOFAGUS	Abundance	Risau
ESOFAGUS	Peace & Calming	Amat Takut
ESOFAGUS	Surrender	Paranoid
ESOFAGUS	White Angelica	Krisis
FASCIA	PanAway	Emosi *(Takut akan)*
FONTANEL ANTERIOR	Oregano	Penunaian *(Takut akan)*
FONTANEL ANTERIOR	Patchouli	Keingkaran
FONTANEL ANTERIOR	White Angelica	Kelemahan
FONTANEL POSTERIOR	Marjoram	Tidak Tertunai

TITIK PENGGERA	MINYAK	EMOSI
GETARAN	AgeWise	Sebak
GINJAL	3 Wise Men	Cinta *(Takut akan, untuk, atau tidak dicintai)*
GINJAL	Chivalry *atau* Highest Potential	Tidak Berkuasa
GINJAL	Gathering	Teruk *(Perasaan)*
GINJAL	Juniper	Memendam
GINJAL	Valor *atau* Valor II	Teraniaya
GUSI/GIGI	Frankincense	Tidak Bernilai (Perasaan)
GUSI/GIGI	Present Time	Diambil Mudah
GV-20	Idaho Blue Spruce *atau* Idaho Balsam Fir *atau* Douglas Fir *atau* Idaho Grand Fir	Rasa Kekurangan
HALKUM	Abundance	Kekurangan
HALKUM – Chakra Kelima	Ylang Ylang	Tidak Mahu Berkongsi
HARA	RutaVaLa	Tidak Bernyawa
HARMONI	Harmony	Permusuhan
HARMONI	White Lotus	Keharmonian
HATI	Mountain Savory	Degil
HATI	Purification	Kemarahan
HATI	Purification	Keganasan
HIPOKAMPUS	Celery Seed *atau* Juva Cleanse	Ambivalen
HIPOKAMPUS	ScentWise *atau* GeneYus	Apati
HIPOTALAMUS	Acceptance	Berasa Malu
HIPOTALAMUS	Cinnamon Bark	Kewajipan
HIPOTALAMUS	Hope	Tidak Berguna
HIPOTALAMUS	Light the Fire	Tidak Ada Guna
HIPOTALAMUS	White Angelica	Malu
HIPOTALAMUS – Chakra Keenam	Cedarwood	Keangkuhan
HORMON	Blue Tansy *atau* Idaho Tansy	Ditakut-Takutkan
HORMON	Bergamot	Kesusahan
HORMON	Peace & Calming	Angin Tidak Baik

Minyak Pati

TITIK PENGGERA	MINYAK	EMOSI
HULU HATI	Acceptance	Tidak Berhak
HULU HATI	Celebration	Dibuli
HULU HATI	Exodus II	Malang
HULU HATI	Joy	Menghakimi
HULU HATI	Transformation	Terperangkap (Perasaan)
HULU HATI	White Angelica	Simpati
HULU HATI – Chakra Ketiga	Sacred Mountain	Kesedaran Sejagat (Menjadi sebahagian daripada)
ILEUM	Acceptance	Kurang Keyakinan Diri
ILEUM	Cardamom	Mengasihani Diri
ILEUM	Common Sense	Mengawal dengan Menyerang
IMUN	Melrose	Ketidaksabaran
INJAP ICV-ILEOSEKAL	3 Wise Men	Rasa Rendah Diri
INJAP ICV-ILEOSEKAL	Galbanum atau Gratitude	Kebencian
INJAP LIMFA	Dream Catcher	Daya Saing
INTEGRASI	Magnify Your Purpose	Kekeliruan
INTEGRASI EMOSI	Sandalwood atau Royal Hawaiian Sandalwood	Kebergantungan Bersama
INTEGRASI JIWA	Awaken	Pengembangan
INTEGRASI OTAK	Kejelasan	Tekanan (Emosi)
INTEGRASI OTAK	Patchouli	Membantah
INTUITIF	Envision	Terkurung
JALINAN JANTUNG	Dream Catcher	Ditindas
JANGKITAN	Into the Future	Terhad
JANTUNG	One Heart	Rindu
JANTUNG	Palo Santo	Seksa
JANTUNG	White Angelica	Kesunyian
JIWA	Sacred Mountain	Mencurigai Diri
JIWA (C2)	German Chamomile	Pemisahan
KAPILARI	Joy	Kerisauan
KEBERANIAN	Highest Potential	Kejengkelan
KEBERANIAN	Motivation	Rasa Malas
KECEDERAAN	PanAway	Kesakitan

TITIK PENGGERA	MINYAK	EMOSI
KELENJAR AIR LIUR	Thieves	Tidak Pasti
KEMAHUAN @ C-5	Cassia *atau* Wings	Bergantung
KEMAHUAN @ C-5	Gary's Light	Tidak Seimbang
KEMAHUAN @ C-5	Live Your Passion *atau* Juniper	Mengkhianati Diri
KEMAHUAN @ C-5	Western *atau* Canadian Red Cedar *atau* Cedarwood	Tidak Lengkap
KEMAHUAN YANG LEBIH TINGGI @ C-3	Peace & Calming	Tidak Tegas
KEMURUNGAN	Peace & Calming	Kemurungan
KEPALA PANKREAS	Cinnamon Bark	Kejengkelan
KEPALA PANKREAS	Dill	Kejam
KETIDAKBERSALAHAN	Cistus *(Rose of Sharon)*	Penyelamat
KETIDAKBERSALAHAN	Inner Child	Putar Belit
KONGESI LIMFATIK	RC	Kehabisan
KORTEKS ADRENAL	Dragon Time	Marah
KORTEKS ADRENAL	Goldenrod	Tiada Pertahanan
KORTEKS ADRENAL	Higher Unity *atau* Patchouli	Mengelak
KORTEKS ADRENAL	Valor *atau* Valor II	Agresif
KORTEKS ADRENAL	Valor *atau* Valor II	Konflik *(Takut akan)*
KREATIVITI	Live With Passion	Hati Terluka
KUNZEA	Keengganan (Lari Daripada Kehidupan)	Pankreas
KULAPUK	Thieves	Berbeza
KULAT	Acceptance	Salah anggap
KULIT	Lavender	Kritikan
KULIT	Magnify Your Purpose	Kehinaan
LARINKS	Dream Catcher	Memanifestasi
LELANGIT	ScentWise *atau* GeneYus	Lambat Berfikir
LIDAH	Clove	Menyumpah Seranah
LIGAMEN	Birch *atau* JuvaFlex *atau* Idaho Balsam Fir *atau* Wintergreen	Tidak Disokong
LIMFA	Lemon	Ketinggalan
LIMFA	Lemon	Cemburu
LIMFA MATA	Hope	Kebutaan
LIMPA	Believe	Ketidakjujuran
LIMPA	Kejelasan	Rasa Bersalah
LIMPA	Ledum	Tidak Bersyukur
LIMPA	Transformation	Apakah Gunanya

Minyak Pati

TITIK PENGGERA	MINYAK	EMOSI
LOGAM BERAT	Legacy *atau* Peppermint	Ketegaran
LOKUS CERULEUS	Melaleuca Quinquenervia	Kemusnahan Diri
LOKUS CERULEUS	Rosemary	Sabotaj *(Oleh diri sendiri atau orang lain)*
MAGIK	Exodus II	Kepatuhan
MAGIK	Ledum	Ketidakpuasan Hati
MATA *(Pada tangan atau kaki sahaja)*	Purification	Melihat *(Takut akan)*
MATA KETIGA	Elemi	Hasutan Syaitan
MATA KETIGA	Melissa	Terkejut
MATA KETIGA	Palo Santo	Terpesong / Terawang-Awang
MATA KETIGA	Palo Santo	Terawang-awang
MATA KETIGA	Sandalwood *atau* Royal Hawaiian Sandalwood	Ketakutan
MATA KETIGA	Sandalwood *atau* Sacred Sandalwood	Kepercayaan *(Kurang)*
MATA pada PARIETAL	Abundance	Pergelutan
MATA pada PARIETAL	Vetiver	Minda, Terlalu Aktif *atau* Tak Berhenti Berfikir
MATA/OTAK pada OKSIPITAL	Eucalyptus Blue	Emosi, Sengaja Ditahan
MATA/OTAK pada OKSIPITAL	Ravensara *atau* Ravintsara	Terpedaya
MATA/OTAK pada OKSIPITAL	Release	Cinta *(Bersyarat– Agenda)*
MEDULA	Humility	Kurang Daripada *(Menjadi)*
MEDULA	Inspiration	Lumpuh
MEDULA	Peppermint	Sekatan
MEMBRAN MUKUS	Pine	Tidak Penting *(Menjadi)*
MEMORI SEL	Abundance	Miskin
MEMORI SEL	SARA	Penderaan *(Semua/Sebarang; Seksual, Ritual, Emosi)*
MEMORI SEL	Thyme	Perlindungan *(Tidak mempunyai)*
MENINGES	Gathering	Diperhambakan
NUKLEUS RAPHE	Lavender	Pendedahan *(Takut akan)*
NUKLEUS RAPHE	Marjoram	Kesangsian

TITIK PENGGERA	MINYAK	EMOSI
OTAK	Harmony	Sarkastik
OTAK	Helichrysm	Integriti *(Kurang)*
OTAK	Palo Santo	Tidak Cekap
OTAK	Peace & Calming	Ketagihan
OTOT	PanAway	Keletihan
OVARI/TESTIS	Carrot Seed	Ditelan
OVARI/TESTIS	Kejelasan	Emosi Ditahan Tanpa Sengaja
OVARI/TESTIS	Gratitude	Tidak Selamat untuk *(Berada di Dalam Tubuh Saya, atau Hidup di dunia ini)*
OVARI/TESTIS	Journey On	Kehilangan Diri
OVARI/TESTIS	Valor *atau* Valor II	Lemah *(Kelihatan)*
PANKREAS	Citrus Fresh	Tidak Mahu Berada Di Sini
PANKREAS	Fennel *atau* Kunzea	Keengganan
PANKREAS	Forgiveness	Pengkhianatan
PANKREAS	Kunzea	Keengganan (Lari Daripada Kehidupan)
PARASIT	Grounding	Kebosanan
PARATIROID	Lemon	Kelayakan
PARATIROID	White Angelica	Ketidakharmonian
PAROTID	Eucalyptus Globulus	Perhambaan *(Takut akan)*
PAROTID	Sage	Drama
PARU-PARU	Jade Lemon	Suka Berkelahi
PARU-PARU	JuvaFlex	Tidak Dihargai
PARU-PARU	Lime	Tidak Bermotivasi
PARU-PARU	Purification	Penolakan
PARU-PARU	Surrender	Rasa Tertinggal
PAYUDARA	Lemon	Kekosongan *(Perasaan)*
PELINDUNG JANTUNG	Aroma Life	Kesunyian
PELINDUNG JANTUNG	Laurus Nobilis *atau* White Angelica	Tidak Berputus Asa
PELINDUNG JANTUNG	Palo Santo	Kejahatan
PELINDUNG JANTUNG	Present Time	Berniat Jahat
PENYEKAT JANTUNG	Transformation	Kecewa
PENAPISAN	Northern Lights Blue Spruce *atau* Northern Lights Black Spruce *atau* Idaho Blue Spruce	Serangan *(Psikik)*
PENAPISAN	Purification	Pengiktirafan
PENAPISAN	White Angelica	Kelemahan
PENGHUBUNG	Legacy *atau* Oregano	Keracunan *(Bahan Kimia, Elektromagnetik, Emosi)*

Minyak Pati

TITIK PENGGERA	MINYAK	EMOSI
PENYEKAT JANTUNG	Exodus II	Teringin
PENYEKAT JANTUNG	Geranium	Mahu Menyenangkan Hati
PENYEKAT JANTUNG	Palo Santo	Obliterasi
PENYEKAT JANTUNG	White Angelica	Kelemahan
PENYEKAT JANTUNG – Chakra Keempat	White Angelica	Tamak
PERIKARDIUM	Humility	Tidak Cukup Bagus
PERIOSTEUM	Melrose	Kecederaan
PERIOSTEUM	Present Time	Menggelabah
PERITONEUM	Onycha atau Sandalwood	Gerun
PERSEPSI DERIA	Hope	Hormat (Kurang)
PERUT	Chivalry atau Harmony	Degil
PERUT	Copaiba	Tidak Mencukupi
PERUT	Peace & Calming	Kawalan (Takut kehilangan)
PERUT	Valor atau Valor II	Kebertahanan
PETI SUARA	One Voice	Penat
PINEAL	Sacred Mountain	Tidak Diketahui (Takut akan)
PINEAL	Valerian	Tidak Tidur
PINEAL	Valor atau Valor II	Menyisihkan
PINTU SAKRUM	Awaken	Berhubung Antara Dimensi
PITA SUARA	Idaho Tansy atau Idaho Blue Tansy	Salah Faham
PITUITARI	Vetiver	Tujuan (Tidak memenuhi)
PITUITARI	Ylang Ylang	Kebijaksanaan (Takut akan)
PLEURA	Eucalyptus Radiata	Tekanan (Fizikal)
PLEURA	Lemon	Kelemasan
PLEURA	Lemon	Ditekan
PLEURA	Release	Kesugulan
PONS	Dorado Azul atau Forgiveness	Membalas Dendam
PONS	Jasmine	Tidak Berharga (Perasaan)
PONS	Mastrante	Tidak Pasti
PROSTAT / UTERUS	Forgiveness	Mencurigai
PROSTAT / UTERUS	Release	Identiti (Kehilangan)
PROSTAT / UTERUS	Sensation	Dicabuli
PROSTAT / UTERUS	Shutran	Impoten
PSIS	Legacy atau Myrrh	Kesukaran

TITIK PENGGERA	MINYAK	EMOSI
PUNDI HEMPEDU	Forgiveness	Kepahitan
PUNDI HEMPEDU	Forgiveness	Masa Lalu *(Takut Mengulangi)*
PUNDI KENCING	Australian Blue	Tiada Asas
PUNDI KENCING	Eucalyptus Blue	Kaku
PUNDI KENCING	Sage	Melepaskan
PUNDI KENCING – Chakra Kedua	SARA	Jangkaan
PUSAT JANTUNG	Abundance	Tidak Mencukupi
PUSAT JANTUNG	Kunzea	Bermasalah
PUSAT JANTUNG	Rose	Keintiman *(Takut akan)*
PUSAT JANTUNG & MATA KETIGA	Idaho Balsam Fir *atau* Idaho Blue Spruce	Serabut
REKTUM	Present Time	Berubah *(Sukar untuk)*
RNA	Inner Child	Ditinggalkan
RNA	Live with Passion	Menolak
RUSUK PERTAMA	Basil	Manipulasi
SALURAN TENAGA	Cistus *(Rose of Sharon)*	Penyelamat
SARAF	Peace & Calming	Mangsa *(Menjadi)*
SARAF	Tarragon	Terseksa
SARAF	White Angelica	Kelemahan
SARAF	Trauma Life	Dieksploitasi
SARAF	Excite	Luang
SARAF TUNJANG	Hyssop	Rasa Terbeban
SARAF TUNJANG	Citronella	Goyah
SARAF TUNJANG	Copaiba	Penipuan
SARAF TUNJANG	Hong Kuai	Membazir Masa
SARAF TUNJANG	Lemon	Pemisahan *(Takut akan)*
SEL DARAH PUTIH	Pine	Terhina
SEL DARAH PUTIH	Valor *atau* Valor II	Mengendalikan *(Tidak Berupaya untuk)*
SEMINAL VESIKEL/ TIUB FALLOPION	Harmony	Hukuman *(Takut akan atau Menyalahkan diri sendiri)*
SENDI/RAWAN	JuvaFlex *atau* Birch	Serba Kekurangan
SERAT MELINTANG	White Angelica	Resolusi
SERVIKS/ZAKAR	Roman Chamomile	Terpaku
SERVIKS/ZAKAR – Chakra Pertama	Cedarwood *atau* Western *atau* Canadian Red Cedar	Kemandirian

Minyak Pati

TITIK PENGGERA	MINYAK	EMOSI
SINUS	Lemon	Terjerat
SINUS	Raven	Ketidakselesaan
SISTEM PENGAKTIFAN RETIKULAR	Oregano	Mudah Diserang
STAPH	Purification	Bersendirian *(Menjadi)*
STREP	Harmony	Tidak Dipedulikan *(Menjadi)*
SUMBER	Grounding	Sesat
SUMBER	Roots	Tidak Selesai
TALAMUS	Peppermint	Kebergantungan *(Takut akan)*
TALAMUS	Melaleuca Ericifolia (Rosalina) *atau* Tea Tree	Bodoh
TEKAK	Sacred Mountain	Bersuara *(Takut akan)*
TEKAK	Palo Santo	Obliterasi
TEKANAN DARAH	Forgiveness	Tidak Memaafkan
TEKANAN DARAH	Rosewood *atau* Tea Tree	Resah
TEKANAN DARAH	Composure	Panik
TELINGA DALAM	Sacred Mountain	Mendengar *(Takut akan)*
TELINGA DALAM	Sacred Mountain	Takut Mendengar
TELINGA LUAR	Joy	Ketidakselarasan
TELINGA TENGAH	Frankincense	Kepeningan *(Vertigo)*
TELINGA TENGAH	Frankincense	Kepeningan (Vertigo)
TENDON	Lemongrass	Harus
TENDON JANTUNG	Build Your Dream	Ditindas
TENDON JANTUNG	Dream Catcher	Ditindas
TENDON JANTUNG	Grapefruit	Penderitaan
TENDON JANTUNG	Orange	Cemuhan
TENDON JANTUNG	Relieve It *atau* Trauma Life	Trauma
TENDON JANTUNG	Spikenard *atau* Melissa	Renggang
TENDON JANTUNG	Ylang Ylang	Kelesuan
TESTIS/OVARI	Carrot Seed	Ditelan
TESTIS/OVARI	Clarity	Emosi Ditahan Tanpa Sengaja
TESTIS/OVARI	Gratitude	Tidak Selamat untuk (Menjadi diri saya, Berada di dalam tubuh saya, *atau* Hidup di dunia ini)
TESTIS/OVARI	Journey On	Kehilangan Diri
TESTIS/OVARI	Valor *atau* Valor II	Lemah (Kelihatan)

TITIK PENGGERA	MINYAK	EMOSI
TIMUS	Peppermint	Kegagalan
TIROID	Davana	Mengherdik
TIROID	Highest Potential	Sama Rata
TIROID	Peace & Calming	Suka Berdebat
TIROID	Sacred Mountain	Ketidakadilan
TITIK EMOSI	SARA	Penerimaan
TIUB EUSTACHIAN	Helichrysum	Kebenaran *(Takut mendengar)*
TIUB EUSTACHIAN	Helichrysum	Tidak Bertanggungjawab
TIUB FALLOPION/ SEMINAL VESIKEL	Harmony	Hukuman *(Takut akan atau Menyalahkan diri sendiri)*
TMJ	Present Time	Kehilangan
TOKSIK	Clary Sage *atau* Canadian Fleabane	Tidak Bertoleransi *(Umum)*
TOKSIK	Canadian Fleabane	Tidak Toleransi (Am)
TOKSIK	JuvaFlex	Menyalahkan
TOMPOK PEYER	Ginger	Kurang
TONSIL	Lemon	Penyesalan/Sesal *(Menyalahkan Diri Sendiri)*
TONSIL	Lemon	Menyesal
TRAKEA	Release	Teragak-Agak *(Aliran Universal)*
TUBUH FIZIKAL	Valor *atau* Valor II	Kalah Perlawanan
TULANG	Birch *atau* Juva Flex	Kuasa *(Memberontak atau Rasa Geram)*
TULANG SUMSUM	Awaken	Putus Harapan
TULANG SUMSUM	Fulfill Your Destiny	Biadap
TULANG SUMSUM	Idaho Tansy *atau* Kunzea	Skeptisisme
TULANG TELINGA	Inspiration	Lembap
TULANG TELINGA	Inspiration	Lembap
TULANG TEMPORAL / BAHAGIAN MASTOID	Black Pepper	Lubang Hitam *(Berada Di Dalam)*
TULANG TEMPORAL / BAHAGIAN MASTOID	Rosewood *atau* Tea Tree	Ditikam Belakang
TULANG-TENGAH SAKRUM	Hinoki	Tidak Berupaya
USUS BESAR	Acceptance	Penolakan
USUS BESAR	Lemon Myrtle	Melengah-Lengahkan
USUS BESAR	Release	Kejayaan *(Takut akan)*

TITIK PENGGERA	MINYAK	EMOSI
USUS KECIL	Cinnamon Bark	Berpura-pura
USUS KECIL	Highest Potential	Menyebabkan Perpecahan
USUS KECIL	Lavender	Diabaikan
USUS KECIL	Transformation	Kesinisan
USUS SIGMOID	Present Time	Emosi Ditahan *atau* Memendam Emosi
UTERUS / PROSTAT	Forgiveness	Mencurigai
UTERUS / PROSTAT	Release	Identiti *(Kehilangan)*
UTERUS / PROSTAT	Sensation	Dicabul
UTERUS / PROSTAT	Shutran *atau* Ylang Ylang	Impoten
VENA	Cypress	Tidak Hormat
VERTEKS	Xiang Mao	Pentingkan Diri
VERTEKS – Chakra Kelapan	Idaho Balsam Fir *atau* Idaho Blue Spruce	Pemisahan
VERTEKS – Chakra Ketujuh	Release	Pemberontakan
VIRUS	Present Time	Ilusi
VIRUS	Rose	Berkecai
VIRUS	Transformation	Tidak Boleh
VISI	EndoFlex	Penafian
VISI	Envision	Terikat
VISI	Envision	Terlalu Terbeban
VISI	Geranium	Mementingkan Diri
VISI	Lime	Diperkecilkan
VISI	Sacred Frankincense	Tidak Berdaya
YIS/PUSAT	En-R-Gee	Hubungan
YIS/PUSAT	Marjoram	Terputus
YIS/PUSAT	YL Haven	Kejam

Carolyn L. Mein, D.C.

Carta

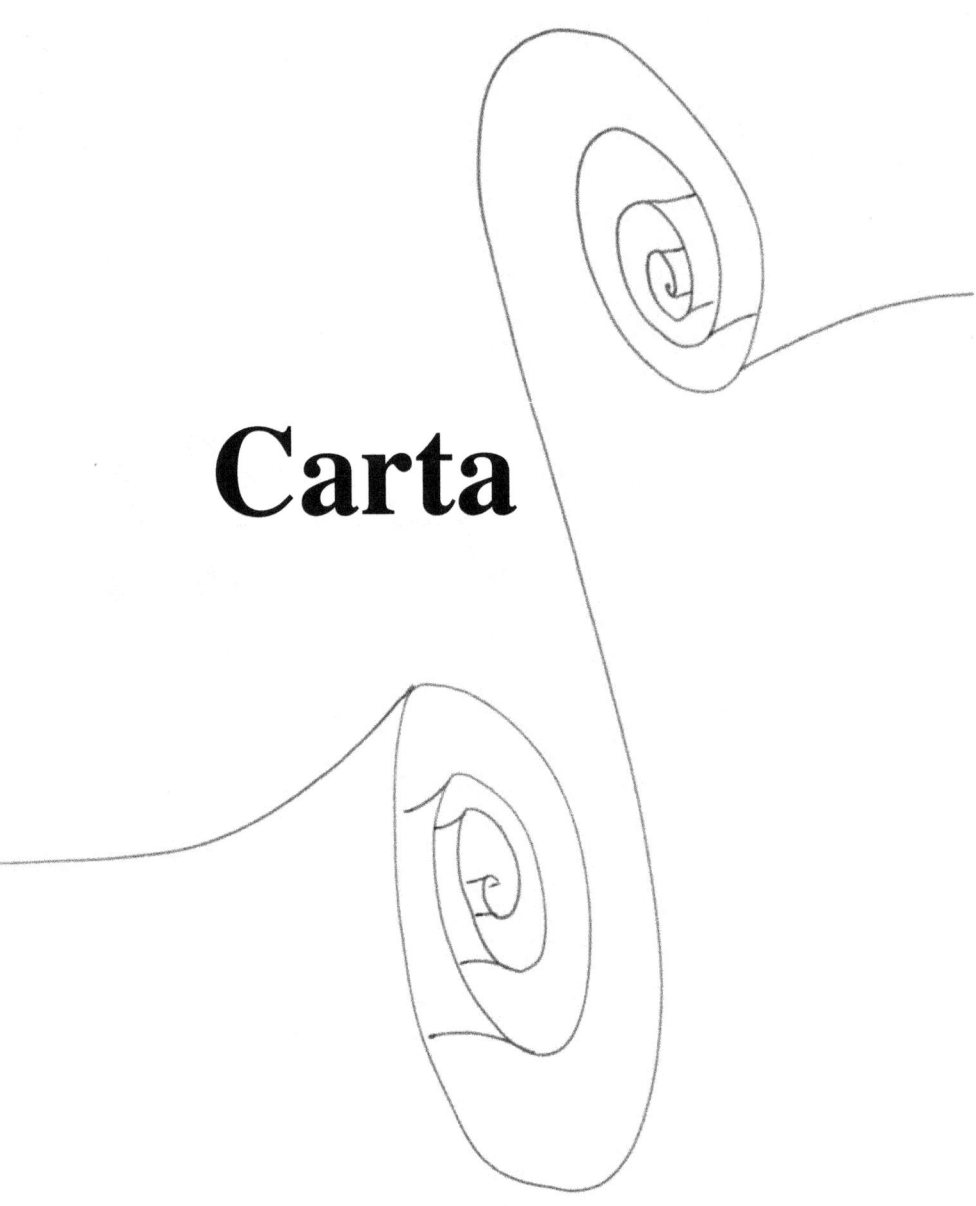

LOKASI TITIK PENGGERA TUBUH

Semua titik terletak dan dirawat pada kedua-dua sisi tubuh melainkan jika ia ditemui di garisan tengah tubuh.

TITIK PENGGERA	LOKASI	CARTA
Aksesori Limpa	1" di depan Limpa	D
Adenoid	Sentuhan serentak pada tulang hidung	A, B, D
Adrenal	2" di atas & di sebelah luar pusat pada 45 darjah	D, G, H
Korteks Adrenal	Di tengah-tengah antara tulang rusuk & ASIS (bahagian atas tulang pinggul – bahagian depan tubuh)	D
Alergi	Bahagian kanan, di tengah-tengah antara puting dan xiphoid pada ruang interkostal ke-6 atau ke-7	C
Amigdala	Pada garis rambut di atas tengah mata	A, C
Fontanel Anterior	Bahagian atas kepala pada garis tengah di belakang tulang frontal (GV-22)	B
Aorta	Takuk episternal, CV-22 tepat di atas sternum pada garis tengah	A, C
Apendiks	Bahagian kanan, di tengah-tengah antara ASIS dan Pusat	D, H
Arteri	Bahagian tengah Sternokleidomastoid (SCM, otot leher)	B, D
Bakteria	1" di atas Pusat	D
Pundi Kencing	Garis tengah, 3" di atas pubis simfisis (persimpangan pubis)	C, E, G, H
Darah	Di bahagian sisi luar payudara selari dengan puting	C
Tekanan Darah	Bahagian tengah bisep	E
Tulang	Pusat sakrum pada garis tengah	F
Tulang Sumsum	Persimpangan manibrum (3 inci ke atas) & badan sternum	D
Tulang Telinga	Di belakang rawan telinga selari dengan saluran telinga	B
Otak	Garis tengah pada garis rambut (GV-24)	A, B, E, G, H
Integrasi Otak	1" di atas bahagian tengah telinga	B, F
Payudara	Kuadran tengah atas pada sudut 45 darjah dari puting pada tisu payudara	D, E
Bronkial	2" di atas puting, di sebelah sternum	C, G
C1	Di sebelah luar atlas @ C1	B, F
Kapilari	Sama aras dengan bawah tulang rusuk, 2" di sebelah luar garisan tengah	D
Memori Sel	1" di atas Bakteria	D, H

Minyak Pati

TITIK PENGGERA	LOKASI	CARTA
Cecair Serebro Spinal	Kepala, pada garis tengah di antara Verteks dan Fontanel Posterior (GV-19)	B, F
Serviks/Zakar	1" di atas Pubis Simfisis	C
Chi	2" di bawah garis tengah Pusat (di bawah Virus)	E
CNS/Limfa (Sistem Saraf Pusat)	Persimpangan dagu dan leher pada garis tengah	A, B, C
Duktus Hempedu	Di bahagian tepi selari dengan Pundi Hempedu dan Pankreas	C, H
Sepunya Penghubung	Di belakang hujung atas SCM (Otot Sternokleidomastoid)	B
Keberanian	3" di atas & 1" di sebelah luar Pusat	E
Kreativiti	1" di sebelah tengah & 1" di atas bahagian tengah skapula	F
CX @ CV-5 Peredaran/Jantina	1" di atas titik penggera Pundi Kencing (CX @ CV-5)	C, E
Kemurungan	1" di atas tulang temporal bahagian mastoid	B
Diafragma	3" di sepanjang Rawan tulang rusuk kiri dan kanan, bermula dari sternum	C, G
Cakera	Di bawah bahagian sisi luar klavikel di atas titik penggera Paru-paru	D
DNA	Cuping telinga	B
Duodenum	Bahagian bawah tulang rusuk ke-11 2" di sebelah luar puting	E
Tulang Telinga	Di belakang rawan telinga selari dengan saluran telinga	B
Telinga Luar	Di atas rawan telinga	B
Telinga Dalam	Di atas saluran telinga	B, H
Telinga Tengah	Tepat di atas Tragus	B
Ego	1" di bawah xyphoid (bahagian bawah sternum)	E
Integrasi Emosi	Di antara takuk supraorbital & Talamus	A, B, E
Titik Emosi	Dua lekukan di dahi	A
Saluran Tenaga	2" di sebelah tengah ASIS	C
Epiglotis	Bahagian kiri dan kanan 1" di sebelah luar & 1" di bawah Halkum	A, B, D
Esofagus	1" di bawah puting berdekatan sternum	E, G
Eustachian	Tiub Depan telinga tepat di bawah tragus	B, G
Telinga Luar	Di atas Rawan telinga	B
Mata	Bahagian tengah kelopak mata, sapukan minyak pada titik mata di tangan atau kaki sahaja	G, H

TITIK PENGGERA	LOKASI	CARTA
Mata/Otak pada Oksipital	2" di belakang bahagian tengah belakang telinga	B, F
Limfa Mata	Di sebelah luar dan di bawah tulang bucu luar mata	A
Mata pada Parietal	1" di sebelah luar Fontanel Anterior	B
Mata, Ketiga	Garis tengah tepat di atas kening di antara Hipotalamus & Sinus	A, E
Fascia	Trokanter besar femur (bahagian atas kaki)	E, H
Tiub Fallopion/ Seminal Vesikel	1" di sebelah luar & di atas sisi luar pubis	C
Penapisan	1" di sebelah luar Saraf Tunjang & 1" di atas oksipital	B, F
Rusuk Pertama	Persimpangan leher & bahu di bahagian tepi tubuh	C, F
Fontanel Anterior	Bahagian atas kepala pada garis tengah di belakang tulang frontal	B
Fontanel Posterior	Garis tengah di belakang kepala di atas tulang oksipital	B
Kulat	Pusat kuadran tengah bawah payudara (1" di bawah & 1" di sebelah luar titik penggera Perut)	E
Pundi Hempedu	Di bawah puting, di bawah payudara kanan	C, G, H
Gusi/Gigi	Pusat maksila, di bawah tulang pipi	B, E
GV-20	Di atas kepala, garis tengah di atas telinga	B, F
Hara	2" di bawah Xiphoid (bahagian bawah Sternum)	D
Harmoni	1" di atas bahagian tengah skapula (WBC)	F
Kepala Pankreas	Di sebelah kiri 1/2" di sebelah luar & 2" di bawah Perut	C, E
Jantung	Mandibel, di tengah-tengah antara sudut rahang dan dagu	B, G, H
Pusat Jantung	3" di atas & 2" di sebelah luar titik penggera Perut	E
Penyekat Jantung	Bahagian tengah tubuh sternum	C
Pelindung Jantung	2" di bawah bahagian tengah Klavikel	D
Tendon Jantung	2" di atas Puting Payudara	D
Logam Berat	Spina Ilium Superior Anterior (ASIS)	E
Duktus Hepar	Di sebelah kanan, di antara Rusuk Ke-7 & Ke-8	E
Kemahuan Lebih Tinggi	Di belakang SCM di sebelah luar C3	B, F
Hipokampus	Takuk Supraorbital (Bahagian Atas Tengah Mata)	A, C

Minyak Pati

TITIK PENGGERA	LOKASI	CARTA
Hormon	Garisan tengah, pusat hidung, persimpangan tulang hidung & rawan	A, E
Hipotalamus	Di antara kening, di atas hidung, di bawah Mata Ketiga	A, E
ICV – Injap Ileosekal	Filum pada garis tengah di antara hidung dan bibir atas	A, E, G
Ileum	Di bahagian sisi rusuk ke-10	E
Imun	1" di sebelah luar Limfa pada bahagian luar dada atas	C
Jangkitan	1/2" di sebelah luar Verteks	B, F
Kecederaan	Ruang tepat di sebelah tengah persimpangan antara sebelah luar Klavikel dan Skapula di atas bahu.	E, F
Ketakbersalahan	Pusat Mata di antara Mata dan tulang Supraorbital	A, B
Integrasi @ L3	2" di sebelah luar L3	F
Telinga Dalam	Di atas saluran telinga	B, H
Intuitif	2" di bawah & 2" di sebelah luar Sisi Tengah Kepala Klavikel	E
Sendi/Rawan	Ruang interkostal kedua bersebelahan sternum	E
Ginjal	1" di atas & di sebelah luar Pusat pada sudut 45 darjah	D, G, H
Usus Besar	1" di bawah & di sebelah luar Pusat pada sudut 45 darjah	D, G, H
Halkum	Halkum	A, C
Larinks	1" di bawah Garis Tengah Persimpangan Dagu/leher	A, C
Daya Kehidupan	Cuaran Spina L3	F
Ligamen	Ligamen Sakroilium pada persimpangan atas pinggul & sakrum	F, H
Hati	Puting Payudara	C, D, G, H
Lokus Ceruleus (Sistem Imun Otak)	1/2" di sebelah luar & di bawah protuberans oksipital	B, F
Paru-paru	1" di bawah sisi luar klavikel & 1" di sebelah tengah humerus @ LU-1	C, G, H
Limfa	Di bahagian tengah di antara Paru-paru & Hati (Bahagian Sisi Dada) (puting)	C
Kongesi Limfatik	Bahagian bawah luar payudara	C
Injap Limfa	Di bawah sudut rusuk bawah 1" di sebelah tengah garisan puting	C
Magik	1" di sebelah luar Pusat	C

TITIK PENGGERA	LOKASI	CARTA
Bahagian Mastoid Tulang Temporal	Di belakang rahang di bawah telinga	B
Medula	2" di sebelah luar garis tengah di antara Pineal & Saraf Tunjang	B, F
Meninges	Eminens Parietal 2" di atas dan 3" di sebelah luar Fontanel Posterior	B, F
Telinga Tengah	Tepat di atas Tragus	B
Kulapuk	Pusat Kuadran bawah luar payudara (45° daripada puting)	D
Membran Mukus	Hujung hidung	A, C
Otot	Persimpangan L5 & S1	F
Saraf	3" di atas bahagian hujung sisi tengah skapula di atas bahu (Atas bahu di antara leher dan bahu)	C, D, F
Akar Saraf	2" di bawah dan 1" di sebelah luar sisi tengah kepala klavikel	E
Ovari	1" di sebelah tengah ASIS	C
Pankreas	Sebelah kiri di bawah payudara selari dengan puting	C, G, H
Kepala Pankreas	Di sebelah kiri 1/2" di sebelah luar & 2" di bawah Perut	C, E
Duktus Pankreas	Di sebelah kiri 3" di bawah & 2" sebelah tengah puting	E
Parasit	Di sebelah tengah Groin kanan pada ligamen Inguinal	D
Paratiroid	1" di sebelah luar Prominens Larinks atau Halkum	A, B, D, G, H
Parotid	Di bawah sudut rahang di bawah mandibel	B
Perikardium	1" di atas puting di sebelah luar sternum	E
Periosteum	Bahagian tengah belakang tapak Tangan	H
Peritoneum	2" di atas pubis simfisis (persimpangan pubis) pada garis tengah	C
Tompok Peyer	1" di sebelah luar & di atas injap Limfa pada rusuk bawah	D
Tubuh Fizikal	Bahagian garis tengah di bawah bibir bawah	A
Pineal	Protuberans oksipital (GV-16)	B, F, H
Pituitari	Di atas kening, hadapan sebelah kanan, belakang sebelah kiri	A, E, G, H
Pleura	Aksila anterior di bawah otot dada	C
Pons	Di bahagian tengah di antara Fontanel Anterior & garis rambut pada garis tengah (GV-23)	A, B, D
Fontanel Posterior	Garis tengah belakang kepala di atas tulang oksipital (GV-17)	B, F
PSIS	Spina Ilium Superior Posterior (PSIS)	F

Minyak Pati

TITIK PENGGERA	LOKASI	CARTA
Nukleus Raphe	Di atas Fontanel Posterior pada garis tengah (GV-18)	B, F
Rektum	Bahagian kiri, di tengah-tengah di antara ASIS & pubis	E, G
Sistem Pengaktifan Retikular	1" di sebelah luar & 1" di atas Fontanel Posterior	B, F
RNA	1" di sebelah luar di antara Fontanel Posterior dan Pineal	B, F
Lelangit	Letak hujung lidah atau ibu jari pada bahagian tengah Lelangit atau hisap ibu jari untuk penjajaran Otak	Tiada dalam carta
Pintu Sakrum	Sentuhan serentak, 1" di bawah & 1" di sebelah luar atas sakrum	F
Kelenjar Air Liur	Di belakang rahang pada leher bawah telinga di belakang cuping telinga	B
Seminal Vesikel/Tiub Fallopion	Tiub Fallopion 1" di sebelah luar & di atas sisi luar pubis	C
Persepsi Deria	Sudut luar atas di atas mata, di bawah kening	A
Kolon Sigmoid	Di tengah-tengah di antara ASIS & Pusat pada bahagian sebelah kiri	E, G
Sinus	Garis tengah pada pusat dahi 1" di atas Mata Ketiga	A, E, G, H
Kulit	Hujung rusuk ke-12	F
Usus Kecil	Di tengah-tengah di antara rusuk terakhir & ASIS pada pinggang	E, F, G, H
Hulu Hati	3" di bawah xiphoid atau garis tengah	D, G
Jiwa	Di sebelah luar & di antara C2 & C3	B, F
Integrasi Jiwa	1" di depan & 1" di atas pusat bahagian atas telinga	B
Sumber	Di antara otot & tulang pada ruang sakrum di antara S1 & S2 di garis tengah	F
Saraf Tunjang	Pangkal oksipital pada persimpangan leher & kepala (GV-15)	B, F, H
Limpa, Aksesori	1" di depan Limpa	D
Limpa	2" di atas sisi bawah rusuk di bahagian tepi	D, G, H
Staph	Bahagian atas otot SCM, 1" di bawah telinga pada leher	B
Perut	Berdekatan sternum di sebelah tengah puting	C, E, G, H
Strep	Di atas sisi tengah klavikel (pada tulang selangka)	A, C
Mata Ketiga	Garis tengah tepat di atas kening di antara Hipotalamus & Sinus	A, E
Tulang Temporal, Bahagian Mastoid	Di belakang rahang di bawah telinga	B

TITIK PENGGERA	LOKASI	CARTA
Tendon	Di sebelah luar Saraf Tunjang di sepanjang pangkal oksipital	B, F
Testis	Atas, paha dalam	C
Talamus	Tulang lakrimal pada sisi tulang hidung	A, B, E
Tekak	Prominen Larinks (Halkum)	A
Timus	Di bawah klavikel, di sebelah luar manibrum pada K-27	A, C
Tiroid	Tepat di atas kepala tengah klavikel	A, C, G, H
TMJ	Di depan mandibel di bawah maksila 1" di sebelah luar dan di bawah tulang pipi pada maksila	B
Lidah	1/3 bahagian atas SCM - Sisi Hadapan	B
Tonsil	Di bawah dagu di tengah-tengah di antara pusat dan sudut rahang	B, D, H
Toksik	2" di bawah puting berdekatan sternum	E
Trakea	Garis tengah di bawah bahagian bawah Larinks 1" di bawah Prominen Larinks (Halkum)	A, B, C
Serat Melintang	Bahagian atas rawan telinga	B, F
Bawah Sedar	Pelipis di sfenoid	B, D
Uterus/Prostat	Garis tengah pada pubis simfisis (Tulang Pubis)	C
Vena	1" di atas xiphoid pada garis tengah sternum	D
Verteks	Garis tengah @ bahagian atas tengkorak di antara fontanel (GV-21)	B, C, F
Getaran	Hujung Xiphoid	D
Virus	1" di bawah Pusat	D, E, H
Visi	Pusat pelipis 1" di atas arkus zigoma	B
Pita Suara	Di sebelah kiri dan kanan 1" di atas Paratiroid di sebelah luar Halkum	A, B, C
Sel Darah Putih	Hujung bahagian tengah skapula	F
Kemahuan @ C-5	Di sebelah luar C-5	B, F
Yis/Pusat	Pusat	C, D

NOTA: 1" merujuk kepada ukuran inci manusia iaitu jarak di antara sendi pertama dan kedua pada jari telunjuk. Kebanyakan titik penggera bersaiz lebih kurang syiling 25 sen. Walaupun anda mahu yang paling tepat, anda juga mempunyai sedikit kelonggaran.

Minyak Pati

CARTA A

MUKA – Depan

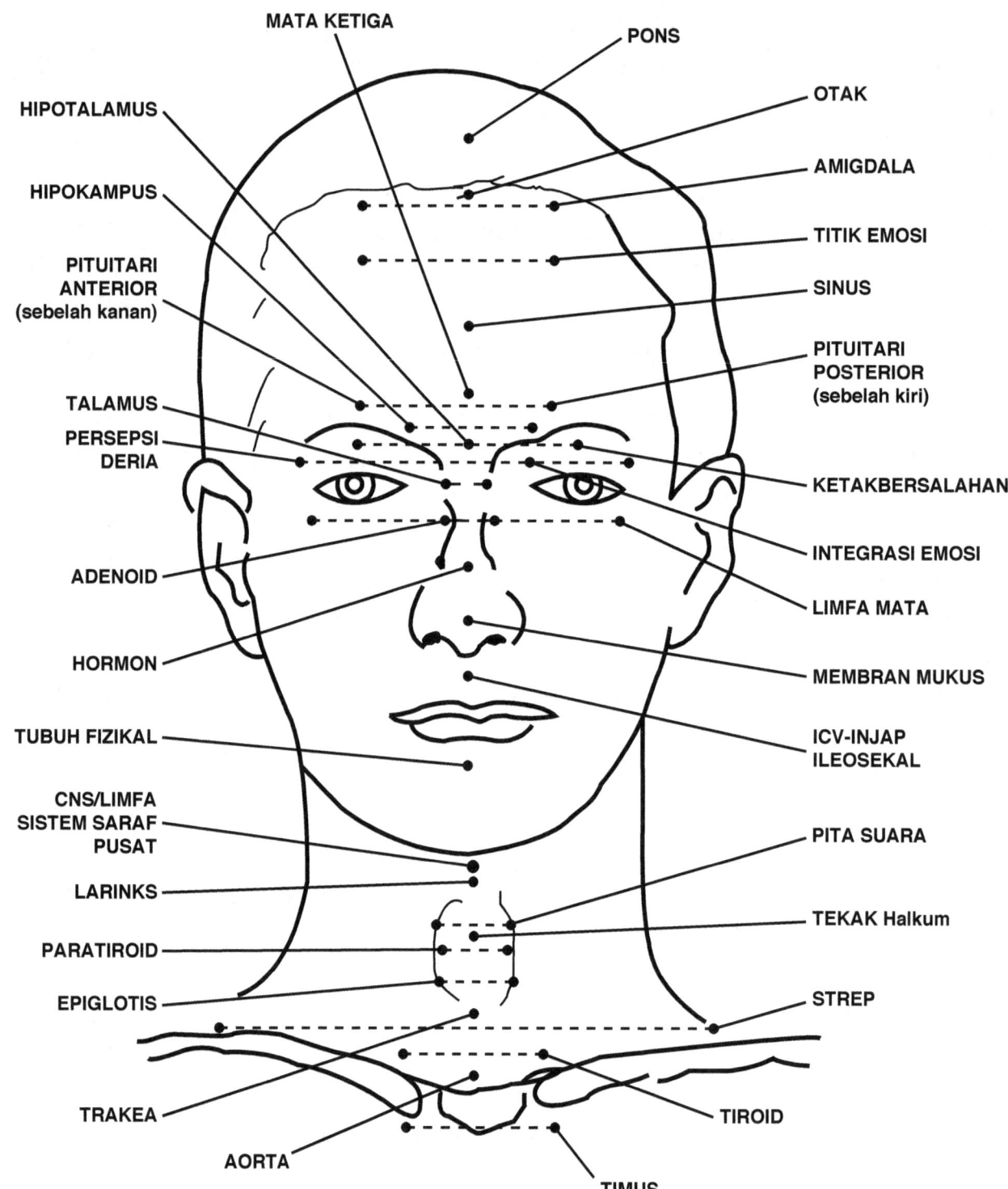

115

CARTA B
MUKA – Sisi

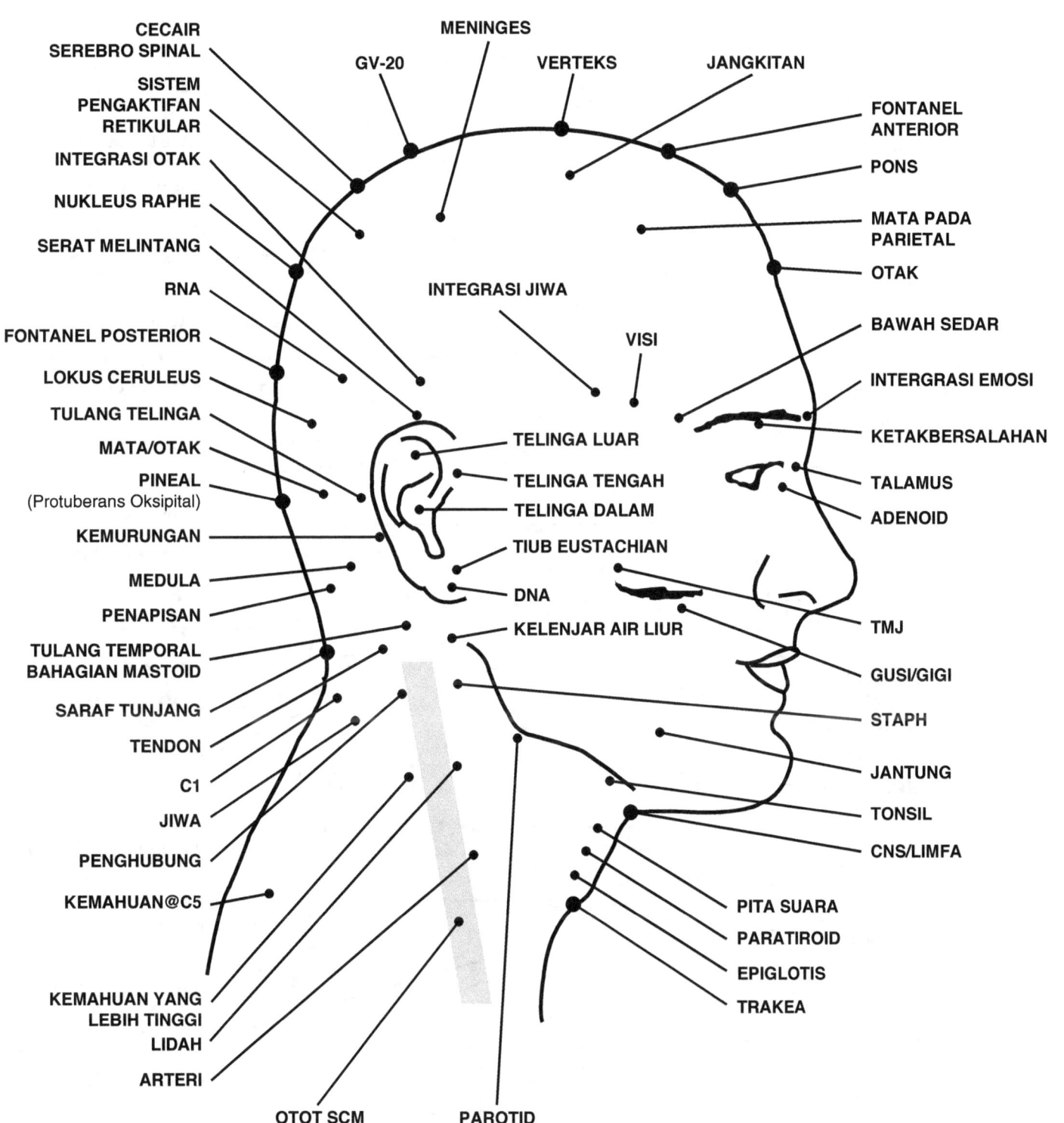

Minyak Pati

CARTA C
Torso Depan 1

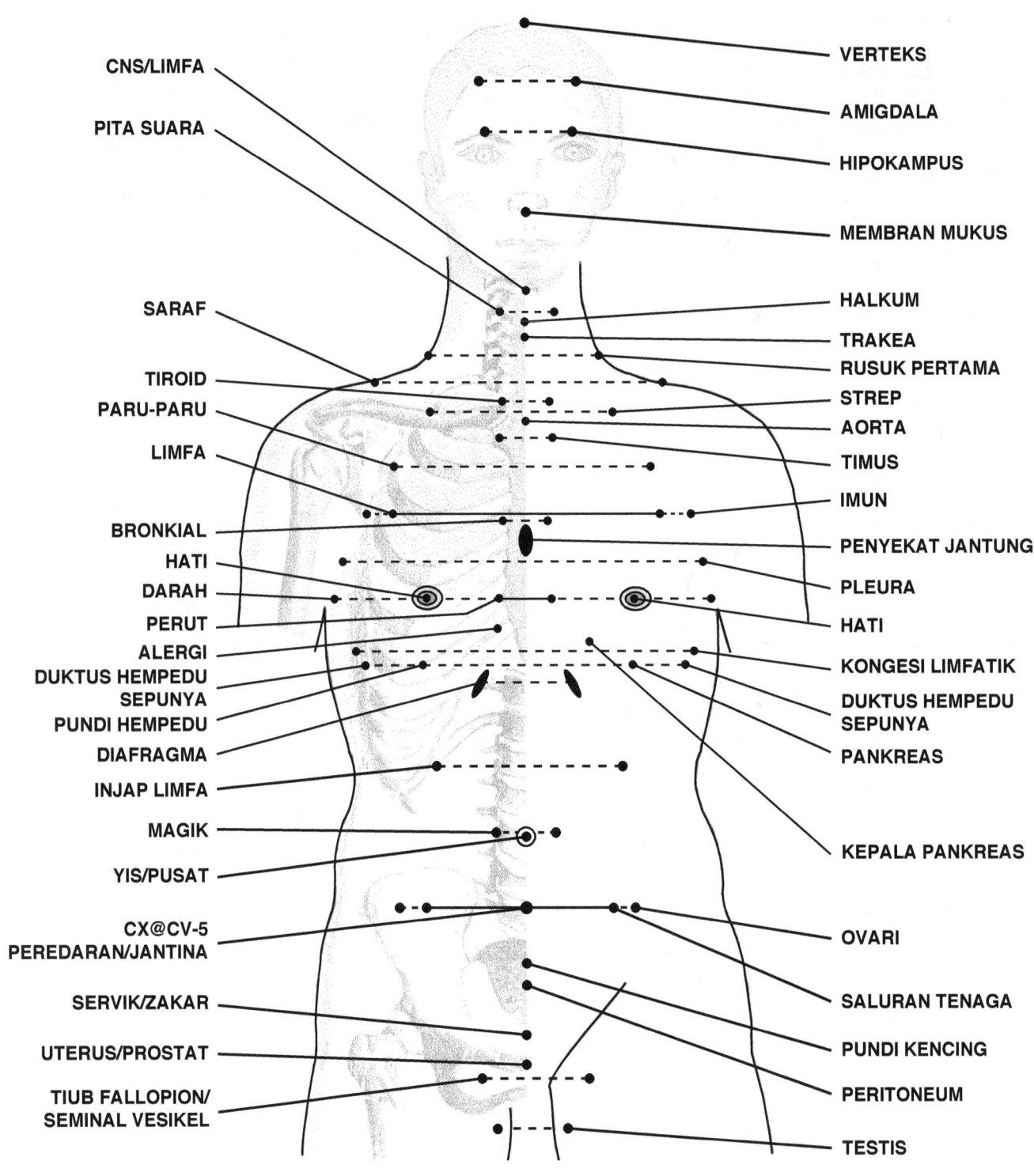

Carolyn L. Mein, D.C.

CARTA D
Torso Depan 2

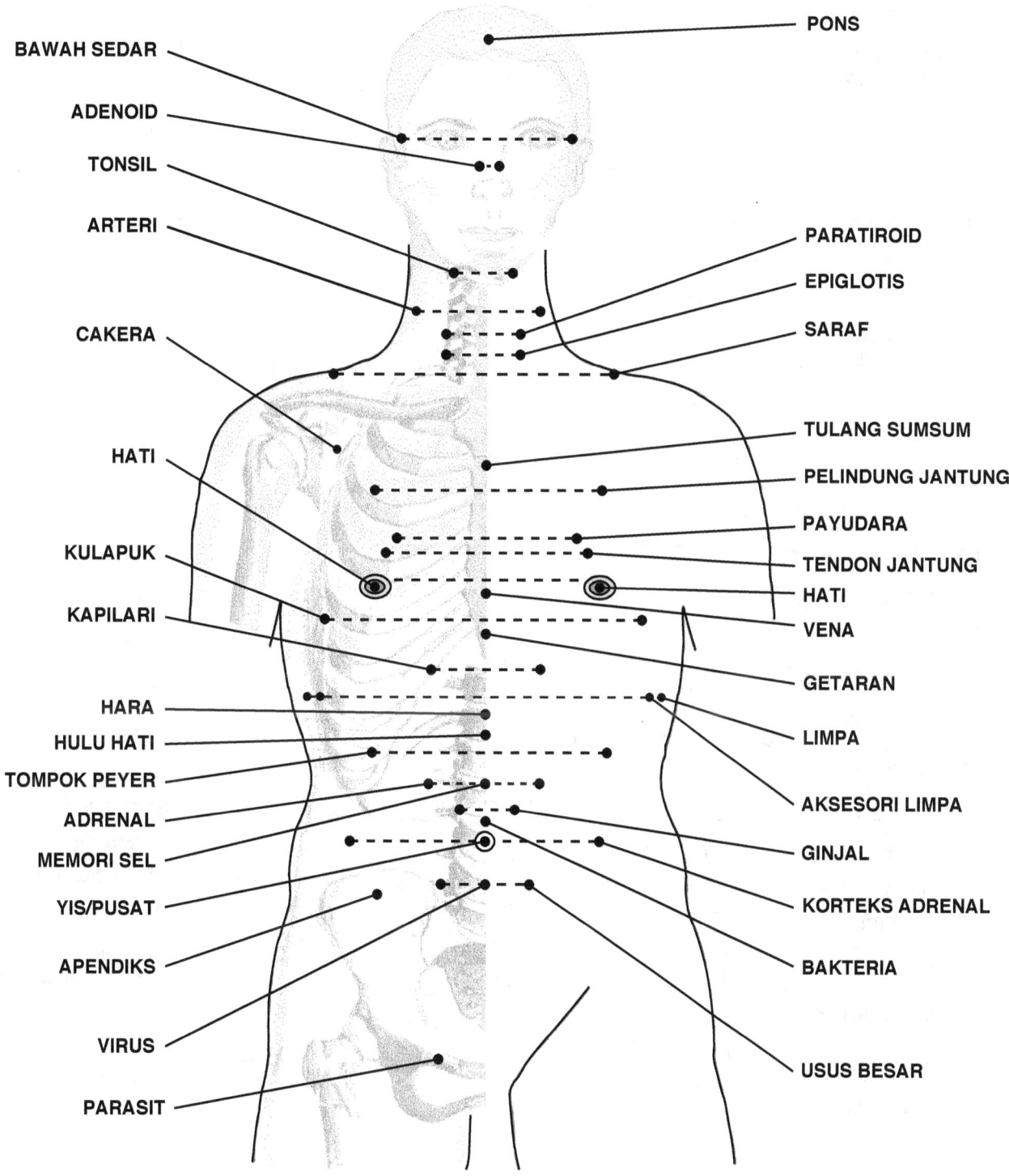

Minyak Pati

CARTA E
Torso Depan 3

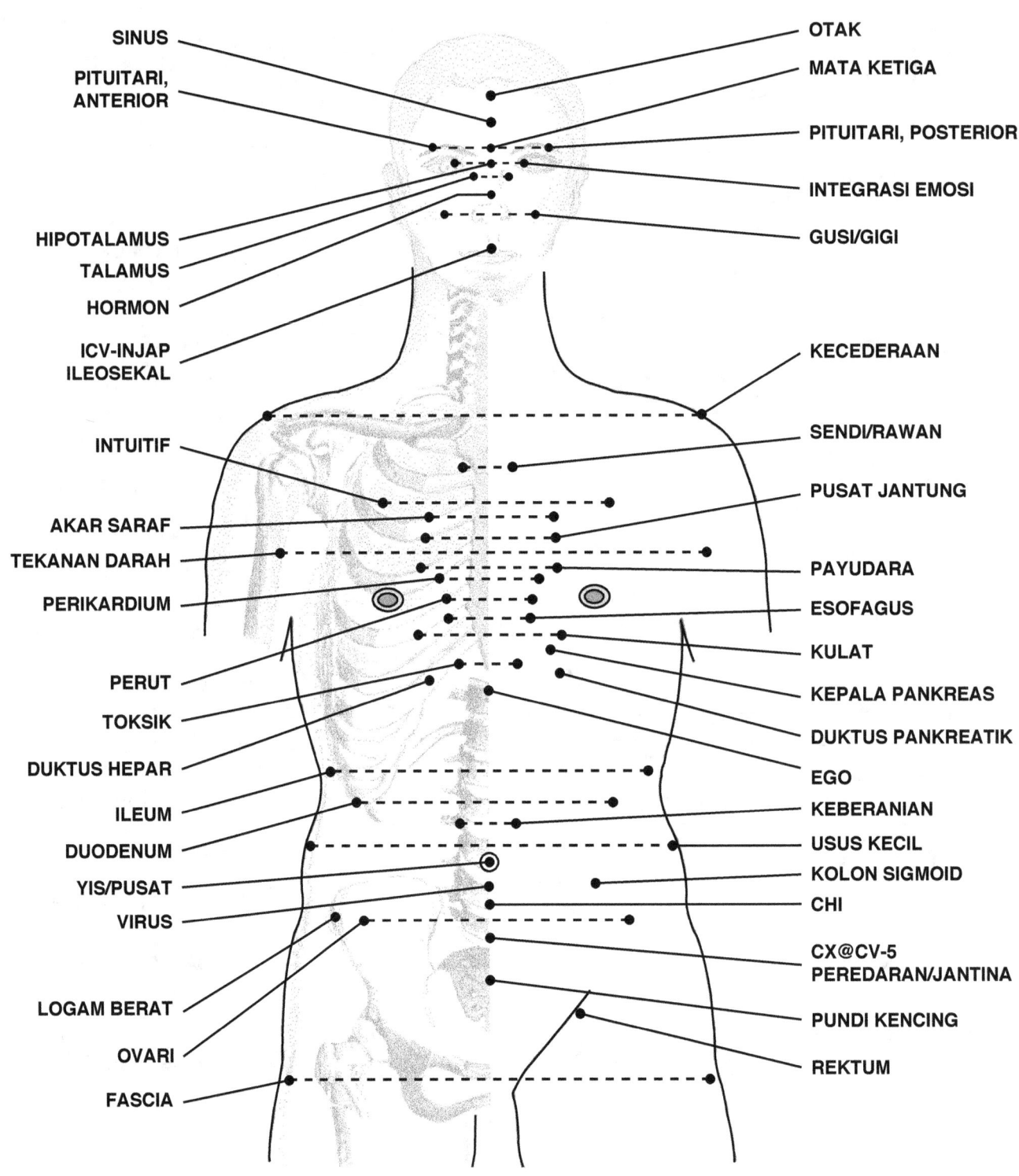

CARTA F

Torso Belakang

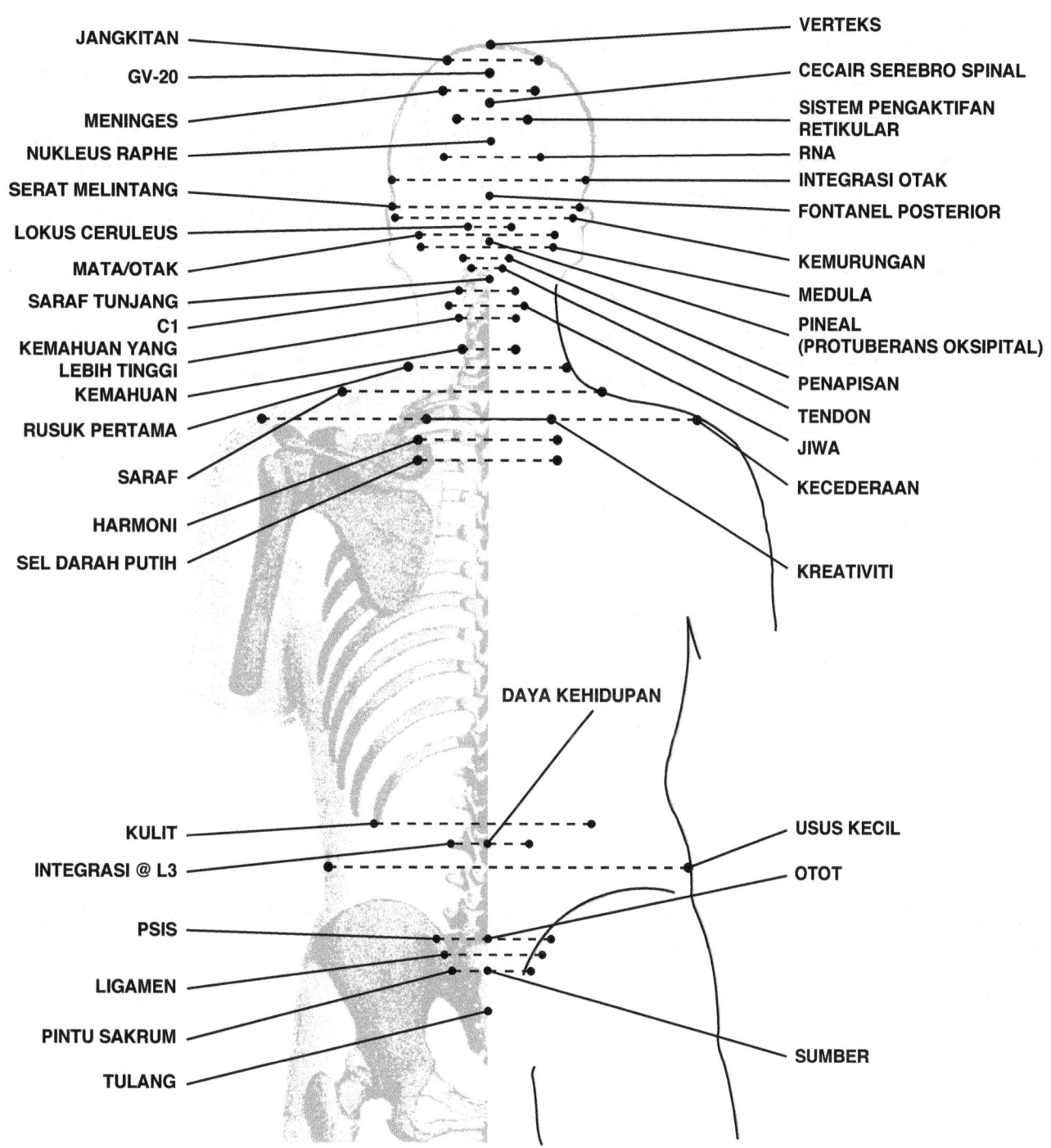

Minyak Pati

CARTA G

Titik Refleks Kaki

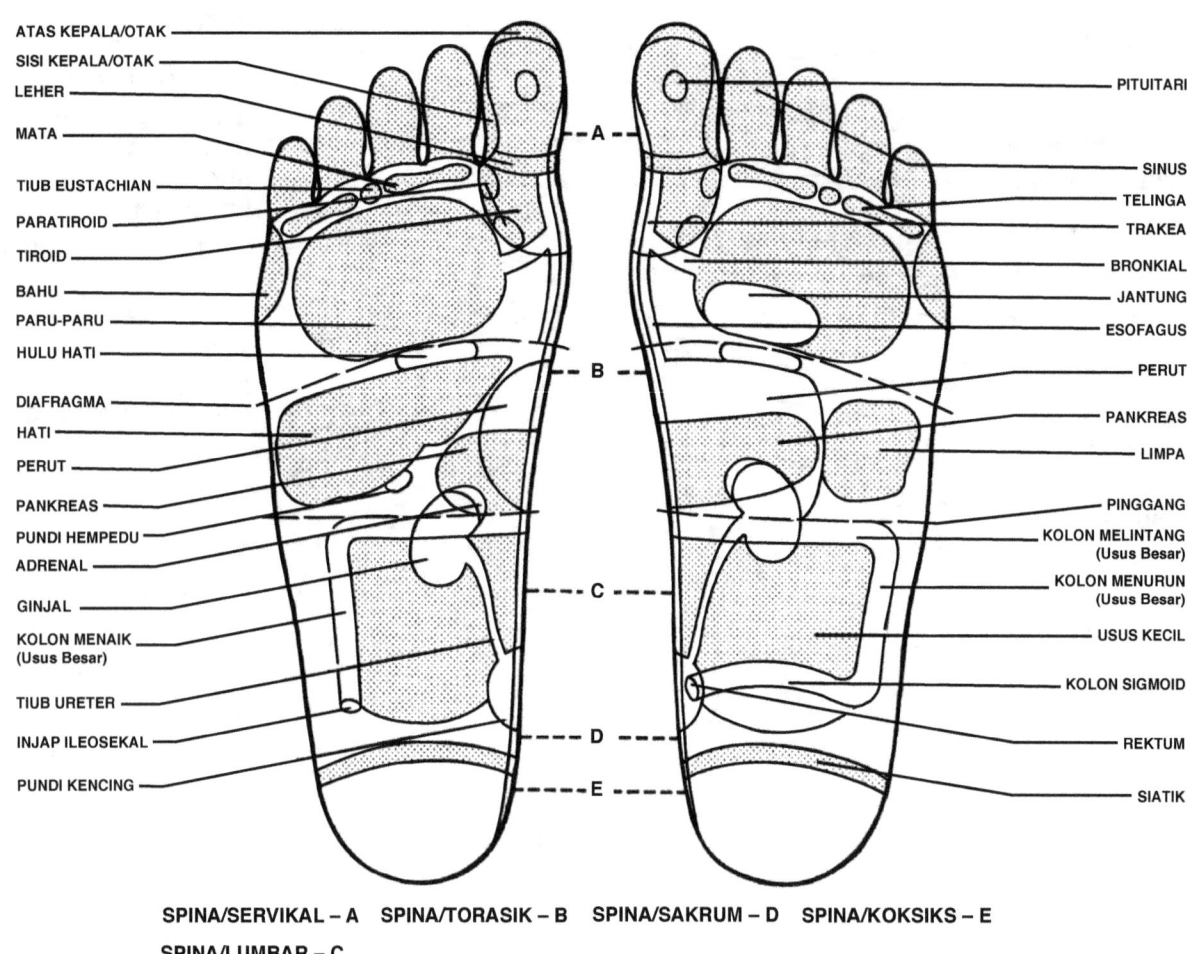

SPINA/SERVIKAL – A   SPINA/TORASIK – B   SPINA/SAKRUM – D   SPINA/KOKSIKS – E
SPINA/LUMBAR – C

Minyak boleh disapukan di kaki sahaja, digunakan pada Titik Penggera Tubuh, atau pada kedua-dua kawasan untuk merawat organ atau kawasan yang khusus.

CARTA H

Tangan

ALTERNATIF UNTUK TITIK PENGGERA YANG SUKAR DICAPAI

Oleh kerana sebahagian titik penggera tubuh sukar dicapai di tempat awam, seperti titik hati, anda boleh menggunakan titik penggera di tangan apabila anda sedang merawat corak emosi yang sudah sebati dengan lebih kerap. Kadang-kadang ada ketika terdapat titik penggera pada tubuh atau kaki yang terlampau sensitif, merawatnya di tangan akan memberi kesan yang setara. Titik refleks di kaki dan tangan boleh digunakan sebagai tambahan, atau menggantikan titik penggera pada tubuh. Rawat titik penggera pada kedua-dua tangan walaupun hanya ditunjukkan pada sebelah tangan sahaja.

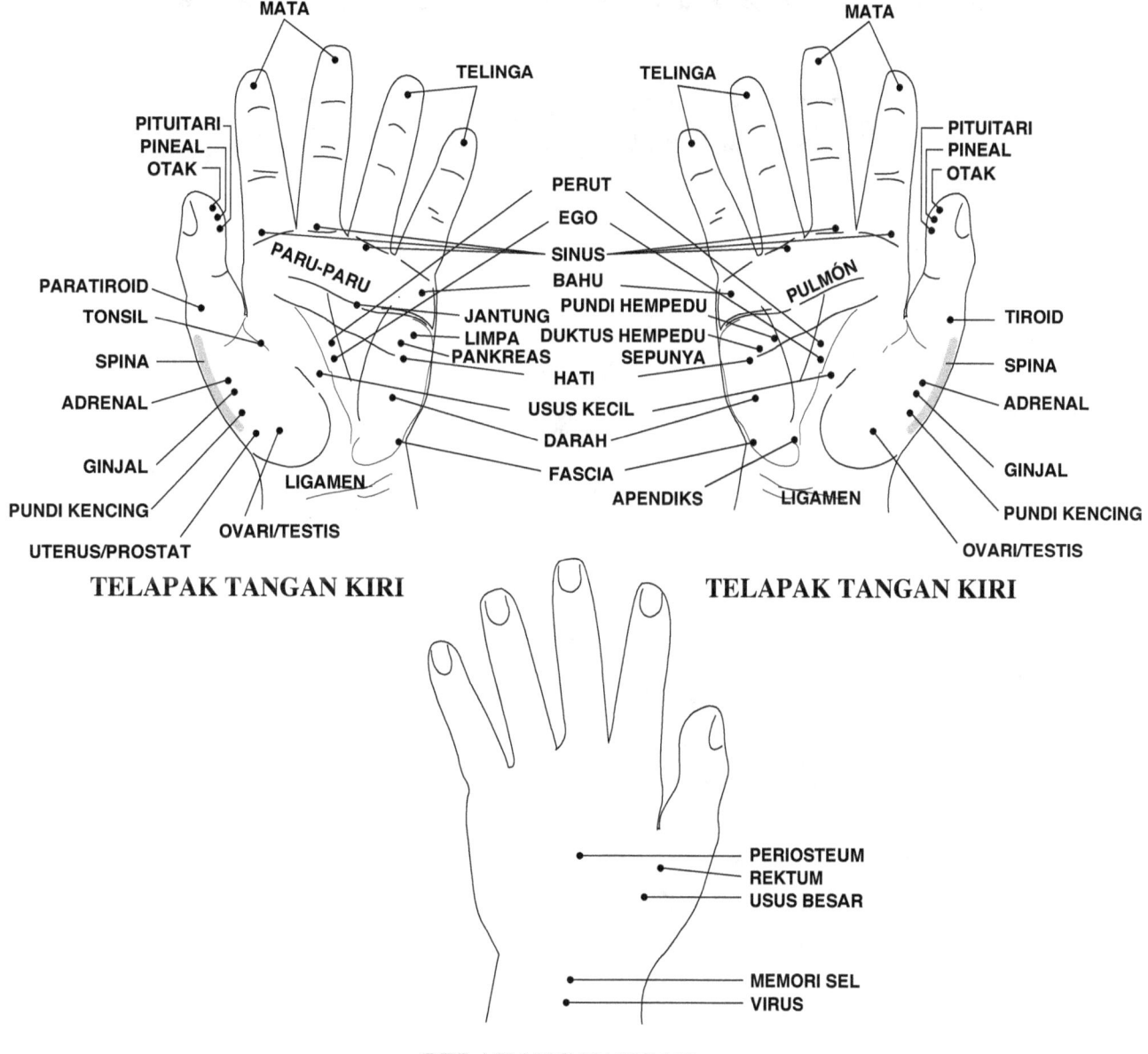

TELAPAK TANGAN KIRI **TELAPAK TANGAN KIRI**

BELAKANG TANGAN

Penambahbaikan Pembersihan

MENEROKAI CORAK EMOSI TAMBAHAN

Sekarang anda tahu bagaimana cara untuk membersihkan emosi jelas yang muncul, anda boleh bermula dengan melihat beberapa emosi yang menyelubungi masalah yang besar atau teras. Masalah teras ialah masalah yang mengandungi gangguan tenaga yang ketara. Ia selalunya sudah lama wujud dan mudah untuk dikenal pasti. Contoh masalah teras ialah penolakan, pengabaian, kemarahan dan kawalan.

Menangani Masalah Teras & Cabangnya
Cara paling mudah untuk mencari dan membezakan masalah teras dan cabangnya yang berkaitan adalah dengan memperhatikan corak reaksi anda. Apabila anda mendapati diri anda berasa marah dengan seseorang atau sesetengah situasi, anda mungkin akan memberi reaksi kepada orang atau situasi tersebut dengan satu respons lazim. Respons lazim boleh jadi seperti berteriak, melulu keluar dari bilik, tidak menghiraukan orang tersebut, atau meninggalkan situasi tersebut.

Cara anda mengenal pasti emosi dan masalah anda adalah dengan memerhatikan respons lazim anda. Setiap kali anda mendapati diri anda bertindak balas, perhatikan apa yang anda rasakan.

Anda mungkin menyedari bahawa apabila sesetengah situasi itu muncul, contohnya apabila seseorang mempunyai pendapat yang berbeza dengan anda, anda berasa tidak selesa. Apabila anda mampu menyelami diri anda dan menelitinya, lalu menyedari di mana perasaan tersebut terletak di dalam tubuh anda dan apakah pemikiran yang timbul semasa anda bertanya kepada diri sendiri apakah yang sedang berlaku, penolakan muncul. Anda baru sahaja mengenal pasti corak emosi teras anda.

Katakan anda sedang berusaha untuk membebaskan penolakan selama beberapa hari, tetapi anda menghadapi situasi yang serupa, iaitu seseorang mempunyai pendapat yang berbeza dengan anda. Mungkin kali ini tenaganya lebih kuat dan secara tidak sedar anda berasa terancam. Tindak balas pertama anda ialah memberi reaksi yang berkait dengan konflik emosi tersebut. Bersama dengan konflik ialah kemahuan untuk mengawal agar dapat melindungi dan berasa selamat. Setelah keluar daripada situasi yang dianggap bahaya, perasaan pengkhianatan muncul, diikuti dengan perasaan tidak hormat atau perasaan menyalahkan. Setelah perasaan terluka berkurang, muncul semula penolakan, kemudian perasaan menjadi mangsa. Oleh kerana anda tahu bahawa anda tidak dapat melakukan apa-apa di dunia ini dalam keadaan yang lemah dan mudah terdedah, muncul pula perasaan F–kamu. Apabila nampak seperti semua tidak menjadi, apa yang anda rasakan hanyalah kegagalan.

Penolakan

(masalah/emosi teras)

Diancam   Konflik   Kawalan

Pengkhianatan

Tidak Hormat/Menyalahkan

Hati Terluka—Penolakan

Menjadi Mangsa

F–Kamu

Kegagalan

Ini adalah beberapa emosi berkaitan yang paling biasa, Periksa untuk melihat yang mana satu hadir dalam diri anda. Menangani beberapa emosi dengan serentak mengurangkan cas emosi dengan lebih cepat berbanding hanya menangani masalah teras.

Cabang Kawalan

Tujuan ego adalah untuk memastikan kita selamat dan salah satu pertahanan utamanya ialah kawalan. Semua kawalan adalah berasaskan ketakutan. Oleh itu, kita semua mempunyai masalah kawalan pada tahap tertentu. Kita mengawal dengan mengawal diri kita, orang lain, dan/atau persekitaran kita. Untuk menentukan sama ada kawalan ialah emosi yang anda perlu tangani buat masa sekarang, tanyalah diri anda, "Adakah anda ada berasa takut dikawal? Atau adakah anda ada kemahuan untuk mengawal? Atau kedua-duanya?" Kebanyakan orang mengalami kedua-dua perasaan kemahuan untuk mengawal dan takut dikawal. Walau bagaimana pun, kebiasaannya salah satu daripadanya lebih dominan berbanding yang satu lagi.

Takut Dikawal

Takut dikawal boleh jadi kemahuan untuk bekerja secara bersendirian, menjadi bos kepada diri sendiri, atau sukar bekerja dalam satu pasukan. Malah, mengikut jadual, terutamanya jadual orang lain, boleh menimbulkan perasaan takut dikawal.

Sesiapa sahaja yang pernah terluka dalam persekitaran yang terkawal, semasa kanak-kanak atau dewasa, boleh mempunyai masalah teras "takut dikawal".

Emosi yang berkaitan dengan perasaan takut dikawal ialah takut akan kuasa, terkurung, kebergantungan, tidak menghormati, suka menguasai, sekatan dan penindasan.

Sekiranya anda mempunyai masalah teras "takut dikawal" anda akan berasa marah dengan sebarang situasi yang serupa semasa anda pernah rasa terluka. "Reaksi" anda terhadap kuasa mungkin melebihi realiti semasa dan anda boleh melihat seseorang itu suka menguasai walaupun mereka sebenarnya hanya cuba menjadi kuat. Tindak balas "yang mencetuskan kemarahan" ini terpakai kepada semua jenis emosi yang berkaitan dengan kawalan.

Mengelak daripada mengikut struktur, di rumah atau di tempat kerja boleh menjadi satu petunjuk kepada perasaan "takut dikawal". Bolehkah anda melihat bahawa mengikut struktur itu sebagai satu alat sokongan yang membolehkan anda mencapai keseimbangan dalam hidup anda? Sekiranya anda mempunyai struktur yang sedikit dalam hidup anda, anda boleh memeriksa dan melihat sama ada perasaan "takut dikawal" itu wujud dalam diri anda.

Menetapkan struktur anda sendiri juga boleh mencetuskan perasaan "takut dikawal". Sebarang struktur, walaupun ia milik anda, boleh mencetuskan perasaan terkurung, dikuasai, disekat atau ditindas.

Kemahuan untuk Mengawal

Kemahuan untuk mengawal boleh timbul daripada perasaan "takut dikawal". Satu cara untuk mengelak daripada dikawal adalah dengan mengawal sepanjang masa. Jika ini yang berlaku dalam diri anda, rujuk kepada bahagian "takut dikawal" di atas.

"Kemahuan untuk mengawal" kebiasaannya muncul sebagai kemahuan untuk melakukan sesuatu dengan cara tertentu, dengan cara anda sendiri. Ia lebih kepada untuk mengawal hasilnya, berjaya melakukan sesuatu dengan betul dan tepat pada masanya.

Kemahuan kanak-kanak yang tidak dipenuhi disebabkan ketidakcekapan orang dewasa mungkin menyebabkan masalah teras "kemahuan untuk mengawal". Mungkin mereka percaya bahawa "satu- satunya cara untuk kemahuan saya dipenuhi adalah dengan melakukannya sendiri".

Emosi yang berkait dengan masalah "kemahuan untuk mengawal" ialah tidak percaya kepada kuasa, kebergantungan, diabaikan, sabotaj dan tidak disokong.

Sekiranya anda mempunyai masalah teras "kemahuan untuk mengawal," anda mungkin sudah mahir melakukan semua yang anda rasa anda perlukan untuk meneruskan hidup. Anda mungkin secara umumnya melihat orang lain tidak cekap. Dengan membebaskan corak "kemahuan untuk mengawal" anda akan dapat berhubung dengan orang berdasarkan siapa diri mereka secara keseluruhan dan bukannya sama ada mereka berkebolehan dalam bidang tertentu atau tidak.

Masalah kawalan, sama ada kemahuan untuk mengawal dan takut dikawal, boleh mengganggu atau memusnahkan perkahwinan, persahabatan, hubungan perniagaan atau segala bentuk perkongsian. Bayangkan cuba hidup atau bekerja bersama dengan seseorang yang mempunyai masalah "takut dikawal" dan seorang lagi mempunyai masalah "kemahuan untuk mengawal." Semua perkara yang mereka lakukan atau ucapkan akan "mencetuskan kemarahan" sesama sendiri. Sekarang bayangkan mereka berdua membebaskan corak emosi mereka. Perasaan sayang dan/atau rasa hormat yang mereka ada untuk satu sama lain akan bebas diluahkan dan perhubungan akan berkembang menjadi sesuatu yang dinamik yang tidak mungkin berlaku jika mereka berdua mempunyai masalah "kawalan".

Masalah Kemandirian
Masalah kemandirian asas termasuk "takut akan kehilangan," yang mana mencetuskan memori kematian seseorang setiap kali kalah pertempuran yang tersimpan di dalam memori sel. Perasaan takut akan kehilangan tercetus setiap kali anda mendapati bahawa diri anda mengalami konflik atau perselisihan faham dengan orang lain. Pengalaman masa lalu biasanya berkait dengan kehilangan sesuatu, seperti perniagaan atau persahabatan, setiap kali berlakunya konflik. Jalan penyelesaiannya adalah dengan mengubah peraturan permainan daripada "menang/kalah" menjadi satu daripada perkembangan bersama. Ini bermakna kedua-dua pihak boleh menang.

Perasaan takut salah berkait dengan hilang air muka, tidak cukup bagus, kekalahan dan kegagalan. Semua ini sebenarnya adalah peluang untuk berkembang dan datang daripada kepintaran anda. Inilah cabaran yang menunjukkan kawasan kelemahan kita dan menunjukkan arah yang harus kita tuju.

Sesetengah emosi, contohnya pengkhianatan, membawa pemikiran dan perasaan yang dinafikan ke dalam fikiran sedar. Sisi lain bagi pengkhianatan ialah kesetiaan, yang membawa maksud setia kepada diri sendiri. Oleh kerana dunia luaran kita menggambarkan apa yang sedang berlaku di dalam diri kita, dikhianati oleh seseorang muncul apabila kita mengkhianati sebahagian daripada diri kita sendiri. "Saya mempunyai keberanian untuk menerima kebenaran" mengarahkan kebenaran untuk terungkap sendiri. Ini membolehkan ketakutan yang ada, seperti takut akan kegagalan atau konflik, muncul. Sebaik sahaja emosi-emosi ini dikenal pasti, ia boleh dibersihkan. Disebabkan itu, anda boleh menambah lebih banyak minyak, bermakna anda akan menangani beberapa corak emosi secara serentak.

Apabila anda berdepan dengan masalah yang berat seperti pengkhianatan, hidup anda boleh berubah kerana sebahagian daripada diri anda yang dinafikan akan muncul. Inilah bahagian yang tidak boleh anda abaikan lagi. Ketahuilah bahawa emosi-emosi ini tidak akan muncul sehinggalah anda mempunyai kaedah yang boleh mengendalikannya. Oleh itu, walaupun proses pembersihan mungkin mencabar, hasil atau ganjarannya adalah positif, selalunya lebih baik daripada apa yang anda bayangkan.

Minyak Pati

Pembersihan Umum

Memandangkan kita hidup dalam dunia yang mempunyai dua aspek bertentangan (positif dan negatif), saya tahu keracunan pasti ada sisi positifnya. Kita hidup dalam persekitaran yang toksik. Udara dan air kita telah dicemari. Di antara komputer dan telefon bimbit kita, kita sering dihujani dengan tekanan elektromagnetik. Makanan kita penuh dengan bahan kimia dan pengawet. Kita terdedah kepada bahan kimia dalam kehidupan seharian. Oleh kerana kita tinggal dalam dunia yang mempunyai aspek bertentangan, saya tahu keracunan pasti ada sisi positifnya. Jika tidak, mengapa ia terus meningkat? Selain daripada toksin dalam persekitaran kita, kita juga menghasilkan tekanan kepada diri sendiri setiap kali kita membenarkan diri kita masuk ke dalam keadaan emosi negatif.

Apabila kita mengalami emosi negatif, ia akan menguatkan atau menghasilkan satu corak emosi. Kita dapat merasakan tenaganya di bahagian tengah tubuh kita sama ada di kawasan abdomen atau dada pada mulanya. Perasaan itu kemudiannya naik ke kepala dan mempengaruhi sistem hormon.

Kemudian sistem pencernaan terhenti, mengakibatkan semua makanan di dalam usus membusuk, menyebabkan usus toksik. Minyak *Legacy* memberi kesan kepada bahagian bawah tubuh termasuk sistem perkumuhan.

Sisi lain bagi keracunan ialah transformasi. Transformasi berkait dengan bergerak ke hadapan ke dalam satu tahap kesedaran yang lebih tinggi. Jalan keluarnya adalah dengan menuju "ke dalam kekosongan," sama seperti masuk ke pusat ribut taufan, atau berjalan melalui mata jarum. Ia seperti menuju ke tempat yang kecil dan tenang di dalam diri, melalui rekahan, titik di mana tanda infiniti bertemu. Minyaknya ialah *Legacy* dan titik penggeranya ialah Penghubung yang terletak di bahagian belakang pada 1/3 bahagian atas otot sternokleidomastoid, iaitu di antara telinga dan saraf tunjang di leher pada pangkal tengkorak.

Seperti semua cara pembersihan, anda boleh masukkan titik Pembebasan pada bahagian atas tulang belakang dan titik Penapisan pada bahagian belakang kepala.

Kesan pembersihannya sangat menakjubkan. Kebiasaannya terdapat pembebasan tenaga yang terhalang dan kejelasan muncul di dalam mata. Mata sangat luar biasa; apabila kehidupan kembali, mata akan menjadi berkilau. Lambat berfikir akan hilang; daya hidup memenuhi seluruh tubuh dan badan rasa bertenaga. Membersihkan keracunan selalunya memberikan rasa ketegaran atau rasa terhubung dengan bumi yang kuat. Emosi yang berkaitan ialah kesukaran. Kesukaran berkait dengan cabaran kehidupan dan "sisi lainnya" datang daripada mengetahui kemampuan diri kita.

Rumusan untuk minyak Legacy:

Perasaan: Keracunan—persekitaran daripada makanan, udara dan air, elektromagnetik, bahan kimia dan emosi.
Sisi lain: Transformasi
Titik penggera: Penghubung
Jalan keluar: "Ke dalam kekosongan"

Emosi: Kesukaran
Sisi Lain: Mengetahui

Titik Penggera: PSIS
Jalan Keluar: "Saya meneruskan hidup."

Minyak seterusnya ialah *Release* yang mempengaruhi pusat tubuh. Dua daripada emosi negatif yang biasa ialah takut salah dan takut akan kejayaan. Takut salah terletak di aksesori limpa yang berada di bahagian depan limpa. Limpa ialah organ utama yang berkait dengan sistem imun. Emosi negatif yang kronik akan melemahkan fungsi imun. Emosi yang tersimpan di dalam limpa ialah rasa bersalah. Kita rasa bersalah disebabkan kita berasa bahawa kita telah melakukan kesalahan.

Satu lagi emosi yang boleh anda masukkan ialah takut akan kejayaan. Sisi lainnya ialah penolakan. Sekiranya anda takut untuk berjaya, apa yang anda akan dapat? Penolakan. Anda berasa lebih selesa dengan penolakan kerana anda lebih mengenalinya berbanding kejayaan. Ini membawa kepada sabotaj sebagai satu kaedah perlindungan. Sekiranya anda enggan menerima kejayaan disebabkan anda berasa anda tidak layak atau tidak boleh mengendalikannya, anda sedang menolak kejayaan. Jalan keluarnya ialah "Saya menerima kesedaran."

Rumusan untuk minyak Release

Emosi: Salah (takut)

Sisi Lain: Kepintaran

Titik Penggera: Aksesori Limpa

Jalan Keluar: "Saya jujur dengan Sumber saya."

Emosi: Kejayaan (takut akan)

Sisi Lain: Penolakan

Titik Penggera: Usus Besar

Jalan Keluar: "Saya menerima kesedaran."

Minyak *Peppermint* mempengaruhi kepala dan tekak. *Peppermint* bersifat antibakteria, antikulat dan antivirus serta baik dalam membantu penghadaman. Emosi yang berkaitan ialah sekatan dan kegagalan. Sekatan tersimpan di dalam medula iaitu bahagian otak yang mengawal otot voluntari dan otot involunter. Otot involunter mengawal degupan jantung, pernafasan dan penghadaman. Emosi yang berkaitan ialah takut akan kegagalan. Kegagalan tersimpan di dalam timus yang merupakan sebahagian daripada sistem imun. Menambah *Peppermint* ke dalam air minuman anda dapat melegakan sakit tekak. Ia juga akan meningkatkan mutu air tersebut. Apabila menambah *Peppermint* ke dalam air minuman anda, mulakan dengan satu titis dan tambah mengikut kemahuan anda. Gunakan gelas yang besar, isikan separuh gelas dengan air, tambahkan setitis minyak *Peppermint*, tambahkan air sehingga penuh dan minumlah ia sepanjang hari tersebut. Apabila gelas anda sudah kosong, tambahkan lebih banyak air. Sebahagian kecil minyak *Peppermint* masih ada di dalam gelas, jadi anda boleh pilih sama ada mahu menambah minyak *Peppermint* lagi atau tidak.

Rumusan untuk minyak Peppermint

Emosi: Sekatan

Sisi Lain: Pergerakan

Titik Penggera: Medula

Jalan Keluar: "Saya terbuka kepada pengalaman baru."

Emosi: Kegagalan

Sisi Lain: Pendedahan

Titik Penggera: Timus

Jalan Keluar: "Saya menerima perkembangan."

PAHLAWAN KEDAMAIAN

Kita telah diberitahu bahawa kita semua terhubung, bahawa kita semua adalah satu. Namun, jika perkara ini benar, mengapa terdapat begitu banyak ketidakharmonian dan salah faham? Bukankah hidup akan menjadi lebih mudah jika semua orang berfikir sama seperti kita? Secara praktikalnya, tiada keluarga, pasangan dan orang tersayang yang hidupnya sentiasa harmoni. Sekiranya kita tidak sehaluan dengan orang yang sangat kita sayangi, bagaimana kita diharapkan dapat hidup harmoni dengan orang yang tidak kita sukai? Namun, setiap agama dan ajaran kerohanian mengajarkan bahawa rasa sayang adalah matlamat utama dan jawapan kepada semua masalah kita. Saya menganggap ini sebagai pendekatan yang idealistik dan sangat sukar untuk diterapkan, terutama sekali ketika saya dikritik. Disebabkan dilema inilah saya menulis *Membebaskan Corak Emosi Menggunakan Minyak Pati*. Saya rasa kita memerlukan penghubung dan panduan yang praktikal untuk mengubah perasaan atau pengalaman negatif menjadi sesuatu yang berasaskan sayang dan bukannya berasaskan ketakutan.

Saya mempunyai tubuh jenis Tiroid, kekuatan saya ialah Mental/Kerohanian, jadi cara saya mengendalikan emosi dan situasi yang tidak selesa adalah dengan memahami situasi itu terlebih dahulu (Mental) dan kemudian mencari apakah yang harus saya pelajari daripadanya (Kerohanian). Saya mendapati bahawa perkara ini sahaja tidak memadai. Oleh kerana ini ialah planet yang mempunyai dua aspek bertentangan, sebagaimana yang digambarkan oleh teori kerelatifan Einstein, ia membuktikan bahawa emosi mempunyai ekspresi negatif (ketakutan) dan positif (sayang). Akibatnya, ketika saya berdepan dengan seseorang yang agresif terhadap saya, saya perlu menyelami diri sendiri untuk melihat apakah yang telah saya lakukan atau fikirkan yang menyebabkan saya perlu menerima pengalaman ini (memikul tanggungjawab sendiri, Kerohanian). Langkah saya yang seterusnya adalah untuk mengakses oktaf yang lebih tinggi atau sisi lain emosi tersebut (Mental), di mana, dalam contoh agresif ini ialah rasa hormat. Kemudian saya rasakan (Emosi) kedua-dua sisi perasaan tersebut secara mendalam -- sehingga ke terasnya, membolehkan perasaan tersebut diluahkan, walaupun hampir mengalirkan air mata.

Sekarang ialah masanya untuk mengakses tubuh fizikal. Emosi disimpan di dalam memori sel dan terletak di dalam organ atau bahagian tubuh yang mempunyai frekuensi getaran yang sama, serta di dalam sistem limbik otak. Menyentuh titik emosi di dahi mengakses laluan emosi, menghidu minyak yang bersesuaian, dalam hal ini *Valor* dan mengucapkan penegasan atau penyataan "Saya sayang", menghasilkan laluan baru atau penghubung kepada agresif dan rasa hormat. Dengan menyapu minyak pati *Valor* pada titik penggera tubuh yang berkaitan, dalam contoh ini adalah korteks adrenal, ia membebaskan memori sel dan membolehkan saya untuk memilih cara hidup yang baru. Ia menghasilkan corak yang baru, daripada memberi reaksi kepada kelakuan agresif dengan keagresifan, saya dapat bertindak balas berasaskan perasaan sayang dan membiarkan orang itu memberikan pendapat mereka, lantas mengubah atau memindahkan konflik menjadi damai.

Secara astrologi, planet Marikh berada paling dekat dengan bumi pada 27 Ogos 2003, menyebabkan sifat-sifat yang dikaitkan dengannya muncul dan menjadi titik fokus bagi umat manusia. Oleh kerana kesan Marikh akan dirasakan selama 20 tahun lagi, menangani tenaga Marikh menjadi satu keperluan. Sifat-sifat Marikh adalah: tenaga, pergerakan, penetapan dan mencapai matlamat, menyelesaikan sesuatu dengan cepat, ketidaksabaran, perang dan keperluan untuk berkomunikasi. Komunikasi merupakan langkah pertama dalam penyelesaian konflik dan penting untuk membina dunia yang aman.

Penyelesaian konflik terdiri daripada empat langkah. Langkah pertama ialah dialog, yang mungkin bersifat amat sensitif dan tidak rasional. Selalunya bersifat emosi, perkataan yang digunakan tidak menggambarkan situasi yang mencetuskan kemarahan semasa tetapi membawa banyak beban emosi (karma) dari masa lalu. Setelah situasi atau tenaga itu menjadi tenang, tiba masanya untuk melihat fakta. Inilah peluang untuk menentukan apakah yang nyata dan apakah yang ilusi. Langkah ketiga adalah dengan menyoal, di mana ia memerlukan pemahaman tentang orang lain, berada di tempat mereka, melihat perkara daripada perspektif mereka. Langkah yang terakhir ialah debat: melihat kedua-dua pihak, memeriksa kelebihan dan kekurangan setiap pihak untuk mendapatkan penyelesaian yang berkesan yang memenuhi keperluan kedua-dua pihak dalam situasi menang-menang, bukan sahaja untuk masa sekarang tetapi untuk masa akan datang juga. Penyelesaian ini ialah aspek kerohanian yang sesuai dengan pengajaran dan diluahkan dalam penyataan "Jalan Keluar" dalam bahagian Rujukan Emosi buku ini.

Budaya masa lalu bergantung kepada paderi, raja atau hakim untuk menyelesaikan konflik. Kini kita sedang memasuki zaman di mana setiap orang perlu menguasai seni menyelesaikan konflik. Pada abad ke-9, visi Raja Arthur semasa dia menubuhkan kesatria meja bulat adalah untuk menghasilkan cara baru untuk menyelesaikan konflik. Kod kehormatan seorang kesatria meja bulat adalah untuk hidup dengan potensi tertinggi, mengubah keinginan untuk mencapai kejayaan peribadi dan menggantikan kejengkelan dengan kebahagiaan. Melakukan perbuatan yang baik adalah tentang campur tangan yang akhirnya memperkasakan orang yang tidak berdaya. Percival melambangkan penyucian diri dalam proses menyoal dengan bertanyakan soalan yang betul pada masa yang tepat. Pencarian Holy Grail ialah proses menjadi manusia yang bebas. Menjadi manusia yang bebas memerlukan pembebasan corak emosi lama yang sentiasa mengunci kita dalam tingkah laku yang negatif.

Salah satu cara terbaik untuk mengenal pasti corak negatif adalah dengan melihat apakah yang kita tarik dalam perhubungan kita. Emosi negatif adalah emosi yang paling biasa dan paling mudah dikesan, menjadikan ia titik masuk yang sempurna. Tekanan ialah rungutan yang paling biasa dan konflik ialah penyebab nombor satu. Konflik tersimpan di dalam korteks adrenal dan takut berdepan dengan dunia berada di dalam kelenjar adrenal. Menjadi Pahlawan Kedamaian atau kesatria meja bulat di mana setiap orang dihormati dengan setara memerlukan penyelesaian konflik bukan dengan lebih banyak konflik (perang), tetapi dengan kedamaian. Kedamaian memerlukan penyelesaian corak tindak balas negatif menggunakan frekuensi yang lebih tinggi dan melakukannya dengan jiwa yang tenang.

Saya memilih 12 minyak pati untuk digunakan bersama dengan minyak Chakra Harmony. Dua minyak Chakra Harmony yang saya suka ialah Sacred Mountain dan Idaho Balsam Fir. Sacred Mountain berkait dengan Chakra ketiga pada hulu hati yang terhubung dengan menjadi sebahagian daripada kesedaran sejagat. Idaho Balsam Fir adalah untuk Chakra kelapan yang mengimbangkan kesemua Chakra dan memantapkan niat untuk mengembalikan tubuh, minda dan roh kepada titik kesempurnaan.

Kit Perjalanan Pahlawan Kedamaian mengandungi 12 minyak pati: Peace & Calming, Purification, Peppermint, Frankincense, Valor, Lavender, Lemon, Harmony, Clarity, Juva Flex, Common Sense dan Highest Potential bersama dengan panduan rujukan pantas yang mudah diakses semasa keadaan yang sukar.

Perubahan memerlukan seseorang itu mengkaji dirinya dan mengenali dirinya seperti yang ditunjukkan oleh Percival. Tubuh kita mempunyai jawapan dalam mengenal dan menguasai diri sendiri. Salah satu cara yang paling mudah untuk memahami tubuh ialah melalui sistem kelenjar yang bukan sahaja mengawal atur tubuh, tetapi menyimpan rangka tindakan dan takdir untuk kehidupan ini. Kelenjar induk ialah pituitari yang berfungsi untuk mengarahkan tiroid, yang selalu berkait dengan metabolisme dan kelenjar adrenal, yang ditugaskan untuk mengendalikan tindakbalas lari atau lawan, juga dikenali sebagai respons tekanan.

Minyak Pati

Kelenjar pankreas bersama dengan organ yang berkaitan bertanggungjawab dalam penghadaman. Fungsi tubuh yang lain dikawal oleh kelenjar, organ dan sistem yang bersesuaian. Terdapat 25 jenis tubuh yang berbeza di bawah kawalan kelenjar, organ dan sistem yang dominan. Setiap satu mempunyai sifat-sifat tersendiri seperti yang diterangkan di dalam "Titik Penghubung."

Walaupun kita mempunyai semua sifat, kita mempunyai dua sifat, yang kita zahirkan dengan mudah atau secara semula jadi dan dua sifat lagi yang kita cuba kembangkan sepanjang hidup. Cara paling mudah untuk mengembangkan sifat terpendam adalah dengan berada di sekeliling orang yang ciri dominan mereka adalah berlawanan dengan sifat kita. Kelemahan bergaul dengan orang yang berlawanan dengan anda, ialah cara mereka berfikir tidak sama dengan cara anda berfikir. Ini akan menyebabkan timbulnya konflik sehingga kedua-dua pihak mengembangkan sifat-sifat resesif mereka cukup sekadar untuk menghargainya sebagai kekuatan apabila diekspresikan oleh orang lain.

Terdapat pelbagai cara untuk menentukan sifat-sifat dominan anda. Kaedah astrologi membahagikan tanda-tandanya kepada empat elemen, perunding warna kepada empat musim, budaya setempat kepada empat arah dan psikologi kepada empat sifat. Setiap empat elemen tersebut mewakili satu langkah yang diperlukan untuk menyelesaikan konflik. Carta berikut menggambarkan elemen-elemen dan frekuensinya.

SIFAT	ELEMEN	KOMUNIKASI	ARAH	MUSIM
Emosi	Api	Dialog	Barat	Luruh
Fizikal	Tanah	Fakta	Utara	Sejuk
Mental	Udara	Soalan	Timur	Bunga
Kerohanian	Air	Debat	Selatan	Panas

Mengenal pasti elemen dominan anda membolehkan anda memahami gaya komunikasi anda serta kelemahan anda. Untuk menentukan elemen dominan anda, bulatkan dua sifat-sifat jenis tubuh anda. Dalam kes Tubuh Tiroid, sifatnya ialah mental dan kerohanian. Kenal pasti elemen dominan anda atau elemen astrologi; Scorpio ialah air. Perhatikan gaya komunikasi anda dan bulatkan perkara yang sering anda lakukan dengan diri sendiri atau orang lain. Dalam kes saya ialah debat. Arah bermaksud lokasi di dalam negara di mana anda berasa paling selesa. Bagi saya, yang tinggal di San Diego, CA ia terletak di selatan. Apakah musim kegemaran anda? Musim kegemaran saya ialah musim panas, ia juga warna musim saya. Gaya mewarna saya ialah lembut, halus, mengalir dan santai, iaitu elemen air yang kebetulan sesuai dengan musim panas.

Kebanyakan jawapan saya ialah berada dalam elemen air dan debat bermakna mencari jawapan yang adil dan saksama bagi kedua-dua pihak. Ketidakadilan ialah ketakutan yang tersimpan di dalam kelenjar tiroid, sesuai dengan jenis tubuh saya dan merupakan salah satu daripada masalah emosi teras atau pengajaran hidup saya. Sebahagian daripada takdir dan misi hidup saya ialah mencapai titik penyelesaian dengan menerima kebenaran. Mengetahui kebenaran memerlukan persoalan yang membawa kepada penyucian kendiri. Pencarian untuk mengenal diri mendorong saya untuk meluahkan keinginan saya untuk melakukan sesuatu yang berbaloi dan memberikan sumbangan yang berharga, yang akhirnya akan memberikan kepuasan yang sangat tinggi kepada saya. Sama juga seperti anda, kunci untuk membuka takdir anda berada di dalam profil jenis tubuh anda.

TERAPI AURIKULAR

Cara lain untuk mengenal pasti corak emosi adalah dengan mengesan titik sensitif di telinga dan kemudian merujuk bahagian Rujukan Emosi. Titik emosi pada telinga sangat mudah dicapai. Perkara ini baik untuk pembebasan awal atau pengambilan pantas. Untuk pembersihan umum, gunakan minyak RELEASE pada semua titik. Minyak HARMONY bagus untuk urutan biasa. Sebaiknya mulakan semua terapi dengan mengimbangkan sistem elektrik tubuh menggunakan minyak VALOR di kaki (enam titis pada bahagian bawah setiap kaki dan letakkan tangan kanan ke kaki kanan dan tangan kiri ke kaki kiri sehingga nadi menjadi senada). Semasa sistem elektrik diseimbangkan, tubuh menerima frekuensi minyak emosi yang lebih tinggi dengan mudah. Anda juga boleh menggunakan minyak yang berikut untuk titik-titik yang spesifik. Minyak HARMONY atau FORGIVENESS mempunyai kesan positif pada semua titik. Kebiasaannya titik yang paling memerlukan perhatian akan berasa sakit.

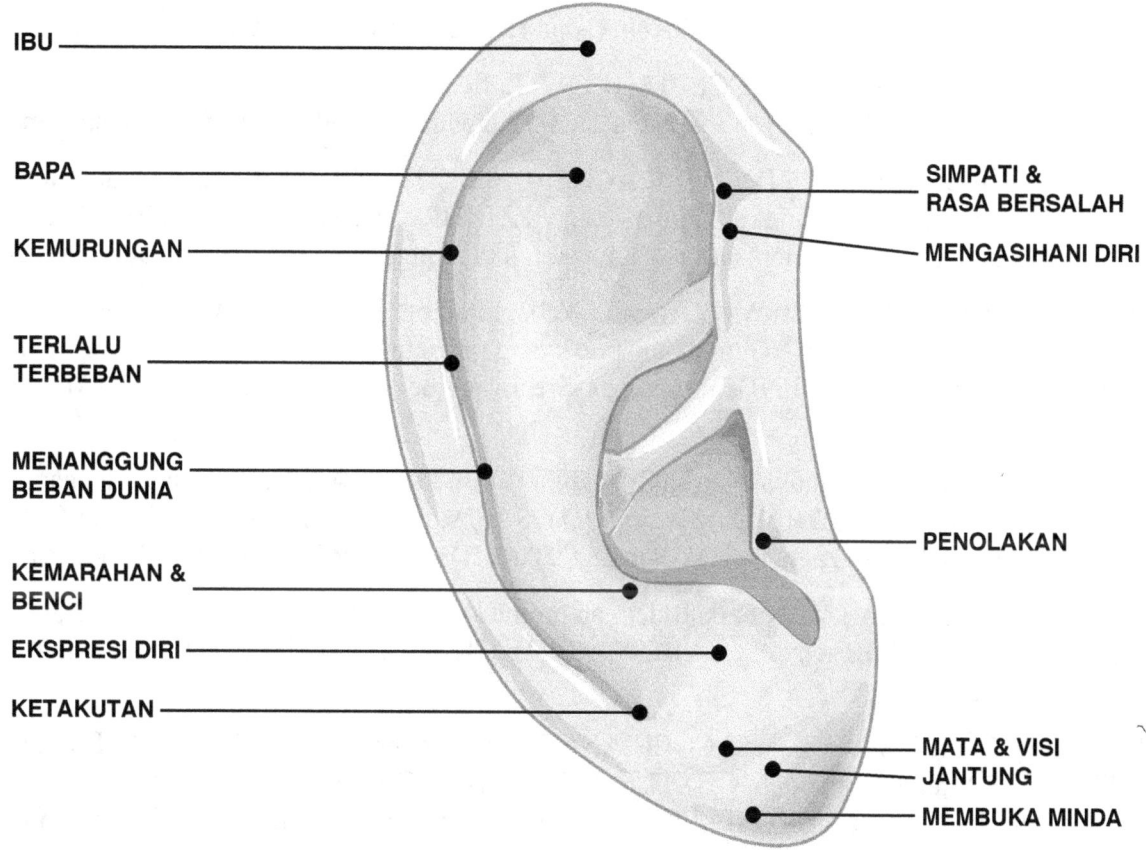

Tidak menjadi kewajipan untuk menggunakan semua minyak yang dicadangkan. Malahan, ia mungkin terlalu membebankan. Sebaliknya, pilih satu atau dua masalah dan gunakan beberapa jenis minyak setiap hari untuk sokongan yang berterusan. Anda juga boleh merangsang titik yang anda sedang tangani dengan menggunakan jari anda, walaupun tanpa menggunakan minyak, beberapa kali setiap hari. Cara ini sangat berguna terutama sekali semasa menangani masalah kemurungan. Melapisi bermaksud menyapu minyak ke atas minyak yang lain dengan segera.

---

[11] Grafik daripada *Reference Guide for Essential Oils*, oleh Connie dan Alan Higley

Minyak Pati

MASALAH IBU atau WANITA: GERANIUM
Lapiskan YLANG YLANG untuk masalah penderaan seksual. Lapiskan dengan FORGIVENESS dan ACCEPTANCE untuk masalah pengabaian. SARA atau INNER CHILD juga sangat membantu.

MASALAH BAPA atau LELAKI: LAVENDER
Lapiskan dengan SARA, YLANG YLANG dan RELEASE untuk masalah penderaan seksual. Lapiskan dengan HELICHRYSUM untuk masalah penderaan lelaki yang lain. HELICHRYSUM membantu membebaskan kemarahan yang mendalam. Sekiranya berkaitan dengan zaman kanak-kanak, GENTLE BABY atau INNER CHILD mungkin sangat membantu.

KEMURUNGAN: Kebanyakan minyak membantu masalah kemurungan.
Antara yang terbaik ialah HOPE, VALOR, JOY, LAVENDER, WHITE ANGELICA, GENTLE BABY, INNER CHILD, SARA, PEACE & CALMING, CITRUS FRESH, HUMILITY dan CHRISTMAS SPIRIT.

TERLALU TERBEBAN: Lapiskan ACCEPTANCE dan HOPE, VALOR, atau GROUNDING.

MENANGGUNG BEBAN DUNIA: ACCEPTANCE, VALOR dan/atau RELEASE.
Jangan lupa untuk melapiskan minyak sekiranya anda menggunakan lebih daripada satu adunan minyak.

KEMARAHAN dan BENCI: FORGIVENESS, ACCEPTANCE, HUMILITY, RELEASE atau JOY.
Kemarahan yang mendalam mungkin memerlukan HELICHRYSUM dan/atau VALOR untuk memberi anda kekuatan untuk memaafkan. (Lapiskan jika menggunakan lebih daripada satu adunan.)

EKSPRESI DIRI: MOTIVATION dan VALOR untuk keberanian bersuara. RELEASE, kemudian ACCEPTANCE atau GATHERING untuk ekspresi yang terfokus. INNER CHILD sekiranya anda telah hilang identiti diri. SURRENDER untuk ekspresi yang berlebihan. JOY untuk menikmati hidup sepenuhnya.

KETAKUTAN: Titik ini kebiasaannya akan sakit apabila berasa takut. VALOR dilapiskan dengan ACCEPTANCE, HARMONY, RELEASE, atau JOY. SARA, INNER CHILD atau GENTLE BABY sekiranya berkaitan dengan zaman kanak-kanak. INTO THE FUTURE untuk takut akan masa depan.

MEMBUKA MINDA: 3 WISE MEN berkait dengan mercu kepala dan pusat. ACCEPTANCE, FRANKINCENSE, GATHERING, CLARITY, MOTIVATION, SANDALWOOD, MAGNIFY YOUR PURPOSE, RELEASE.

JANTUNG: JOY, FORGIVENESS dan ACCEPTANCE untuk menerima diri. BERGAMOT untuk kesedihan. SARA untuk penderaan. GENTLE BABY, INNER CHILD sekiranya berkait dengan masalah zaman kanak-kanak. AROMA LIFE akan membantu menguatkan jantung dan merendahkan tekanan darah.

MATA dan VISI (dalam atau luar): INTO THE FUTURE, DREAM CATCHER, ACCEPTANCE, 3 WISE MEN dan/atau ENVISION untuk visi matlamat. Untuk memperbaiki penglihatan: 10 titis LEMONGRASS, 5 CYPRESS, 3 EUCALYPTUS dalam 1/2 auns minyak campuran V6.

PENOLAKAN: ACCEPTANCE dilapiskan dengan FORGIVENESS. Sekiranya terdapat penolakan daripada ibu, tambahkan GERANIUM. Sekiranya daripada bapa, gunakan LAVENDER.

MENGASIHANI DIRI: JOY, ACCEPTANCE dan FORGIVENESS. PANAWAY jika ia terlalu perit, mungkin dirasakan seperti dada yang ketat. RELEASE, kemudian VALOR untuk mencari keberanian bagi beralih daripada perasaan tersebut.

SIMPATI & RASA BERSALAH: JOY, INSPIRATION, RELEASE, PANAWAY, ACCEPTANCE. Secara umumnya ia lebih dirasakan pada leher dan kepala. Kita harus ada belas kasihan terhadap orang lain, bukannya berasa simpati. Simpati hanyalah merasai perasaan itu bersama mereka. Belas kasihan adalah memahami dan menawarkan pertolongan.

TEKNIK PENULISAN

Walaupun terdapat beberapa cara berbeza untuk membebaskan emosi yang terpendam, salah satu cara yang berkesan adalah melalui penulisan. Penulisan menggabungkan deria visual, auditori (suara dalaman) dan kinestetik. Penulisan menghubungkan emosi (hati) dengan ekspresi (tangan/fizikal) kerana saraf yang membekalkan jantung dan tangan adalah daripada cabang saraf yang sama. Oleh kerana penulisan memberikan ruang untuk fikiran bawah sedar bersuara, memang menjadi satu keperluan untuk membiarkan apa sahaja yang muncul diluahkan tanpa tapisan.

Masalah Ibu/Bapa

Pengalaman pertama kita dengan manusia ialah pengalaman kita dengan ibu bapa atau penjaga kita. Oleh sebab itu, pendapat, kepercayaan dan jangkaan kita tentang wanita adalah berdasarkan pengalaman kita bersama dengan ibu dan jangkaan tentang lelaki pula daripada bapa. Satu daripada langkah pertama dalam perkembangan diri adalah untuk membebaskan emosi yang terpendam tentang ibu bapa atau watak penting dalam hidup kita.

Kaedah yang mudah, namun mendalam untuk melepaskan masa lalu adalah dengan mengambil sebuah buku nota yang besar dan mula menulis. Mulakan dengan ibu bapa atau orang yang memberi kesukaran terbesar dalam hidup anda semasa anda sedang membesar dan tulis semua perkara yang anda mahu katakan tetapi tidak mampu katakan. Semasa menulis, perasaan daripada tempoh masa yang berbeza dalam hidup anda akan muncul secara rambang. Apabila anda kehabisan idea untuk menulis atau buntu, tanya diri anda, "dan".... kemudian gelombang perasaan yang berikutnya akan muncul. Pada mulanya, semua perkara yang muncul ialah negatif. Kemudian ia akan berubah dan anda akan mula memahami dari mana orang itu datang. Semasa anda meneruskan penulisan, sikap anda akan berubah dan anda mula berasa belas kasihan terhadap mereka. Seterusnya, anda akan mula melihat apa yang anda telah pelajari daripada pengalaman anda dan pengajaran yang anda telah terima. Teruskan menulis sisi yang positif selama mana yang anda mahu[12].

Setelah anda selesai menulis semua yang anda ingin katakan, yang mungkin memenuhkan beberapa buah buku nota, anda akan nampak hubungan anda dengan orang tersebut akan berubah. Biasanya anda rasa orang tersebut yang berubah, tapi sebenarnya anda yang berubah.

Memikul Tanggungjawab Sendiri

Selepas membersihkan masalah asas ibu/bapa, tiba masanya untuk memikul tanggungjawab di atas apa yang anda hasilkan dalam hidup anda sendiri. Terdapat lima elemen yang menghasilkan pengalaman anda dan ia boleh ditangani dalam lima bahagian program penulisan[13]. Untuk seksyen ini, anda memerlukan 5 buah buku nota atau sebuah buku nota besar yang mempunyai 5 seksyen atau bahagian. Gunakan sebuah buku atau bahagian untuk setiap satu daripada 5 seksyen yang berikut:

1. Negatif—perasaan dan pemikiran

2. Positif—perasaan dan pemikiran

3. Matlamat—dalam 10 tahun

4. Keinginan

5. Rangka tindakan—bagaimana anda menyusun hidup anda untuk menjadikan keinginan dan matlamat anda kenyataan.

---

[12] *Velvet Hammer*, Lee Gibson, Ph.D. Seminar PEAKE

[13] Gary Young. N.D. Seminar Latihan Phoenix 1999

Mulakan dengan menulis di dalam buku Negatif, kerana ini akan membolehkan anda untuk membersihkan masalah yang belum selesai dan membebaskan perasaan tersebut. Oleh kerana kebanyakan daripada kita mempunyai emosi yang telah terpendam sejak bertahun-tahun lamanya, banyak yang perlu dibebaskan—lebih daripada apa yang boleh dilakukan dalam sehari—jadi anda boleh menetapkan tempoh masa tertentu untuk penulisan secara berkala.

Selesaikan setiap sesi dengan menulis sekurang-kurangnya satu penyataan positif di dalam buku Positif, Matlamat, atau Keinginan, kerana ini akan meningkatkan keyakinan diri.

Penulisan lebih berkesan daripada merakamkan percakapan kerana ia berhubung dengan deria visual. Penggunaan pensel grafit membantu memindahkan emosi.

Menulis dengan mata tertutup ialah cara yang baik untuk membolehkan fikiran bawah sedar bersuara, terutamanya apabila minda sedar sangat kuat dan suka mengawal. Anda hanya perlu menutup mata dan mula menulis. Setelah selesai, baca kembali tulisan anda.

Ada minyak spesifik yang boleh membantu anda membersihkan dan membebaskan emosi semasa anda melakukan program penulisan:

SURRENDER — membebaskan pemikiran negatif. Sama ada membaurkannya melalui udara, letakkan di pelipis dan/atau hidu minyak tersebut.

GATHERING — membantu sekiranya minda anda kerap beralih daripada satu subjek ke subjek yang lain, atau pemikiran menjadi berserabut. Sekiranya anda cenderung menjadi terlalu analitis, sapu dahi anda bermula daripada pelipis kiri ke kanan anda dengan menggunakan 2-3 jari tangan kanan anda dan tarik nafas sedalam-dalamnya. Ini akan mengubah anda daripada menggunakan otak kiri ke otak kanan. Sekiranya anda menghadapi masalah untuk fokus atau sukar menerima diri sendiri, terbalikkan arah sapuan dahi dengan menggunakan 2-3 jari tangan kiri anda dan sapu dahi anda bermula daripada pelipis kanan ke kiri dan tarik nafas sedalam-dalamnya. GATHERING membantu membebaskan emosi dan perasaan anda.

ACCEPTANCE — kesukaran menerima emosi. Sapukan pada mata ketiga (terletak di tengah-tengah dahi anda) sebelum anda kehilangannya dengan emosi yang berlebihan dan tidak dapat dikawal.

FORGIVENESS — apa-apa sahaja yang membuatkan anda rasa bersalah. Ucapkan, "Tidak mengapa" dan sapukan minyak mengikut arah putaran jam di pusat beberapa kali.

HOPE — berasa murung atau putus asa. Sapukan pada bahagian atas telinga atau tepi telinga.

ScentWise atau CLARITY — untuk lambat berfikir. Sapukan pada pelipis atau di bawah hidung.

JOY — mempertingkatkan perasaan keyakinan diri. Letakkan pada jantung, terutamanya apabila bersedia untuk menyiapkan sesi penulisan.

WHITE ANGELICA — perlindungan daripada kritikan yang berterusan. Membantu anda mengekalkan ruang yang positif. Sapukan pada sternum, bahu dan pangkal leher. Sentiasa akhiri dengan WHITE ANGELICA kerana apabila anda telah bersih, anda menjadi lebih sensitif kepada tenaga di sekeliling anda dan anda mahu memilih frekuensi tenaga tertentu yang anda simpan dalam medan tenaga anda.

Minyak Pati

Dr. D. Gary Young telah berjaya menggunakan teknik penulisan ini dalam merawat penyakit degeneratif kronik seperti sklerosis berbilang, kanser, artritis dan lupus. Emosi dan pemikiran negatif yang terhalang menyebabkan ledakan, sama ada sebagai ledakan emosi atau ledakan dalaman dalam bentuk penyakit. Hidup di dalam pemikiran dan perasaan yang negatif menjadikannya lebih teruk. Jalan keluarnya adalah dengan memproses atau memahami pengajarannya, memaafkan diri anda kerana perlu belajar daripada pengajaran itu, memaafkan orang lain kerana membawa pengajaran itu kepada anda dan membebaskan emosi terhalang dengan membiarkannya beralih kepada kekutuban yang berlawanan—memilih bagaimana anda mahu bertindak balas semasa situasi pada masa akan datang—dan membebaskan corak itu daripada memori sel anda.

Setelah anda membersihkan masalah-masalah utama dalam hidup anda, masalah yang lebih ringan akan muncul. Masalah utama berkait secara langsung dengan pemikiran anda dan ia sama seperti bakteria yang boleh memusnahkan dan bahkan membawa maut. Masalah yang ringan dikaitkan dengan baki pemikiran lama dan ia sama seperti virus dalam cara ia menyedut tenaga anda dan menyebabkan kelesuan. Kulat dan yis adalah tersembunyi dan berbahaya dan dikaitkan dengan kepercayaan yang dipegang oleh keluarga dan masyarakat, biasanya dikenali sebagai kesedaran bangsa. Langkah pertama adalah dengan membersihkan pemikiran anda sendiri, atau menjaga keluarga anda sendiri. Inilah yang dikatakan bertanggungjawab. Pemikiran anda akhirnya hanya anda yang boleh mengawalnya dan pemikiran andalah yang menentukan realiti anda.

Menurut Dr. Young, menyibukkan diri mencegah ruang negatif, dan minda yang malas menghasilkan emosi yang negatif. Ini berlaku kerana minda yang malas bersifat menerima dan akan menarik apa sahaja di sekelilingnya. Minda umpama sebuah radio, ia menala dan memainkan frekuensi yang terkuat. Untuk menghentikan perbualan minda, sediakan pemikiran positif seperti penegasan dan dengan mendengar pita rakaman dan muzik yang positif. Bekerja dengan projek yang mencabar dan berbaloi membolehkan minda anda menjadi kreatif. Minda yang kreatif menyalurkan tenaga dalam cara yang positif, menjadikannya mudah untuk mengekalkan ruang yang positif.

Sekarang anda telah menyiapkan kerja rumah anda, anda perlu meluahkan bakat anda. Inilah masa untuk mengenali diri, menyelami jiwa untuk mencari keinginan dan jalan kreativiti anda. Apa sahaja yang anda perlu tahu terpendam di dalam diri anda. Dengar apa yang tubuh dan kesedaran dalaman anda katakan. Mempelajari jenis tubuh anda mengesahkan apa yang anda tahu dan menyediakan asas untuk mengisi jurang tersebut.

MENYOKONG DIRI SENDIRI

Menerima Diri Sendiri

Untuk mencapai kesedaran, anda perlu mengiktiraf siapakah "anda" dan menerima diri sendiri. Aktiviti yang sangat membantu adalah dengan berdiri di depan cermin dan melihat ke dalam mata anda sendiri. Kekalkan hubungan mata semasa anda mengucapkan "Saya menerima awak seadanya" dengan penuh yakin dan ikhlas sebanyak 100 kali. (Anda boleh menetapkan pemasa berbanding mengira sendiri jika anda mahu). Setelah anda menerima diri sendiri dan realiti anda sekarang, anda boleh mula mengubahnya.

Mengubah Kepercayaan

Mengubah kepercayaan yang membataskan diri memerlukan kita untuk menyedarinya dan memilih hala tuju yang baru. Semua emosi kita boleh dibahagikan kepada dua kategori: *Sayang* dan *Ketakutan*. Apa sahaja yang bersifat negatif, menyekat, atau yang membataskan ialah emosi yang berasaskan ketakutan. Apa yang positif, ada belas kasihan dan menyokong ialah emosi yang berasaskan rasa sayang. Mengubah corak pemikiran lama memerlukan perubahan perkataan atau hala tuju yang kita bekalkan kepada fikiran bawah sedar kita. Satu langkah yang sangat penting untuk mengubah kesedaran adalah dengan menyingkirkan perkataan yang membataskan daripada kamus hidup kita. Dua perkataan yang sering digunakan ialah *Tidak Boleh* dan *Cuba*.

Tidak Boleh diterjemahkan kepada tidak mahu atau tidak akan. Ia juga berkait dengan menjadi tidak berdaya berbanding bertanggungjawab untuk diri sendiri. Sekiranya anda tidak mempunyai jawapan untuk sesuatu, anda boleh menggunakan penyataan seperti "Saya memilih untuk tahu," "Ia akan datang kepada saya," atau "Saya akan cari jawapannya."

Perkataan *Cuba* bermaksud mencuba untuk melakukan atau mencapainya. Mencuba bermaksud berusaha, berusaha lebih lagi ke arah itu, tetapi belum mencapainya atau belum berjaya. Cuba kaitkan dengan buntu atau duduk di atas pagar.

Untuk berjaya, mencapai, atau menyempurnakan matlamat, anda perlu melihat sendiri perkara itu dilakukan dengan sempurna. Daripada mengatakan anda akan "cuba" melakukan sesuatu, jadikan ia satu komitmen sama ada untuk melakukannya atau tidak dan membiarkan perkataan anda menggambarkan keputusan anda. Dengan melakukan sedemikian, ia akan menyingkirkan usaha yang sia-sia serta salah faham dan perasaan terluka dalam perhubungan. Sekiranya anda tidak pasti anda boleh melakukannya, katakanlah berserta komen seperti, "Saya akan mempertimbangkannya," atau "Buat masa ini, saya akan merancangnya."

Untuk mengubah realiti anda perlukan komunikasi yang jujur di antara fikiran sedar dan bawah sedar anda. Fikiran bawah sedar anda mengambil semua yang ia terima secara harfiah; ia seperti pangkalan data yang besar dan memaparkan semula apa yang dimasukkan.

Untuk mengawal hidup, anda perlukan hala tuju atau matlamat yang menjadikan anda sedar ke mana anda sedang tuju. Apa yang menahan seseorang itu ialah takut akan perkara yang tidak diketahui dan berasa selesa dengan apa yang diketahui, walaupun ia menyakitkan. Tenaga diperlukan untuk berubah; inilah sebab mengapa kumpulan sokongan, bahan-bahan yang memberikan inspirasi dan rakan-rakan yang positif menjadikannya berbeza. Akhirnya, ia memerlukan *Kepercayaan*, ditakrifkan sebagai "berdepan dengannya," bermaksud berdepan dengan ketakutan. *Ketakutan* ialah bukti palsu yang kelihatan nyata.

PROSEDUR UJIAN OTOT UNTUK PENGAMAL DAN AHLI TERAPI

1. Terapi setempat menggunakan ujian otot sebagai petunjuk untuk menentukan kehadiran gangguan di dalam medan tenaga. Untuk terapi setempat, cari satu otot kuat yang anda mahu gunakan sebagai petunjuk, sentuh titik yang dimaksudkan dan uji semula otot tersebut. Otot yang sebelum ini kuat menjadi lemah menunjukkan tindakbalas yang positif. Untuk menentukan kehadiran corak emosi, sentuh titik emosi pada dua lekukan di dahi. Sekiranya otot yang kuat sebelum ini menjadi lemah, maka ia bermaksud corak emosi itu ada.

2. Kenal pasti emosi dengan bertanya kepada pesakit apakah masalah atau emosi yang sedang dia hadapi dan uji dengan otot petunjuk. Setelah respons jelas dijumpai, sahkan ia dengan menyentuh atau "menentukan tempat terapi" titik emosi dan titik penggera organ yang sesuai untuk emosi yang telah dikenal pasti.

    Sekiranya pesakit tidak dapat mengenal pasti emosi, pergi ke kawasan rungutan dan lakukan terapi setempat pada titik penggera organ tersebut. Sahkan dengan titik emosi dan emosi tersebut.

3. Minta pesakit merasakan emosi tersebut; kemudian "sisi lain" emosi tersebut. Uji dengan menggunakan otot petunjuk membantu memantapkan emosi ke dalam pengalaman pesakit. Terangkan mengenai emosi tersebut untuk pemahaman pesakit. Nyatakan "jalan keluar." Uji otot petunjuk dan terangkan seperti yang ditunjukkan.

4. Minta pesakit menghidu minyak yang digunakan, letakkan setitis minyak di atas tangan bukan dominan anda dan gosok minyak mengikut arah pusingan jam untuk mengaktifkannya. Letakkan minyak pada titik penggera, atau kedua-dua titik penggera sekiranya ia ada di kedua-dua sisi badan serta pada titik emosi. Semasa menyapu minyak, nyatakan emosi tersebut, "sisi lain" dan "jalan keluar," galakkan pesakit untuk berhubung dengan perasaannya dan membiarkan emosi tersebut muncul.

5. Uji pesakit untuk menentukan kekerapan penggunaan. Kadang-kadang, sekali sapuan sudah memadai. Bergantung kepada berapa sebatinya corak itu, pesakit biasanya perlu menyapu minyak sebanyak 3, 7, 10 atau 18 kali sehari selama 1, 3 atau 7 minggu. Apabila menangani beberapa emosi, minyak boleh dilapiskan dengan menyapu satu minyak ke atas minyak yang lain dengan segera. Minyak untuk setiap emosi boleh disapu sekerap setiap 15 minit, jadi pesakit boleh menggunakannya sebelum dan selepas bekerja apabila mereka mempunyai peluang untuk fokus kepada emosi tersebut.

    Sekiranya pesakit tidak dapat menggunakan minyak sekerap yang diperlukan atau perlu menghentikan penggunaan, dia boleh melanjutkan tempoh masa penggunaannya. Kekerapan dan jangka masa rawatan ialah satu petunjuk kepada berapa sebatinya corak emosi tersebut, tetapi ia bukanlah mutlak. Sesetengah pesakit mungkin perlu melanjutkan rawatan, jadi periksa semula setelah mereka berasa telah selesai.

6. Kaji semula dengan pesakit apakah yang dia akan lakukan:
    a) rasakan emosi dan hidu minyak tersebut,
    b) sapu minyak pada titik penggera dan hubungkan dengan "sisi lain" emosi tersebut,
    c) sapu minyak pada titik emosi dan nyatakan "jalan keluar."

Terapi percakapan perlu dalam memahami situasi, tetapi ia memerlukan lebih daripada sekadar pengetahuan akal untuk mengubah sesuatu corak. Corak tersebut perlu dibebaskan daripada tubuh untuk respons lazim berubah. Setelah difahami, emosi yang tersimpan boleh dibebaskan daripada memori sel melalui titik penggera. Aromaterapi digunakan untuk mengakses pusat emosi di dalam sistem limbik otak. Mengenal pasti emosinya (negatif), pelengkap "sisi lainnya" (positif) dan pengajarannya bersama "jalan keluar" daripada keadaan tidak selesa dapat membawa pengajaran tersebut ke dalam fikiran sedar. Pengetahuan ini menimbulkan kesedaran yang perlu untuk mengambil pengajaran dan mengubah corak tingkah laku. Menghidu dan menyapu minyak pati yang spesifik pada kawasan yang menyimpan emosi tersebut membolehkan corak sel dibebaskan daripada tubuh, supaya corak emosi boleh berubah.

TEKNIK PENAMBAHBAIKAN

Penggunaan teknik-teknik ini boleh menambah baik proses pembersihan dengan memudahkan pembebasan cas emosi dan mengurangkan jumlah pengulangan yang diperlukan untuk mengubah corak tersebut.

Merasai Perasaan Tersebut Sepenuhnya

1. Kenal pasti emosi tersebut. Rasakan emosi tersebut dan jelmakan sepenuhnya emosi tersebut serta semua perkara yang berkaitan dengan emosi tersebut.

2. Hidu minyak, tarik nafas emosi tersebut masuk dan hembuskannya keluar. Pada nafas ketiga biarkan frekuensi emosi tersebut membawa anda ke sisi yang berlawanan. (Sekiranya emosi awalnya ialah kemarahan, kekalkan dengan kemarahan sehingga ia berubah menjadi ketawa.) Untuk membantu dalam pembebasan emosi tersebut, tarik nafas emosi positif (ketawa) dan hembuskan nafas keluar, membebaskan emosi negatif (kemarahan).

3. Setelah anda mencapai emosi berlawanan (ketawa), sapukan minyak *Purification* dan ucapkan penyataannya bersama kesedaran (Arah saya jelas) dan teruskan mengucapkannya sehingga tenaga dibebaskan dan dibersihkan. Ketika inilah anda mencapai titik pegun dan tenaga tidak lagi bergerak.

Apabila melakukannya bersama dengan fasilitator, fasilitator akan menahan ruang, membolehkan klien beralih ke dalam tenaga tersebut. Kuncinya adalah untuk menahan ruang tanpa menghakimi, supaya klien dapat merasai emosi itu sepenuhnya. Untuk keberkesanan maksimum, fasilitator hendaklah bersih daripada corak emosi tersebut sebelum melakukannya bersama klien.

Pembersihan Semasa Anda Tidur

Programkan fikiran bawah sedar anda untuk menangani emosi semasa anda sedang tidur. Baurkan minyak pati dengan meletakkan pembaur mudah alih di sebelah katil anda bersama minyak untuk emosi yang anda sedang bersihkan.

Hidu minyak tersebut dan berhubung dengan emosi tersebut. Sapukan minyak pada titik penggera dan rasakan emosi yang berlawanan. Sentuh titik emosi di dahi anda dan ucapkan penyataannya. Anda boleh menangani beberapa jenis emosi secara serentak.

Ujian Otot

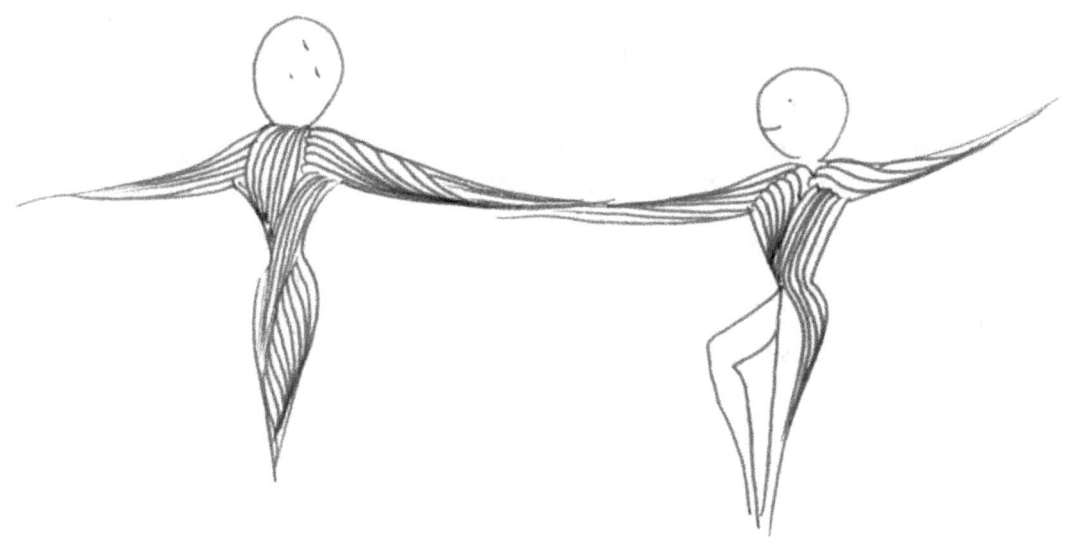

MANFAAT UJIAN OTOT

Ujian otot ialah teknik ringkas yang membolehkan anda berkomunikasi secara langsung dengan tubuh anda. Ia boleh memberitahu anda dengan tepat apakah yang tubuh anda perlukan pada saat itu. Setakat ini, saya mendapati bahawa inilah kaedah yang paling bernilai yang pernah saya gunakan. Melalui ujian otot saya dapat menentukan minyak manakah yang berkaitan dengan emosi tertentu.

Ujian otot sangat mudah. Ia hanyalah satu cara untuk berkomunikasi dengan fikiran bawah sedar anda. Perkara ini sangat penting kerana fikiran bawah sedar andalah yang bertanggungjawab dalam menjalankan dan menyelenggara tubuh anda.

Untuk menguji sesuatu, anda hanya perlu mencari otot petunjuk yang kuat dan anda perlu memeriksa keupayaannya untuk kekal kuat apabila diberikan rangsangan yang berbeza. Rangsangan ini adalah seperti jenis minyak yang berbeza yang anda mahu gunakan, di mana dan berapa kerap anda akan menggunakannya.

MENTAFSIR KEPUTUSAN

Otot yang sering digunakan dalam prosedur ini ialah otot-otot bahu, dada, lengan, atau otot-otot belakang. Semasa diuji, sekiranya otot tersebut kekal utuh di bawah tekanan yang dikenakan, bahan yang dikaji itu mempunyai kesan positif dan bermanfaat kepada tubuh anda. Sekiranya tekanan menyebabkan otot menjadi lemah atau cberalah", maka bahan yang diuji itu mempunyai kesan yang negatif dan akan menggunakan lebih banyak tenaga untuk diproses atau disingkirkan berbanding apa yang ia dapat berikan.

Apabila otot yang diuji itu lemah, ia mungkin ditunjukkan dalam pelbagai bentuk. Kelemahan mungkin dramatik, menunjukkan jawapan "Tidak" yang pasti untuk bahan tersebut, atau sederhana lemah atau "berasa seperti span".

Rasa "seperti span" menunjukkan bahawa bahan tersebut tidak memberi bermanfaat kepada sistem anda, tetapi ia juga tidak menjejaskannya.

ASAL DAN ASAS UJIAN OTOT

Pada tahun 1964, Dr. George Goodheart, seorang Pakar Perubatan Kiropraktik, mendapati bahawa beliau boleh memperoleh maklumat mengenai tubuh melalui satu proses ujian otot. Beliau telah menemui cara untuk memintas penapis fikiran sedar supaya dia boleh berkomunikasi secara langsung dengan tubuh fizikal. Penemuan yang besar ini telah membuka jalan untuk menentukan apa sebenarnya yang sedang berlaku di dalam tubuh. Ia meningkatkan kemampuan fizikal untuk mendiagnosis, membolehkan pakar perubatan menjadi lebih spesifik. Contohnya, sekiranya seseorang itu tahu yang dia menghidapi jangkitan saluran kencing yang boleh disahkan oleh ujian air kencing, soalan seterusnya ialah "Apakah penyebabnya?" Dengan menggunakan ujian otot dan titik penggera akupunktur, pakar perubatan boleh menentukan sama ada ia berpunca daripada pundi kencing, saluran kencing, atau ginjal.

Nilai terbesar ujian otot ialah keupayaannya untuk mendiagnosis masalah fizikal dengan berkomunikasi secara langsung dengan tubuh. Melalui penggunaan ujian otot, Dr. Goodheart menunjukkan perhubungan antara otot dan fungsi tubuh dalaman.

Asas Ujian Otot

Ujian otot berasaskan ujian kekuatan otot standard yang digunakan untuk menentukan ketidakupayaan otot. Ujian ini telah dibangunkan oleh Kendall, Kendall, & Wadsworth, pelopor perubatan dalam kinesiologi, iaitu sains pergerakan otot manusia (Muscles: Testing and Function, 2nd ed., Baltimore, 1971).

Bagaimana Ujian Otot Berfungsi

Ujian otot berfungsi dengan menggunakan hubungan biofizikal dan mekanikal di antara otot, sendi, saraf dan organ untuk mengenal pasti keperluan dan ketidakseimbangan tubuh dengan spesifik. *Kaedah ini melibatkan sejumlah tekanan yang munasabah diberikan kepada satu atau sekumpulan otot, dan menentukan keupayaan seseorang untuk menahan tekanan itu.*

Ujian otot ialah konsep yang menarik dan bagaimana ia berfungsi boleh difahami secara fizikal dan mental. Daripada sudut fizikal, kita mengetahui bahawa tubuh mempunyai medan tenaga di sekelilinginya dan boleh meresap. Ujian otot memanfaatkan perubahan medan biotenaga ini. Sekiranya aliran tenaga terganggu atau tersekat, impuls saraf motor akan terjejas, menyebabkan kekuatan otot berkurang.

Perubatan Tradisional China telah memetakan aliran tenaga di dalam medan ini ketika ia bergerak melalui tubuh di sepanjang laluan yang dipanggil meridian. Di sepanjang meridian inilah Chi, atau daya kehidupan tubuh, mengalir. Orang China telah menunjukkan kesan aliran ini terhadap kesihatan melalui ilmu akupunktur, iaitu sebuah sistem rawatan pelbagai yang boleh digunakan untuk pelbagai jenis penyakit.

Dengan menggunakan fotografi Kirlian, medan tenaga yang dihasilkan oleh daya kehidupan boleh dilihat memancar keluar untuk membentuk satu aura di sekeliling tubuh. Ia wujud pada semua makhluk hidup—manusia, haiwan serta daun tumbuh-tumbuhan dan pokok. Walaupun medan tenaga ini biasanya tidak boleh dilihat dengan mata kasar, ia boleh dilihat dengan mudah di dalam gambar yang dihasilkan oleh alat fotografi ini.

Mengapa Ujian Otot Berkesan

Mekanik ujian otot juga dapat dijelaskan daripada segi respons fikiran bawah sedar. **Fikiran bawah sedar yang mengawal fungsi tubuh dalaman mengetahui apakah makanan dan bahan yang tubuh perlukan.** Tubuh sentiasa selari dengan fikiran bawah sedar, jadi ia sentiasa menggambarkan keperluannya dengan tepat.

Perhatikan kesan emosi pada tubuh. Oleh kerana emosi dihasilkan secara bawah sedar, ia berkait dengan perubahan fisiologi yang berlaku di dalam tubuh. Kemarahan, sebagai contoh, menyebabkan peningkatan tekanan darah, kadar degupan jantung, pernafasan dan ketegangan otot. Emosi lain juga, mempunyai manifestasi fizikal pada tubuh yang secara langsung berkait dengan respons fikiran bawah sedar.

Ujian otot menggunakan keharmonian di antara fikiran bawah sedar dan tubuh fizikal. Ia membolehkan kita untuk berkomunikasi dengan fikiran bawah sedar dan menilai reaksinya terhadap rangsangan dengan menggunakan tubuh sebagai pemancar dan penerima.

Semasa sesuatu bahan menyentuh tubuh, fikiran bawah sedar bertindak balas kepadanya dengan menganggap ia memberi manfaat, bersifat neutral, atau membahayakan. Ini menghasilkan respons fizikal sama ada meningkatkan atau menurunkan kekuatan otot bergantung kepada kesannya terhadap tubuh atau fikiran bawah sedar.

CARA MENGUJI OTOT

Teknik Asas

Pilih otot yang hendak digunakan sebagai otot petunjuk. Apa-apa otot atau kumpulan otot boleh digunakan. Jika orang yang sedang diuji lebih kuat daripada orang yang melakukan ujian, pemilihan otot yang boleh diasingkan dan diuji secara individu lebih baik. Perkara ini menjadikan ujian lebih tepat kerana ia mengurangkan kecenderungan otot sekitar terlibat sama. Jika orang yang sedang diuji nampak lebih lemah daripada orang yang melakukan ujian (lelaki menguji wanita), pemilihan otot yang lebih besar atau kumpulan otot membantu untuk menyeimbangkan kekuatan relatif. Disebabkan jisim otot berbeza antara lelaki, wanita dan kanak-kanak, panduan tentang cara menguji beberapa kekuatan otot telah disediakan. Pilihlah dengan sewajarnya. Teknik yang dicadangkan berikut (akan diterangkan kemudian) umumnya paling berkesan:

- Lelaki menguji wanita—gunakan otot bahu.

- Wanita menguji lelaki—gunakan otot dada atas, otot belakang.

- Lelaki atau wanita menguji kanak-kanak—gunakan gabungan otot dada dan lengan.

- Ujian kendiri—gunakan otot tangan dan jari.

Perkara Penting

- *Bersikap objektif*. Ini bermaksud anda perlu pastikan anda tidak memikirkan hasil yang anda ingini dalam fikiran anda semasa melakukan ujian tersebut. Fikiran bawah sedar anda mahu menyenangkan anda, jadi jika anda benar-benar mahukan sesuatu dan memikirkannya semasa ujian berjalan, anda boleh mendapat jawapan yang salah. Biarkan fikiran anda menjadi neutral, atau fokus untuk melakukan ujian tersebut dengan tepat.

- *Ini bukannya pertandingan menguji kekuatan*. Respons otot yang lemah semasa ujian tidak menunjukkan kekurangan pada otot tersebut.

- Otot tersebut baik sahaja. Ia hanya menjadi lemah sebagai respons kepada apa yang sedang diuji disebabkan impuls saraf sedang diganggu. Otot tersebut akan menjadi kuat jika diuji semula setelah petunjuk dikeluarkan.

- Apabila melakukannya bersama seseorang yang belum pernah melakukan ujian otot sebelum ini, lakukan gerakan beberapa kali supaya mereka menjadi biasa dengan prosedur tersebut. *Salah faham boleh menyebabkan keputusan menjadi tidak tepat*.

Tekanan Yang Dikenakan

- Anda akan tahu bahawa otot itu kuat apabila anda dapat rasa otot itu "mengunci" atau menahan. Ini biasanya berlaku dalam 15 darjah pertama julat pergerakan otot. Sekiranya ia tidak menahan, gunakan lengan yang satu lagi atau pilih otot yang lain.

- Jumlah tekanan yang sederhana harus dikenakan ke atas otot, kemudian dilepaskan secara perlahan-lahan.

- Elakkan pergerakan secara tiba-tiba dan jangan kenakan tekanan yang lebih daripada perlu untuk menentukan kekuatan otot.

- Jangan cuba untuk mengatasi kekuatan otot, kerana ini akan memberikan keputusan yang salah.

- Kenakan daya tekanan yang sama pada otot untuk setiap ujian, perhatikan perbezaan respons otot dalam setiap ujian yang berbeza. Sekiranya tidak pasti mengenai tindak balas otot tersebut, tanya orang yang sedang diuji apakah yang dirasakannya, kemudian nilai keputusannya.

> NOTA: Anda boleh mengesahkan keputusan anda pada masa ini sekiranya respons anda tidak sebegitu jelas dengan menggunakan Teknik Penambahbaikan (Scott Walker, D.C.). Pusingkan kepala anda ke kanan semasa orang yang sedang diuji memusingkan kepalanya ke kiri supaya anda berdua menghadap arah yang sama. Ujian otot dengan cara ini akan menjadikan perbezaan respons yang pada awalnya kurang jelas menjadi lebih jelas.

Pengasingan Otot

Jangan libatkan otot yang lain. Pastikan orang yang sedang diuji tidak menggunakan sebarang otot tambahan untuk menguatkan responsnya kepada ujian tersebut. Tubuh mahu menjadi kuat dan akan menggunakan otot kuat yang lain untuk membantu otot yang lemah. Perkara ini dilakukan dengan mengubah sedikit kedudukan lengan, membengkokkan siku, atau mencondongkan tubuh. Memandangkan matlamatnya adalah untuk mengasingkan otot, penglibatan otot yang lain menjadikan ujian lebih sukar dan selalunya menyebabkan keputusan menjadi tidak sah.

Ujian Spesifik

Tujuan ujian yang berikut adalah untuk menentukan kekuatan dan kelemahan.

- Kekuatan, atau respons "Ya", hadir apabila otot tersebut kuat dan dikunci. Berhati-hati agar tidak mengatasi otot yang anda sedang uji secara berlebihan.

- Respons "Tidak" jika otot tersebut lemah. Cara yang paling mudah untuk belajar ujian otot adalah dengan mula melakukannya bersama orang lain, menguji sesama sendiri. Setelah anda berasa yakin dengan ujian otot, anda bersedia untuk mula menguji diri anda sendiri.

UJIAN 1: Lelaki Menguji Wanita

Gunakan apabila seseorang yang mempunyai jisim otot yang lebih besar (lelaki) **menguji seseorang yang lebih kecil** (wanita).

Ujian ini menggunakan otot deltoid, atau otot bahu.

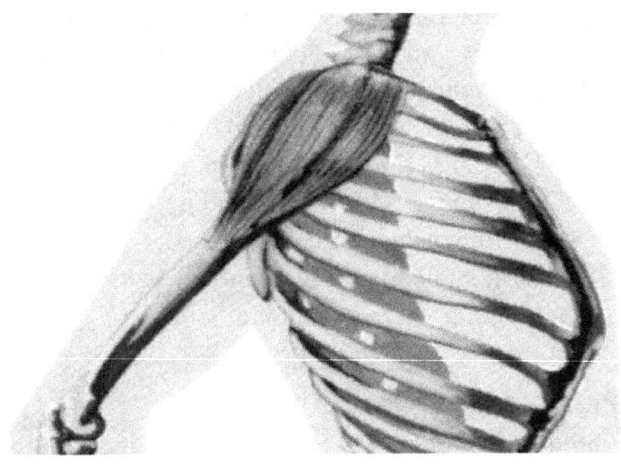

1. Dalam kedudukan duduk atau berdiri, wanita itu meluruskan satu lengan sama ada ke depan atau ke sisi supaya ia selari dengan lantai.

2. Telapak tangan wanita itu perlu menghadap ke bawah dan sikunya lurus, tetapi tidak terkunci.

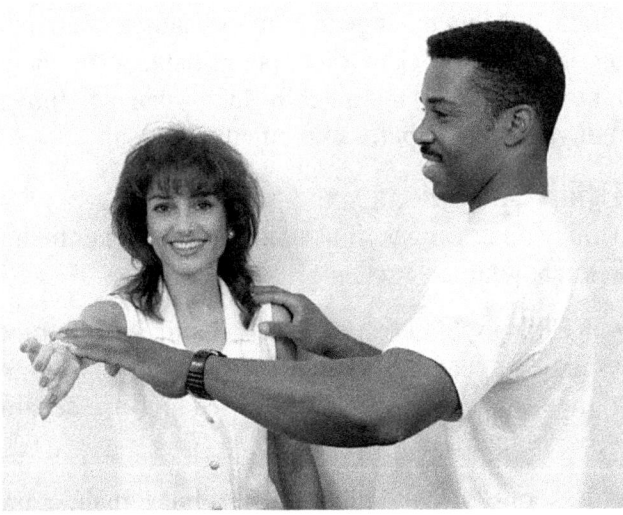

Lengan lurus ke depan pada sudut tegak dengan tubuh.

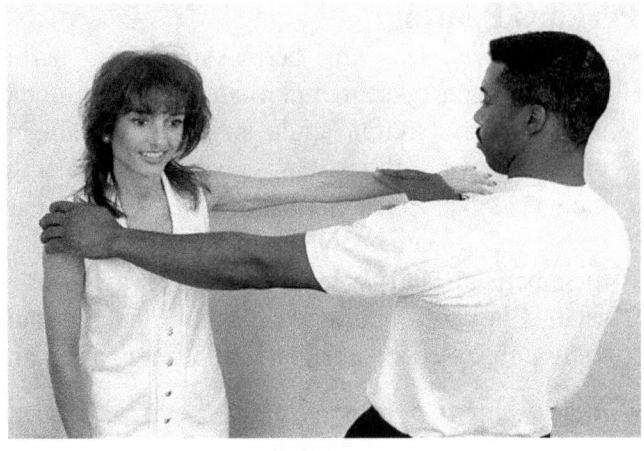

Lengan didepakan lurus ke sisi.

3. Otot lengan, dada, dan belakang sebaiknya perlu dilonggarkan supaya otot di sekitarnya tidak menguatkan bahu.

4. Lelaki yang menguji berdiri di hadapan atau di sisi wanita itu dan memberikan tekanan ke bawah pada lengan di bahagian atas sedikit daripada pergelangan tangan. Ini untuk menentukan kekuatan otot bahu.

5. Sekiranya lelaki itu lebih kuat daripada wanita tersebut, wanita itu boleh membengkokkan sikunya, merapatkan tangannya ke dalam, supaya daya tuil lelaki itu berkurang semasa menekan siku.

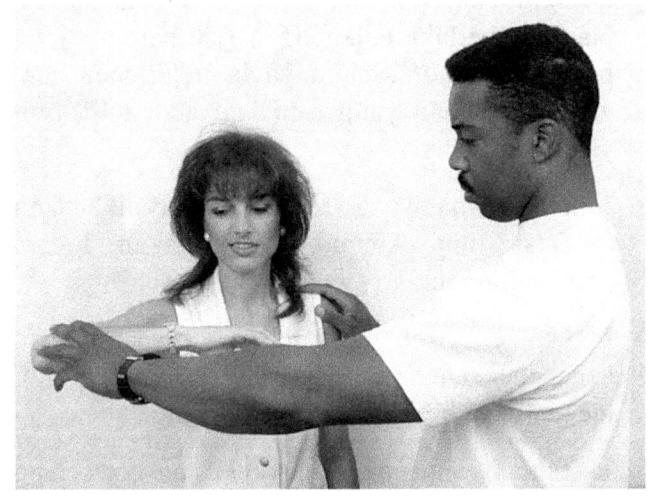

Lengan didepakan dengan siku dibengkokkan. Membengkokkan siku mengurangkan daya tuil, menjadikan ujian lebih mudah untuk orang yang sedang diuji.

UJIAN 2: Wanita Menguji Lelaki

Ujian ini biasanya berguna apabila penguji (wanita) mempunyai jisim otot yang jauh lebih kecil berbanding orang yang sedang diuji (lelaki), atau apabila kedua-duanya mempunyai saiz badan yang sama. (Ini juga boleh menjadi dua orang wanita atau dua orang lelaki yang mempunyai kekuatan yang setanding). Ia menggunakan otot pektoralis major klavikula atau bahagian atas otot dada yang bersambung dengan klavikel.

Kedudukan awal dengan respons kuat atau "Ya".

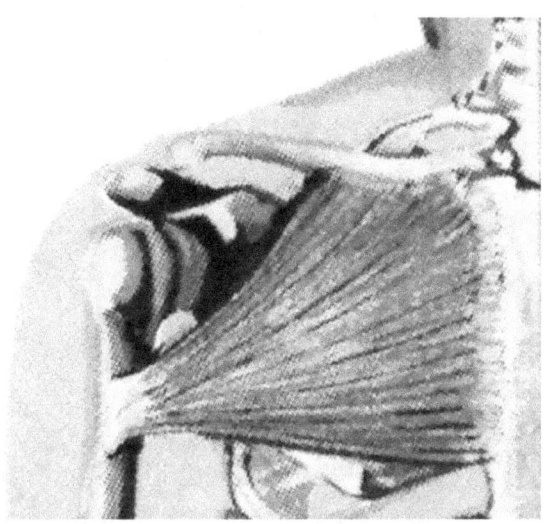

Otot Pektoralis Major Klavikular

1. Seperti dalam Ujian #1, orang yang sedang diuji meluruskan satu lengan ke depan dengan siku terkunci dan telapak tangan dipusingkan ke luar dan ibu jari menunjuk ke arah lantai.

2. Penguji kemudiannya mengenakan tekanan pada lengan di atas pergelangan tangan, tetapi daripada menolak lurus ke bawah, daya dikenakan pada sudut 45 darjah ke bawah dan menjauhi tubuh.

Kedudukan akhir dengan respons lemah atau "Tidak".

Kenakan tekanan yang stabil pada sudut 45 darjah dari tubuh.

UJIAN 3: Ujian Alternatif

Satu lagi ujian yang mudah digunakan melibatkan otot latisimus dorsi, atau otot belakang. **Ujian ini boleh digunakan apabila kedua-dua orang mempunyai saiz tubuh yang sama,** atau salah seorang lebih besar. Ujian ini boleh dilakukan samada dalam kedudukan berdiri atau berbaring.

Kedudukan awal dengan respons kuat atau "Ya".

1. Minta orang yang diuji berdiri dengan satu lengan lurus ke bawah di bahagian sisi badan dan lengan dipusingkan ke dalam supaya telapak tangan dan siku menghadap ke luar, menjauhi tubuh.

2. Penguji mengenakan tekanan yang stabil di bahagian atas sedikit daripada pergelangan tangan orang yang diuji, menariknya ke arah luar. Tangan yang satu lagi diletakkan pada bahu orang yang diuji untuk menstabilkan tubuh.

3. Sekiranya otot kuat dan kekal dekat dengan tubuh, anda mendapat respons "Ya".

4. Kelemahan akan dapat dilihat dalam 5-15 darjah pertama semasa otot gagal untuk tertarik atau "terkunci", bergerak menjauhi tubuh.

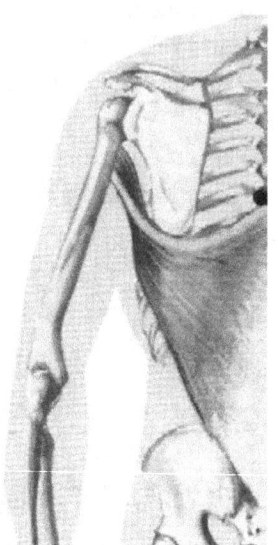

Otot Latisimus Dorsi

Kedudukan akhir dengan respons lemah atau "Tidak".

UJIAN 4: Menguji Kanak-Kanak (umur 4-8)

Dalam ujian ini, kedua-dua otot dada dan lengan digunakan. Pengecualian ini kepada pengasingan otot tunggal meningkatkan ketahanan kanak-kanak terhadap tekanan oleh orang dewasa.

3. Penguji, berdiri di hadapan orang yang diuji, cuba untuk memisahkan pergelangan tangan dengan mengenakan tekanan ke arah luar pada setiap lengan di bahagian atas pergelangan tangan. Jika kanak-kanak itu bersaiz kecil, anda hanya perlu menggunakan jari telunjuk anda di bahagian atas pergelangan tangan.

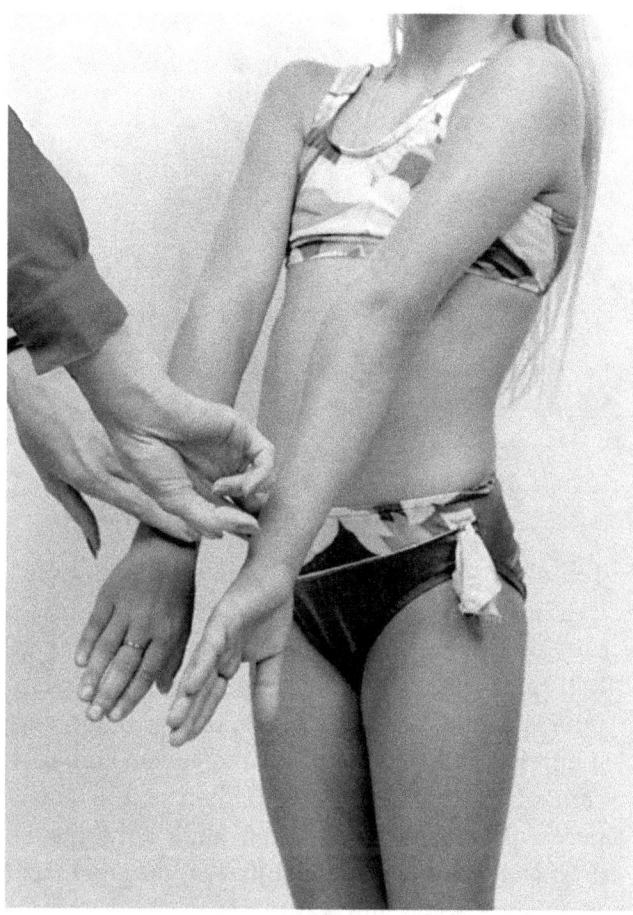

Kedudukan awal dengan respons kuat atau "Ya" (lengan didekatkan bersama).

1. Kedua-dua lengan diluruskan ke bawah di hadapan tubuh, hampir dengan tubuh.
2. Telapak tangan dipusingkan ke luar dan belakang pergelangan tangan dirapatkan bersama-sama.

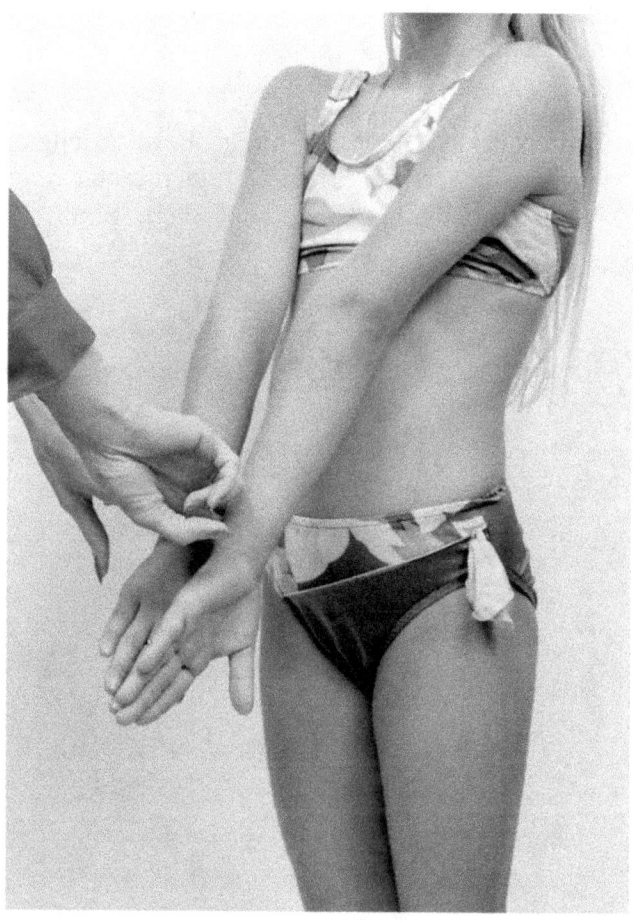

Kedudukan akhir apabila ujian lemah atau respons "Tidak" (lengan berpisah).

NOTA: Semasa menguji kanak-kanak, arahan seperti, "tolak pergelangan tangan awak" lebih mudah difahami berbanding arahan seperti, "tahan" atau "rapatkan lengan awak."

UJIAN 5: Menguji dengan Pergerakan Tubuh

Pertama kali anda melakukan ujian ini sebaiknya ada seseorang bersama anda untuk menangkap tubuh anda, kerana anda mungkin mempunyai pergerakan tubuh yang besar. Sesetengah orang menganggap ujian ini bagus untuk ujian kendiri, sementara ada juga yang memerlukan seseorang untuk membantu.

1. Tanggalkan kasut anda, terutamanya jika anda memakai kasut bertumit tinggi. Berdiri dengan kaki anda berpijak rata di atas lantai dan bertenang, membiarkan tubuh anda bergerak.

Kedudukan neutral atau kedudukan awal

2. Minta seseorang berdiri, bersedia untuk menangkap tubuh anda, dengan kedua-dua tangan mereka berada di depan dan belakang tubuh anda.

3. Pejamkan mata anda dan rehatkan tubuh anda. Ucapkan "Ya" dengan perlahan-lahan sebanyak tiga kali dan biarkan tubuh anda bergerak. Minta orang yang berdiri di sebelah anda untuk melihat arah pergerakan anda dan menangkap tubuh anda jika perlu.

4. Pejamkan mata anda dan rehatkan tubuh anda. Ucapkan "Tidak" dengan perlahan-lahan sebanyak tiga kali dan biarkan tubuh anda bergerak. Minta orang yang berdiri di sebelah anda untuk melihat arah pergerakan anda dan menangkap tubuh anda jika perlu.

5. Tentukan arah pergerakan tubuh anda untuk "Ya" dan untuk "Tidak". Sesetengah orang bergerak ke hadapan untuk "Ya" dan ke belakang untuk "Tidak"; sesetengah yang lain pula sebaliknya. Sesetengah orang bergoyang mengikut arah pusingan jam atau lawan arah jam, sementara yang lain menunjukkan sedikit sahaja pergerakan. Sekiranya tubuh anda bergerak ke arah yang jelas, ini adalah ujian ringkas dan tepat yang anda boleh gunakan.

Ujian 6: Ujian Kendiri

Dalam dua **kaedah mudah untuk menguji diri sendiri ini,** anda melawan otot anda sendiri dan bukannya otot orang lain. Kekal dengan objektif untuk mendapatkan keputusan yang tepat lebih sukar dalam kaedah-kaedah ini dan mungkin harus digunakan hanya jika anda sudah banyak pengalaman dalam ujian otot.

Ujian ini digunakan untuk tahap kelemahan yang berbeza, sama seperti ujian yang menggunakan otot yang lebih besar. Walaupun panduan yang saya berikan menggunakan tangan kiri dan kanan dengan cara berikut, tangan yang berlawanan turut boleh digunakan.

Ujian Kendiri: Kaedah Cincin "O"

1. Sentuh hujung ibu jari dan jari telunjuk tangan kiri anda untuk membentuk lubang bulat (cincin "O").

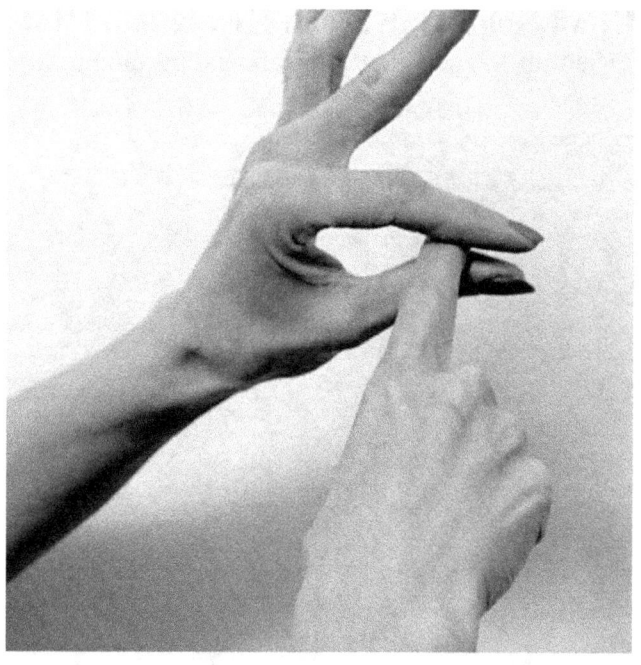

Menggerakkan jari ke arah penghalang

Mulakan pergerakan ini sejauh mungkin dalam bulatan untuk mendapatkan "gerakan awal" untuk melanggar penghalang.

4. Sekiranya anda tidak dapat melepasi penghalang tersebut, ujian otot itu kuat. Melepasi penghalang menunjukkan respons otot yang lemah. Keputusan ujian akan menjadi "Ya" (kuat) atau "Tidak" (lemah) yang jelas.

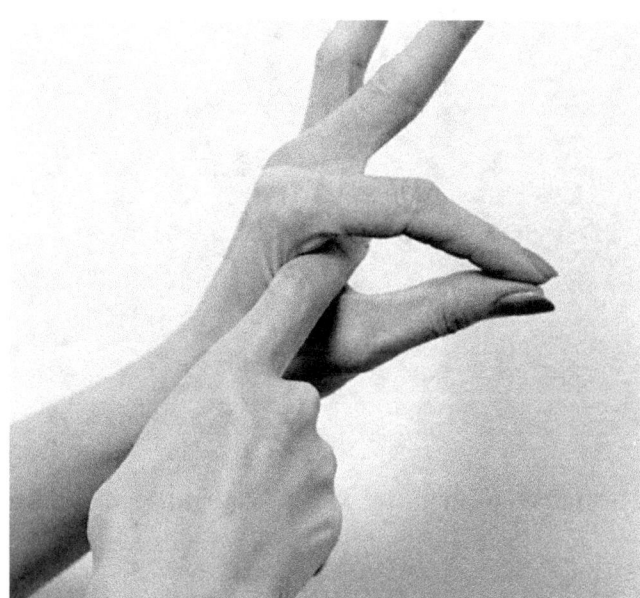

Cincin "O" dengan jari yang dimasukkan ke dalam

2. Masukkan jari telunjuk tangan kanan anda ke dalam lubang sehingga ia menyentuh telapak tangan kiri anda.

3. Sambil masih merapatkan ibu jari dan jari telunjuk anda, gerakkan jari telunjuk kanan anda ke arah hujung ibu jari dan jari telunjuk kiri dengan pantas dan kuat dan cuba untuk melepasi penghalang yang dibentuk oleh dua jari tersebut.

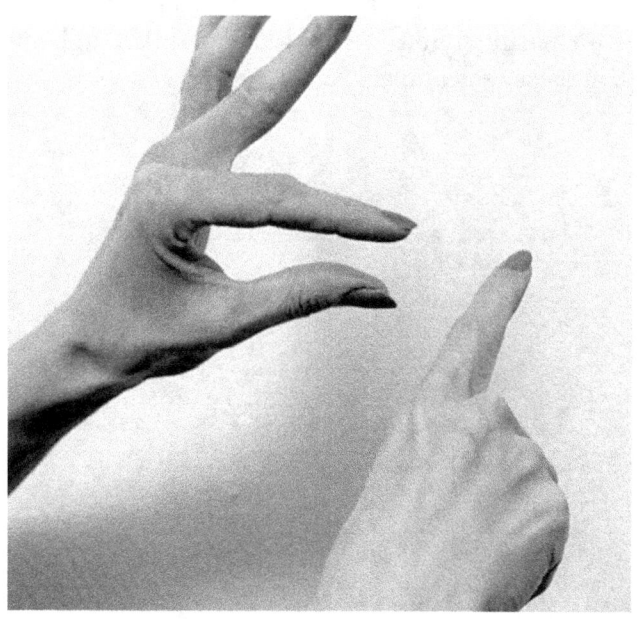

Jari melepasi penghalang: respons "Tidak".

Ujian Kendiri: Kaedah Ketahanan Otot

1. Sentuh ibu jari dan jari kelengkeng tangan kiri anda.

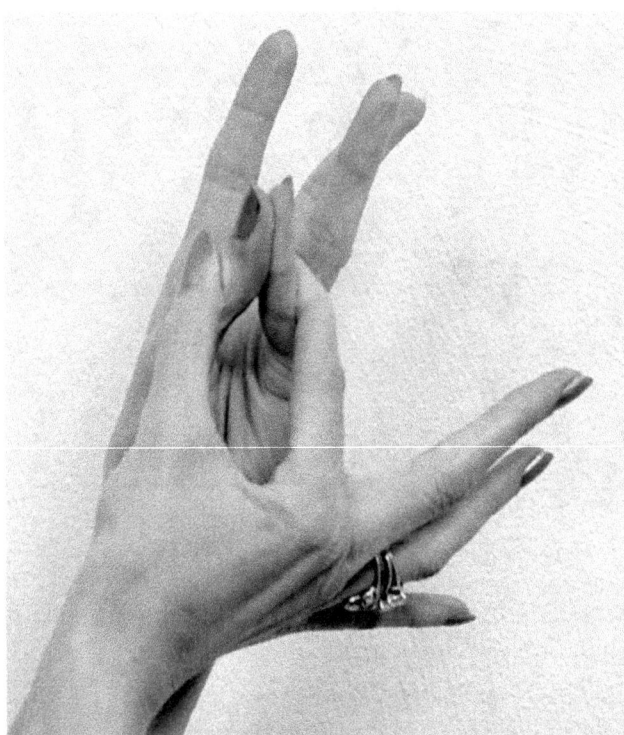

Respons kuat atau "Ya" tanpa pemisahan

2. Pegang dengan ibu jari dan jari telunjuk tangan kanan anda supaya tekanan dikenakan, memastikan ibu jari kiri dan jari kelengkeng anda sentiasa rapat.

3. Cuba pisahkan ibu jari dan jari kelengkeng tangan kiri anda dengan mengenakan tekanan melawan jari tangan kanan anda. Ketidakupayaan untuk memisahkannya menunjukkan "respons kuat," pemisahan berselang seli (ada dan tiada) ialah "respons sederhana," dan pemisahan lengkap ialah "respons lemah,"

Kaedah ini membolehkan anda mendapatkan respons "Sederhana" selain respons "Ya" atau "Tidak".

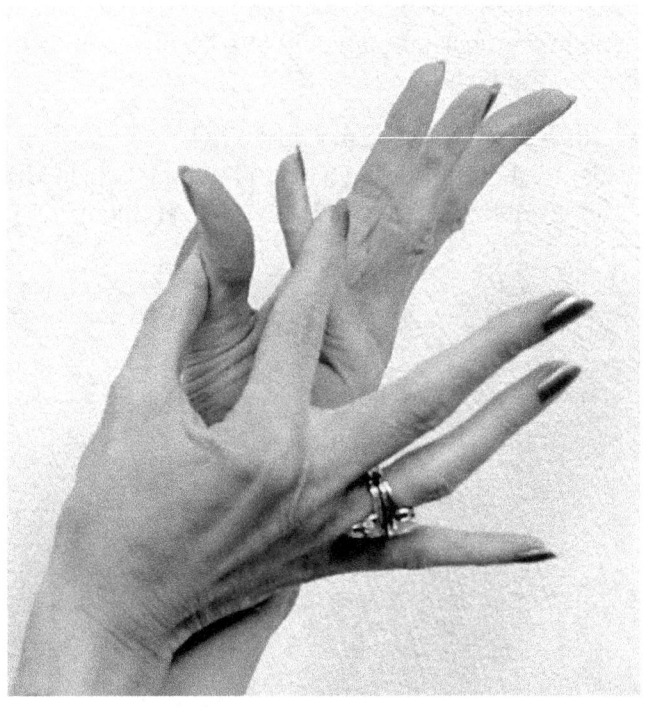

Respons lemah atau "Tidak" dengan pemisahan

MELAKSANAKAN UJIAN OTOT

Setelah anda pilih ujian otot yang anda mahu gunakan, uji otot itu terlebih dahulu. Ujian ini dikenali sebagai "menguji dengan bebas" dan ia dijalankan disebabkan perkara-perkara berikut:

- Untuk memastikan anda mempunyai otot yang kuat.

- Untuk menguji kekuatan relatif otot tersebut bagi menentukan berapa banyak tekanan yang harus dikenakan.

- Untuk membiasakan seseorang itu dengan ujian dan menentukan satu "garis dasar" supaya anda tahu bagaimana rasanya otot yang kuat.

- Selepas prosedur ini, anda kini bersedia untuk menilai keperluan minyak yang berbeza dengan menguji respons terhadapnya.

Kaedah

1. **Letakkan minyak yang akan diuji di dalam medan biotenaga orang yang diuji.** Keputusan yang paling tepat diperoleh apabila orang yang diuji boleh menghidu minyak tersebut. Walaupun cara ini ideal, tapi ia bukanlah satu kewajipan. Orang yang diuji boleh memegang botol minyak begitu sahaja, atau hanya menyentuhnya ke tubuh. Semasa melakukan ujian kendiri dan kedua-dua tangan anda sedang digunakan, gunakan lengan anda untuk menahan minyak rapat ke sisi atau dada anda, atau letakkan di dalam tali pinggang anda rapat ke abdomen anda.

2. **Lakukan ujian dan bandingkan keputusan kekuatan otot dengan ujian "garis dasar" tadi.** Respons yang kuat menunjukkan "Ya" yang jelas, respons mampung bermaksud bahan itu membantu tetapi bukan pilihan yang paling sesuai atau terbaik dan respons yang lemah menunjukkan "Tidak, sudah tentu bukan sekarang".

3. **Setelah minyak atau minyak-minyak yang bersesuaian ditemui, tentukan di mana ia harus disapukan.** Untuk menentukannya anda boleh menyentuh botol minyak tersebut pada titik penggera yang sesuai, kaki, atau sebarang titik umum di hidung sekiranya syaratnya ialah untuk menghidunya.

Semakin dekat bahan sebenar dengan titik tersebut (tanpa benar-benar menyapunya sekiranya terdapat kemungkinan respons negatif) semakin tepat keputusan ujian tersebut. Dengan menyentuh titik tersebut atau menggambarkan dan mengucapkan secara lisan lokasi titik itu juga efektif.

PETUNJUK YANG BERGUNA

1. Semasa anda memulakan ujian otot, uji makanan atau bahan yang anda tahu "baik" atau "buruk" kepada anda terlebih dahulu. Ini akan memberikan anda pengalaman merasai responsnya dan membolehkan anda memahami apa yang boleh dijangkakan.

2. Sekiranya keputusan ujian tidak konsisten, anda mungkin mengalami dehidrasi. Minum sedikit air, kemudian uji semula.

3. Tanggalkan barang kemas anda, jam dan apa-apa sahaja yang boleh mengganggu aliran tenaga. Ini akan membantu memastikan ketepatan keputusan ujian anda.

Ketepatan

Tujuan ujian otot adalah untuk memperoleh jawapan yang tepat. Kunci kepada ketepatan dalam ujian otot adalah kekal dengan objektif. Kebiasaannya lebih mudah untuk melakukannya apabila anda diuji oleh orang lain, tetapi dengan latihan, anda akan mampu mengekalkan objektif anda semasa menguji diri sendiri. Periksa ketepatan anda dengan menguji makanan atau bahan yang anda tahu menghasilkan respons "Ya" atau "Tidak" secara dramatik.

Seperti dalam perkara lain juga, kemahiran dalam ujian otot memerlukan latihan. Setelah anda menjadi lebih mahir, lebih mudah untuk anda menentukan minyak mana yang diperlukan, bila dan di mana untuk menyapunya dan untuk berapa lama. Lambat laun anda akan mendapati bahawa diri anda meningkatkan kesedaran intuitif mengenai apa yang tubuh anda perlukan dan kemudian anda hanya akan menguji untuk mengesahkan apa yang telah anda tahu.

BIBLIOGRAFI

Essential Science Publishing, Compiled by, DR *Peoples's Desk Reference for Essential Oils*, Salem, UT, Essential Science Publishing, (1999)

Farmer, Kathy, *Unlocking Emotions with Essential Oils*

Friedmann, Terry, M.D. *Freedom Through Health*, North Glenn, CO, Harvest Publishers (1998)

Herzog, Roberta, D.D. *The Akashic Reading Guidelines*, P.O. Box 448, Scotland Neck, NC, Roberta Herzog Publisher (1993) 252-826-0837 www.robertaherzog

Higley, Connie and Alan, *Reference Guide for Essential Oils*, Orem, UT, Abundant Health (1998)

Mein, Carolyn, D.C., *Different Bodies, Different Diets*, San Diego, CA, Vision Ware Press (1998)

Mein, Carolyn, D.C., *Different Bodies, Different Diets*, New York City, NY, HarperCollins PublishersInc. (2001)

Myss, Caroline, Ph.D., *Why People Don't Heal And How They Can*, New York City, NY, Harmony Books (1997)

Pearsall, Paul P., *The Heart Code*, New York City, NY, Broadway Books (1998)

Pert, Candace B., Ph.D., *Molecules of Emotion:Why You Feel the Way You Feel*, New York City, NY, Scribner (1997)

Page, Ken, *The Way It Works*, Bastrop, TX, Clearlight Arts (1997)

Truman, Carol, *Feelings Buried Alive Never Die*, St. George, UT, Olympus Distributing Corporation (1991)

Ulfelder, Susan, N.D., Personal Communication, Bethesda, MD

Young, Gary, N.D., *Aromatherapy: The Essential Beginning*, Salt Lake City, UT, Essential Press Publishing (1996)

SUMBER-SUMBER

Different Bodies, Different Diets
Buku ini menyelesaikan misteri "satu diet sesuai untuk semua" melalui Sistem 25 Jenis Tubuh. Sistem ini adalah berdasarkan idea bahawa setiap orang mempunyai kelenjar, organ atau sistem dominan yang wujud sejak lahir dan kekal dominan di sepanjang hidup seseorang. Kelenjar dominan inilah yang menentukan ciri-ciri fizikal, psikologi dan sifat-sifat emosi.

Fitness-Fun-Ball™
Cara paling mudah untuk bersenam adalah dengan menggunakan Fitness-Fun™. Ball menerapkan senaman di dalam gaya hidup anda dengan menggunakan Fitness-Fun-Ball™ sebagai sebuah kerusi. Titik yang paling lemah pada tubuh adalah di pelvis yang menyebabkan otot bawah abdomen lemah dan sakit belakang. Duduk di atas bola memaksa anda untuk menggunakan otot pelvik dan otot bawah abdomen anda. Aktiviti ini memperbaiki postur, mengurangkan masalah pergelangan tangan dan merangsang pergerakan cecair serebrospinal, menyebabkan peningkatan kewaspadaan dan kejelasan mental.

DVD Core Fitness
Fokus untuk menguatkan otot abdomen dengan berkesan melalui latihan berasaskan Pilates menggunakan Fitness Ball.

Tara Diamond, MS, BMS, ialah seorang penyembuh dan penasihat kerohanian, penganalisis reka bentuk manusia, artis dan guru. Pengalamannya dalam penyembuhan transpersonal selama 20 tahun telah berkembang menjadi teknik penyembuhan yang sangat intuitif. Beliau adalah pakar dalam. The Teaching of the Inner Christ dan telah mengajar penyembuhan astral, terapi doa dan latihan kesensitifan jiwa selama 10 tahun. Kini dia merawat individu, membersihkan medan tenaga daripada pengaruh astral yang mempengaruhi perkembangan psiko-kerohanian mereka.
Tara Diamond: (619) 888-9237, www.taradiamond.com

Young Living Essential Oils™
Bertujuan untuk mengembalikan mesej dan pengetahuan penyembuhan kepada manusia di dunia, Young Living Essential Oils™ komited untuk membekalkan minyak pati gred tertinggi. Untuk memastikan ketulenan dan mutu, Young Living menanam, menuai dan menyuling kebanyakan minyak pati mereka. Diasaskan oleh Dr. Gary Young, N.D., Young Living Essential Oils™ diedarkan melalui wakil persendirian. Atau ia boleh dipesan secara terus dengan menelefon 800-371-3515, #10586.

Sumber lain minyak pati bermutu tinggi ialah *Original Swiss Aromatics*, P.O. Box 6842, San Rafael, CA 94903.

Maklumat Tambahan:

- Carolyn L . Mein, D .C . (858) 756-3704
- *Lawati* laman web kami : www .bodytype .com
- *Hubungi* pengedar minyak pati tempatan anda

LAMPIRAN
Adunan Minyak oleh Young Living Essential Oils™

ABUNDANCE™: Orange, Frankincense, Patchouly, Clove, Ginger, Myrrh, Cinnamon Bark, Spruce

ACCEPTANCE™: Rosewood, Geranium, Frankincense, Blue Tansy, Sandalwood, Neroli, dalam bes Minyak Badam.

AROMA LIFE™: Cypress, Marjoram, Helichrysum, Ylang Ylang, dalam bes minyak Biji Bijan

AROMA SIEZ™: Basil, Marjoram, Lavender, Peppermint, Cypress

AUSTRALIAN BLUE™: Blue Cypress, Ylang Ylang, Cedarwood, Blue Tansy, White Fir

AUSTRALIAN KURANYA™: Lemon Myrtle, Kunzea, Blue Cypress, Sacred Sandalwood, Fennel, Australian Ericifolia, Eucalyptus Radiata, Tea Tree

AWAKEN™: **Adunan Joy Essential:** Bergamot, Ylang Ylang, Geranium, Rosewood, Lemon, Mandarin, Jasmine, Roman Chamomile, Palmarosa; **Adunan Forgiveness Essential:** Geranium, Rosewood, Melissa, Lemon, Frankincense, Jasmine, Roman Chamomile, Bergamot, Ylang Ylang, Palmarosa, Sandalwood, Angelica, Lavender, Helichrysum, Rose, dalam bes minyak Biji Bijan; **Adunan Present Time Essential:** Neroli, Spruce, Ylang Ylang, dalam bes Minyak Badam **Adunan Dream Catcher Essential:** Sandalwood, Tangerine, Ylang Ylang, Black Pepper, Bergamot, Juniper, Anisum, Blue Tansy; **Adunan Harmony Essential:** Lavender, Sandalwood, Ylang Ylang, Frankincense, Orange, Angelica, Geranium, Spruce, Hyssop, Sage, Lavender, Rosewood, Jasmine, Roman Chamomile, Bergamot, Palmarosa, Rose, dalam bes Minyak Badam

BELIEVE™: Idaho Balsam Fir, Rosewood, Frankincense

ScentWise™: Sandalwood, Cedarwood, Frankincense, Melissa, Blue Cypress, Lavender, Helichrysum

CELEBRATION™: Lavender, Angelica, German Chamomile, Cardamom, Rosemary, Peppermint, Dill, Sacred Sandalwood™, Ylang Ylang, Frankincense, Orange, Geranium, Hyssop, Spanish Sage, Northern Lights Black Spruce, Coriander, Bergamot, Lemon, Jasmine, Roman Chamomile, Palmarosa, and Rose

CHIVALRY™: **Adunan Valor Essential:** Spruce, Rosewood, Blue Tansy, Frankincense, dalam bes Minyak Badam; **Adunan Joy Essential:** Bergamot, Ylang Ylang, Geranium, Rosewood, Lemon, Mandarin, Jasmine, Roman Chamomile, Palmarosa, Rose; **Adunan Harmony Essential:** Lavender, Sandalwood, Ylang Ylang, Frankincense, Orange, Angelica, Geranium, Spruce, Hyssop, Sage Lavender, Rosewood, Jasmine, Roman Chamomile, Bergamot, Palmarosa, Rose, dalam bes Minyak Badam; **Adunan Gratitude Essential:** Idaho Balsam Fir, Frankincense, Rosewood, Myrrh, Galbanum, Ylang Ylang

CITRUS FRESH™: Orange, Grapefruit, Mandarin, Tangerine, Lemon, Spearmint

CLARITY™: Basil, Cardamom, Rosemary, Peppermint, Rosewood, Geranium, Lemon, Jasmine, Roman Chamomile, Bergamot, Ylang Ylang, Palmarosa

COMMON SENSE™: Frankincense (Boswellia Carteri), Ylang Ylang, Ocotea, Rue, Dorado Azul, Lime

DI-GIZE™: Tarragon, Ginger, Peppermint, Juniper, Fennel, Lemongrass, Anise, Patchouli

DRAGON TIME™: Fennel, Clary Sage, Marjoram, Lavender, Blue Yarrow, Jasmine

DREAM CATCHER™: Sandalwood, Tangerine, Ylang Ylang, Black Pepper, Bergamot, Juniper, Anise, Blue Tansy

EGYPTIAN GOLD™: Frankincense, Balsam Canada, Lavender, Myrrh, Hyssop, Northern Lights Black Spruce, Cedarwood, Vetiver, Rose, Cinnamon Bark

ENDO FLEX™: Spearmint, Sage, Geranium, Myrtle, German Chamomile, Nutmeg, dalam bes Minyak Biji Bijan

EN-R-GEE™: Rosemary, Juniper, Lemongrass, Nutmeg, Idaho Balsam Fir, Clove, Black Pepper

ENVISION™: Spruce, Geranium, Orange, Lavender, Sage, Rose

EXODUS II™: Cassia, Myrrh, Cinnamon Bark, Calamus, Galbanum, Hyssop, Spikenard, Frankincense, dalam bes Minyak Zaitun

FORGIVENESS™: Melissa, Geranium, Frankincense, Rosewood, Sandalwood, Angelica, Lavender Lemon, Jasmine, Roman Chamomile, Bergamot, Ylang Ylang, Palmarosa, Helichrysum, Rose, dalam bes Minyak Biji Bijan

FULFILL YOUR DESTINY™: Tangerine, Frankincense, Nutmeg, Cassia, Cardamom, Clary Sage, Black Pepper, Idaho Blue Spruce, Neroli

GATHERING™: Lavender, Geranium, Galbanum, Frankincense, Sandalwood, Ylang Ylang, Spruce, Rose, Cinnamon Bark

GENEYUS™: Sacred Frankincense, Blue Cypress, Cedarwood, Idaho Blue Spruce, Palo Santo, Melissa, Northern Lights Black Spruce, Sweet Almond, Bergamot, Myrrh, Vetiver, Geranium, Royal Hawaiian Sandalwood™, Ylang Ylang, Hyssop, Coriander, Rose

GRATITUDE™: Idaho Balsam Fir, Frankincense, Rosewood, Myrrh, Galbanum, Ylang Ylang

GROUNDING™: White Fir, Spruce, Ylang Ylang, Pine, Cedarwood, Angelica, Juniper

HARMONY™: Lavender, Sandalwood, Ylang Ylang, Frankincense, Orange, Angelica, Geranium, Spruce, Hyssop, Sage, Lavender, Rosewood, Jasmine, Roman Chamomile, Bergamot, Palmarosa, Rose

HIGHER UNITY™: Sacred Sandalwood™, Sacred Frankincense™, Lime, Northern Lights Black Spruce, Spearmint, Lemon, Jasmine, and Rose

HIGHEST POTENTIAL™: **Australian Blue:** Blue Cypress, Ylang Ylang, Cedarwood, Blue Tansy, White Fir; **Gathering:** Lavender, Geranium, Galbanum, Frankincense, Sandalwood, Ylang Ylang, Spruce, Rose, Cinnamon Bark, Jasmine

HOPE™: Melissa, Juniper, Myrrh, Spruce, dalam bes Minyak Badam

HUMILITY™: Rosewood, Ylang Ylang, Geranium, Melissa, Frankincense, Spikenard, Myrrh, Neroli, Rose, dalam bes Minyak Biji Bijan

AromaBalance™: Hyssop, Mountain Savory, Cistus, Ravensara, Frankincense, Oregano, Clove, Cumin, Idaho Tansy

INNER CHILD™: Orange, Tangerine, Ylang Ylang, Jasmine, Sandalwood, Lemongrass, Spruce, Neroli

Minyak Pati

INSPIRATION™: Cedarwood, Spruce, Rosewood, Myrtle, Sandalwood, Frankincense, Mugwort

INTO THE FUTURE™: Clary Sage, Ylang Ylang, White Fir, Idaho Tansy, Frankincense, Jasmine, White Lotus, Juniper, Orange, Cedarwood, dalam bes Minyak Badam

JOURNEY ON™: Dream Catcher, AromaBalance, Motivation, Copaiba, Cinnamon Bark, Peppermint

JOY™: Bergamot, Ylang Ylang, Geranium, Rosewood, Lemon, Mandarin, Jasmine, Roman Chamomile, Palmarosa, Rose

JUVAFLEX™: Fennel, Geranium, Rosemary, Roman Chamomile, Blue Tansy, Helichrysum, dalam bes Minyak Biji Bijan

LEGACY™: Angelica, Balsam Fir, Basil, Bay Laurel, Bergamot, Black Pepper, Blue Tansy, Cajeput, Canadian Fleabane, Canadian Red Cedar, Cardamom, Carrot Seed, Cedarwood, Cinnamon Bark, Cistus, Citronella, Clary Sage, Clove, Coriander, Cumin, Cypress, Dill, Douglas Fir, Elemi, Eucalyptus Citriodora, Eucalyptus Dives, Eucalyptus Globulus, Eucalyptus Polybractea, Eucalyptus Radiata, Fennel, Frankincense, Galbanum, Geranium, German Chamomile, Ginger, Goldenrod, Grapefruit, Helichrysum, Hemlock, Hyssop, Idaho Tansy, Jasmine, Juniper, Lavender, Ledum, Lemon, Lemongrass, Lime, Mandarin, Melaleuca Alternifolia, Melaleuca Ericifolia, Melissa, Mountain Savory, Myrrh, Myrtle, Neroli, Nutmeg, Orange, Oregano, Palmarosa, Patchouly, Peppermint, Petitgrain, Pine, Ravensara, Red Fir, Roman Chamomile, Rose, Rose Hip, Rosemary, Rosewood, Sage, Sandalwood, Spearmint, Spikenard, Spruce, Tangerine, Tarragon, Thyme, Valerian, Vetiver, White Fir, Wintergreen, Yarrow, Yellow Pine, Ylang Ylang

LIGHT THE FIRE™: Mastrante, Northern Lights Black Spruce, Nutmeg, Cassia, Ocotea, Canadian Fleabane, Lemon, Pepper, dan Hinoki

LIVE WITH PASSION™: Clary Sage, Ginger, Sandalwood, Jasmine, Angelica, Cedarwood, Melissa, Helichrysum, Patchouli, Neroli

LIVE YOUR PASSION™: Orange, Royal Hawaiian™, Sandalwood, Nutmeg, Lime, Idaho Blue Spruce, Northern Lights Black Spruce, Ylang Ylang, Frankincense, Peppermint

AgeWise™: Thyme, Orange, Clove, Frankincense

MAGNIFY YOUR PURPOSE™: Sandalwood, Rosewood, Sage, Nutmeg, Patchouli, Cinnamon Bark, Ginger

MELROSE™: Rosemary, Melaleuca Alternifolia, Clove, Melaleuca Quinquenervia

MOTIVATION™: Roman Chamomile, Ylang Ylang, Spruce, Lavender

PANAWAY™: Wintergreen, Helichrysum, Clove, Peppermint

PEACE & CALMING™: Tangerine, Orange, Ylang Ylang, Patchouli, Blue Tansy

PRESENT TIME™: Neroli, Spruce, Ylang Ylang, dalam bes Minyak Badam

PURIFICATION™: Citronella, Lemongrass, Rosemary, Melaleuca, Lavendin, Myrtle

R.C.™: Myrtle, Eucalyptus Globulus, Eucalyptus Australiana, Pine, Marjoram, Eucalyptus Citriodora, Lavender, Cypress, Spruce, Eucalyptus Radiata, Peppermint

RELEASE™: Ylang Ylang, Lavandin, Geranium, Sandalwood, Blue Tansy, dalam bes Minyak Zaitun

RELIEVE IT™: Spruce, Black Pepper, Hyssop, Peppermint

RUTAVALA™: Lavender, Valerian, Ruta Graveolens

SACRED MOUNTAIN™: Spruce, Ylang Ylang, Idaho Balsam Fir, Cedarwood

SARA™: Ylang Ylang, Geranium, Lavender, Orange, Blue Tansy, Cedarwood, Rose, White Lotus, dalam bes Minyak Badam

SENSATION™: Coriander, Ylang Ylang, Furano Coumarin-free Bergamot, Jasmine, Geranium

SHUTRAN™: Idaho Blue Spruce, Ocotea, Ylang Ylang, Hinoki, Coriander, Davana, Lavender, Cedarwood, Lemon, Northern Lights Black Spruce

YL Haven™: Lime, Vanilla Extract, Copaiba, Lavender, Cedarwood, Ocotea

SURRENDER™: Lavender, Lemon, Roman Chamomile, Spruce, Angelica, German Chamomile

THIEVES™: Clove, Lemon, Cinnamon Bark, Eucalyptus Radiata, Rosemary

3 WISE MEN™: Sandalwood, Juniper, Frankincense, Spruce, Myrrh, dalam bes Minyak Badam

TRANSFORMATION™: Lemon, Frankincense, Peppermint, Idaho Balsam Fir, Sandalwood, Rosemary, Clary Sage, Cardomom

Composure™: Frankincense, Sandalwood, Valerian, Lavender, Davana, Spruce, Geranium, Helichrysum, Citrus Hystrix, Rose

VALOR™: Spruce, Rosewood, Blue Tansy, Frankincense, dalam bes Minyak Badam

WHITE ANGELICA™: Bergamot, Geranium, Myrrh, Sandalwood, Rosewood, Ylang Ylang, Spruce, Hyssop, Melissa, Rose, dalam bes Minyak Badam

GARY'S LIGHT™ Cinnamon Bark, Cistus, Dorado Azul, Eucalyptus Radiata, Hyssop, Lemongrass, Myrrh, Petitgrain, Sacred Frankincense

ONE HEART™ Lemon Peel, Ylang Ylang, Northern Lights Black Spruce, Lime, Roman Chamomile, Jasmine, Ocotea, Spearmint, Black Spruce, Blue Tansy, Camphor, Geranium, Frankincense

ONE PURPOSE™ Lime Peel, Sacred Frankincense, Ecuadorian Ylang Ylang, Ocotea, Black Spruce, Camphor, rose, Blue Tansy, Geranium, Frankincense

ONE VOICE™ Ecuadorian Ylang Ylang, Grand Fir, Idaho Blue Spruce, Sacred Frankincense, Blue Cypress, Sandalwood, Basil, Helichrysum, Ylang Ylang, Jasmine, Cardmon, Cedarwood, Rosemary, Geranium, Rose, Lavender, Peppermint, Frankincense, Royal Hawaiian Sandalwood, Northern Lights Black Spruce, White Fir, Vetiver, Coriander, Black Spruce, Bergamot, Cinnamon, Davana, Lemon Peel, Roman Chamomile, Palmarosa, Matricaria, Blue Tansy, Grapefruit Peel, Tangerine Peel, Spearmint, Ocotea

ROOTS™ Myrrh, Idaho Grand Fir, Sacred Frankincense, Angelica, Balm of Gilead, Cistus

WINGS™ Geranium, Lavender, Sandalwood, Ylang Ylang, Idaho Blue Spruce, Sacred Frankincense, Matricaria, Melissa, Orange Peel, Northern Lights Black Spruce, Tangerine Peel, Myrrh, Rose, Angelica

Bangkit Ke Potensi Tertinggi Anda Dengan Mengetahui Jenis

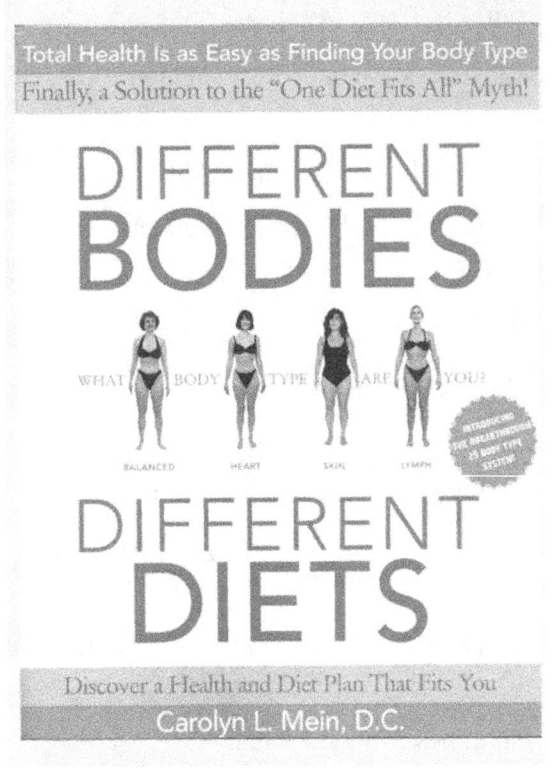

Termasuk gambar dan penerangan untuk setiap jenis tubuh lelaki dan wanita
Kulit Keras $27.95

Profil untuk setiap tubuh individu termasuk 20-50 cadangan menu untuk setiap jenis berserta menu sampel untuk 1 minggu. $14.95

Tubuh Anda

- **Cara kita berfikir berbeza**
- **Kita mempunyai kekuatan yang berbeza**
- **Kita tidak didorong oleh perkara yang sama**

Bagaimana kehidupan anda jika anda mengetahui kekuatan tertentu anda, potensi realistik anda, di mana anda cemerlang, apa yang mendorong anda dan orang di sekitar anda?

Jarang ahli keluarga mempunyai jenis tubuh yang sama. Terdapat 25 jenis tubuh berbeza, setiap satu mempunyai ciri-ciri personaliti dan keperluan diet yang tersendiri. Ciri-ciri personaliti diri mungkin diluahkan "pada masa terburuk" dan "pada masa terbaik." Kesedaran merapatkan perhubungan

Untuk mengetahui lebih lanjut mengenai *Sistem 25 Jenis Tubuh*[TM] sila lawati:
www.bodytype.com

Ketahui jenis tubuh anda di atas talian dengan memilih "Ujian Wanita" atau "Ujian Lelaki"

Carolyn L. Mein, D.C.

Berikan Deria Anda Kegembiraan Pemakanan Kerohanian Dengan Harmoni Chakra

Gabungkan visual dan teknik pengetonan bunyi untuk mengharmonikan tubuh, minda dan semangat anda.

- Menguatkan medan tenaga anda
- Mengimbangkan emosi anda
- Menghilangkan tekanan
- Menenangkan diri anda
- Berasa lebih positif
- Membersihkan aura anda
- Mengubah penderitaan kepada kegembiraan

DVD yang mudah diikuti ini menunjukkan kepada anda bagaimana untuk mengimbangkan tenaga hidup anda dan menghilangkan tekanan. Boleh digunakan secara aktif atau sebagai latar belakang yang menenangkan.

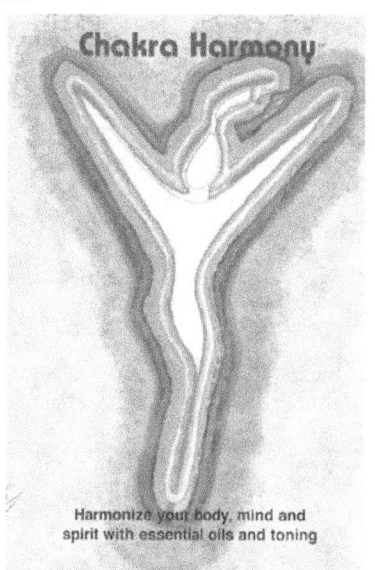

Kit pek perjalanan fabrik lembut dengan dua belas botol dram 5/8 mengandungi 8 minyak chakra pati:

Joy	Ylang Ylang
SARA	Cedarwood
Sacred Mountain	Release
White Angelica	Idaho Balsam Fir

Kit pek perjalanan dengan 4 minyak tambahan:

Frankincense	Peppermint
Peace & Calming	Purification

DVD Harmoni Chakra	**$ 24.95**
Kit Minyak Pati Chakra (8 Minyak)	**139.95**
serta/ **DVD Harmoni Chakra**	**159.95**
Kit Minyak Pati Chakra (12 Minyak)	**179.95**
serta/ **DVD Harmoni Chakra**	**199.95**

Termasuk Penghantaran
Item di atas termasuk kad rujukan pantas

Juga Terdapat
PEK PERJALANAN PAHLAWAN KEDAMAIAN
$189.95

PANDUAN KEPADA PENYELESAIAN KONFLIK SECARA DAMAI

Pek Perjalanan Pahlawan Kedamaian mengandungi 12 minyak pati:

Peace & Calming	Purification	Peppermint	Frankincense
Valor	Lavender	Lemon	Harmony
Common Sense	Clarity	JuvaFlex	Highest Potential

Carolyn L. Mein, D.C. P.O. Box 8112, Rancho Santa Fe, CA 92067
Telefon: (858) 756-3704 Faks: (858) 756-6933
Lawati *www.bodytype.com* untuk DVD dan sumber tambahan

Minyak Pati